顾问：沈家煊　徐盛桓　Ronald Langacker　George Lakoff　John Taylor

认知语言学研究（第九辑）

主编　王　寅

高等教育出版社·北京

图书在版编目（CIP）数据

认知语言学研究．第九辑 / 王寅主编．-- 北京：高等教育出版社，2019.5

ISBN 978-7-04-051516-9

Ⅰ．①认… Ⅱ．①王… Ⅲ．①认知科学-语言学-研究 Ⅳ．①H0-05

中国版本图书馆CIP数据核字（2019）第041874号

策划编辑 贾巍巍　责任编辑 王代军　封面设计 张雨微　版式设计 孙 伟
责任校对 张 凯　责任印制 尤 静

出版发行	高等教育出版社	网　址	http://www.hep.edu.cn
社　址	北京市西城区德外大街4号		http://www.hep.com.cn
邮政编码	100120	网上订购	http://www.hepmall.com.cn
印　刷	涿州市星河印刷有限公司		http://www.hepmall.com
开　本	787mm×1092mm 1/16		http://www.hepmall.cn
印　张	20.5		
字　数	382千字	版　次	2019年5月第1版
购书热线	010-58581118	印　次	2019年5月第1次印刷
咨询电话	400-810-0598	定　价	52.00元

物 料 号　51516-00

认知语言学研究·第九辑

总 序 1

Preface to the Monograph Series "Cognitive Linguistics Research" in China

Ronald W. Langacker
San Diego, December 2004

I am most happy to acknowledge and welcome *Cognitive Linguistics Research*, edited by Professor Wang Yin in China. The time has certainly come for such a series, which will undoubtedly both stimulate and facilitate the continued development of Cognitive Linguistics in that great nation — China.

I vividly recall the moment — one day in the spring of 1976 — when I first decided to attempt the formulation of a new and radically different linguistic theory. The need was readily apparent to scholars with enough grounding in language to apprehend it independently, not solely through the lens of a particular linguistic theory. The major theories of the day were clearly inadequate to accommodate its richness and subtle complexities, especially in regard to meaning. Indeed, the raging controversies of the day (the "Linguistics Wars") seemed increasingly pointless and sterile. The problems with current theory could not, I thought, be rectified through minor adjustments. Only a complete conceptual reformulation could overcome them. An entirely new theoretical framework, erected on totally different foundations, would be necessary.

The personal implications were evident. To the extent that I succeeded in developing something completely different, based on a radically different way of viewing language and linguistic investigation, what I produced would almost certainly fail to be understood or appreciated by other linguistic theorists. The consequence would be professional isolation and marginalization, both in my department and in the discipline. Yet there was never any question about undertaking the project — the prospects were too exciting to do otherwise, and the thought of continuing along familiar lines was far too dreary. So I started. Within a few years, various ideas came together to form the basic outline of the framework (originally called Space Grammar) that has come to be known as Cognitive Grammar. While I had hoped for better, the professional consequences were as expected. Linguists committed to other theoretical approaches have in general proved quite incapable of grasping the basic ideas of Cognitive Grammar, let alone its descriptive potential and insight.

The first accessible article on Cognitive Grammar appeared in 1982, and the first book in 1987. Of course, numerous other linguists were equally dissatisfied with currently dominant theories and engaged in finding alternatives. Quite a few works that have proved foundational in Cognitive and Functional Linguistics appeared during the same general era. One of the earliest was Chafe's pioneering *Meaning and the Structure of Language* (1970). Basic ideas of Functional Linguistics began emerging in publications like Givón 1979, Hopper and Thompson 1980, and many others. With respect to Cognitive Linguistics, early and significant efforts include a number of papers by Talmy (e.g. 1978, 1983, 1985), Fauconnier's book *Mental Spaces* (1985), Lakoff and Johnson's *Metaphors We Live By* (1980), and Lakoff's *Women, Fire, and Dangerous Things* (1987). So by 1987 the foundations were in place for Cognitive and Functional Linguistics as we know them today. And while the initial efforts of these and other scholars were largely independent, they soon started to coalesce into a reasonably cohesive and self-conscious intellectual movement.

The institutionalization of Cognitive Linguistics dates from 1989, which saw the meeting of the first International Cognitive Linguistics Conference, the founding of the International Cognitive Linguistics Association, and the launching of both the journal *Cognitive Linguistics* and the monograph series *Cognitive Linguistics Research*. What has happened since is too diverse and too extensive for me to attempt even a cursory summary. Suffice it to say that the growth of Cognitive Linguistics has been steady and cumulatively phenomenal. It has steadily gained in breadth of coverage and depth of analysis. It has been applied to an ever broader range of languages and linguistic phenomena. It has vastly expanded our awareness of the many dimensions of linguistic meaning, as well as their ramifications for linguistic structure as well as for the nature of cognition itself. And of course, it has spread to an increasingly wide range of scholars around the world, in linguistics and in other disciplines. There are now generations of linguists who received their primary training in cognitive approaches.

By now Cognitive Linguistics has a substantial following in China and a history of more than a decade. Of course, a decade is a very short time in the history of Chinese scholarship, as is the entire time-span of Cognitive Linguistics to date. Decades from now it may well appear that Cognitive Linguistics in China dates from virtually the beginning of the movement. Certainly I expect it to have had a major impact. This will be guaranteed by the efforts of large numbers of Chinese linguists, the unique perspective afforded by Chinese linguistic tradition, and the analytical challenges posed by the Chinese languages themselves. This new monograph series edited by Professor Wang Yin has every promise of being an important contributing factor to the cognitive linguistics enterprise in China and throughout the world.

Let me offer my congratulations, my encouragement, and my best wishes for its success.

References

[1] Chafe, Wallace L. 1970. *Meaning and the Structure of Language*[M]. Chicago: University of Chicago Press.

[2] Fauconnier, Gilles. 1985. *Mental Spaces: Aspects of Meaning Construction in Natural Language*[M]. Cambridge, MA and London: MIT Press/Bradford.

[3] Givón, Talmy. 1979. *On Understanding Grammar*[M]. New York: Academic Press.

[4] Hopper, Paul J., and Sandra A. Thompson. 1980. Transitivity in Grammar and Discourse[J]. *Language* 56.251-299.

[5] Lakoff, George. 1987. *Women, Fire, and Dangerous Things: What Categories Reveal About the Mind*[M]. Chicago and London: University of Chicago Press.

[6] Lakoff, George, and Mark Johnson. 1980. *Metaphors We Live By*[M]. Chicago and London: University of Chicago Press.

[7] Langacker, Ronald W. 1982. Space Grammar, Analysability, and the English Passive[J]. *Language* 58.22-80.

[8] Langacker, Ronald W. 1987. *Foundations of Cognitive Grammar*, vol. 1, *Theoretical Prerequisites*[G]. Stanford: Stanford University Press.

[9] Talmy, Leonard. 1978. Figure and Ground in Complex Sentences[A]. In Joseph H. Greenberg (ed.), *Universals of Human Language*, vol. 4,

Syntax[G], 625-649. Stanford: Stanford University Press.

[10] Talmy, Leonard. 1983. How Language Structures Space[A]. In Herbert Pick and Linda Acredolo (eds.), *Spatial Orientation: Theory, Research, and Application*[M], 225-282. New York: Plenum Press.

[11] Talmy, Leonard. 1985. Force Dynamics in Language and Thought[A]. In William H. Eilfort, Paul D. Kroeber, and Karen L. Peterson (eds.), *Papers from the Parasession on Causatives and Agentivity*[C], 293-337. Chicago: Chicago Linguistic Society.

总序 2

王 寅

汉语中的“认知”一词译自英语的cognition（cognition意为：the action or faculty of knowing, perceiving, conceiving, as opposed to emotion and volition，也可译为“认识”），据《辞海》（1989，1999）解释：认知就是认识，指人类认识客观事物，获得知识的活动，包括知觉、记忆、学习、言语、思维和问题解决等过程。在1979年版的《辞海》中还只有“认识”，而没有“认知”这个词条。译作“认知”是随着20世纪60—70年代后在西方兴起的“认知心理学”“认知科学”“认知语言学”而逐步被我国学者所使用的，到1989年版才收入“认知”“认知科学”“认知心理学”，到1999年版又增加了“认知人类学”。此时，“认知”这一术语才在我国学术界逐步流行开来。

中国社会科学院语言研究所于1978年出版了《现代汉语词典》第一版，其中未收“认知”这一词条，到2002的第4版（增补本）还没收入，直到2005年的第5版才收入“认知”这一词条（竟然比《辞海》晚了16年），并将其定义为：“通过思维活动认识、了解”。

至于“认知语言学”这一术语，国外最早是Sidney Lamb（1998：381）[①]于1971年提出的，用以指对大脑中的语言，语言与心智、神经之间的关系进行的研究。但当前国内外学者所说的认知语言学与Lamb的研究方法和内容并不相同，主要指20世纪70年代末源于美国西部地区，80—90年代得到迅猛发展，目前已盛行于欧洲、北美、中国及其他国家，已渐成主流的一门新兴的语言学流派。

德国学者René Dirven于1989年春天在德国的Duisburg主持召开了第14届国际LAUD 研讨会（Linguistic Agency University of Duisburg），这次会议也是第一届国际认知语言学大会（the First International Cognitive Linguistics Conference），会议期间成立了国际认知语言学协会（ICLA：International Cognitive Linguistics Association），创办了*Cognitive Linguistics*期刊（每年四期）。由Dirven, Langacker, Taylor等主编，德国的Mouton de Gruyter出版社出版了《认知语言学研究》（*Cognitive Linguistics Research*，简称CLR）系列丛书，2004年出版了CLR第28卷，是由Radden Günter, Panther Klaus-Uwe编纂的，书名为*Studies in Linguistic Motivation*（《语言理据研究》。2005年出版了第29

① Lamb, Sydney. 1998. *Pathways of the Brain: The Neurocognitive Basis of Language.* Amsterdam: Benjamins.

卷，是由Beate Hampe编纂的，书名为*From Perception to Meaning: Image Schema in Cognitive Linguistics*（《从知觉到意义——认知语言学中的意象图式》）。2007年出版了CLR第39卷，书名为Cognitive Sociolinguistics（《认知社会学》）。1993年荷兰John Benjamins出版公司开始发行《语用学与认知》（*Pragmatics and Cognition*）期刊。ICLA到目前为止分别在德国、美国、比利时、荷兰、瑞典、西班牙、韩国等国召开了9届国际研讨会。

所有这些活动和出版物奠定了认知语言学的坚实基础，使其得到迅猛发展, 为我们研究语言提供了一个崭新的视角和全新的方法，越来越得到普遍承认，形成了结构主义学派和转换生成学派渐渐让位于认知语言学派的趋势，后者已逐步成为主流学派。近二十几年来一大批学者奋斗在这一领域，各类著作和论文如雨后春笋，数量猛增。

Lakoff & Johnson于1980合作出版了《我们赖以生存的隐喻》（*Metaphors We Live By*），1999年出版了《基于身体的哲学 ——体验性心智以及对西方思想的挑战》（*Philosophy in the Flesh: The Embodied Mind and Its Challenge to Western Thought*，下文简称《体验哲学》），Lakoff于1987年出版了《女人、火与危险事物——范畴对于心智揭示了什么》（*Women, Fire, and Dangerous Things*: *What Categories Reveal about the Mind*）。

Langacker分别于1987年和1991年出版了《认知语法的基础》第一卷和第二卷（*Foundations of Cognitive Grammar (Vol. I)*; *Theoretical Prerequisites*; *Foundations of Cognitive Grammar (Vol. II)*: *Descriptive Application*），2000年出版了《语法和概念化》（*Grammar and Conceptualization*）等著作。

Taylor于1989年出版了《语言范畴化——语言学理论中的原型》（*Linguistic Categorization: Prototypes in Linguistic Theory*）（1995年出第二版，2003年出修订版），1996年出版了《英语中的所有格构造——一项从认知语法角度的研究》（*Possessives in English: An Exploration in Cognitive Grammar*），2002年出版了《认知语法》（*Cognitive Grammar*）等。

Johnson于1987年出版了《心智中的身体——意义、想象和推理的身体基础》（*The Body in the Mind: The Bodily Basis of Meaning, Imagination & Reason*）。Sweetser于1990年出版了《从词源学到语用学——语义结构的隐喻观和文化观》（*From Etymology to Pragmatics: Metaphorical and Cultural Aspects of Semantic Structure*）。Dirven & Verspoor于1998年出版了《语言与语言学的认知探索》（*Cognitive Exploration of Language and Linguistics*）。

Ungerer & Schmid于1996年合作出版了《认知语言学导论》（*An Introduction to Cognitive* Linguistics）。Croft & Cruse于2004年合作出版了《认知语言学》（Cognitive Linguistics）。Evans & Green于2006年合作

出版《认知语言学入门》（Cognitive Linguistics：An Introduction）。这三本书已被国内外很多院校用作研究生的认知语言学课程的教材或主要参考书目。

2004年到2008年期间，荷兰的John Benjamins出版社又出版了由Fried和Östman主编的《语言的构式语法研究丛书》（*Constructional Approaches to Language*），到目前为止已出版了5辑：

第一辑为Kuno 和Takami（2004）主编的《语法中的功能限制：论非作格与非宾格的特征》（*Functional Constraints in Grammar: On the Unergative-Unaccusative Distinction*）。

第二辑为Fried和Östman（2004）主编的《从跨语言视角论构式语法》（*Construction Grammar in a Cross-Language Perspective*）。

第三辑为Östman和Fried（2005）主编的《构式语法：认知基础和理论扩展》（*Construction Grammars: Cognitive Grounding and Theoretical Extensions*），大大推动了在认知语言学理论框架中对构式语法的研究。

第四卷2005年出版，由Mirjam Fried & Hans Boas合编，书名为《语法构式：追根求源》（*Grammatical Constructions: Back to the Roots*）。

第五卷2008年出版，由Jaakko Leino主编，书名为《构式的再组织》（*Constructional Reorganization*）。

认知语言学的基本观点和研究方法也得到了我国学者的广泛响应，他们从90年代初开始零散介绍国外这方面的理论和研究成果，90年代中后期至今该领域的研究已初具规模，各大语言研究刊物在这方面发表的文章稳步增多，不少刊物设立了认知语言学专栏，国内还出版了十多部有关认知语言学研究的专著，如：

1. 张　敏（1998）《认知语言学与汉语名词短语》
2. 袁毓林（1998）《语言的认知研究和计算分析》
3. 熊学亮（1999）《认知语用学概论》
4. 王　寅（1999）《论语言符号象似性》
5. 石毓智（2000）《语法的认知语义基础》
6. 束定芳（2000）《隐喻学研究》
7. 赵艳芳（2001）《认知语言学概论》
8. 高　原（2003）《照应词的认知分析》
9. 蓝　纯（2003）《从认知角度看汉语和英语的空间隐喻》
10. 赵彦春（2003）《认知词典学探索》
11. 张　辉（2003）《熟语及其理解的认知语义学研究》
12. 胡壮麟（2004）《认知隐喻学》

13. 吴一安（2004）《英汉空间指示语研究》(荷兰John Benjamins出版社)
14. 李福印（2004）《应用认知语言学》和《隐喻与认知》
15. 徐德宽（2004）《现代汉语双宾构式研究》
16. 王　寅（2005）《认知语言学探索》
17. 陈　忠（2005）《认知语言学研究》
18. 石毓智（2006）《语法的概念基础》
19. 卢　植（2006）《认知与语言》
20. 王　寅（2006）《认知语法概论》
21. 沈家煊（2006）《认知与汉语语法研究》
22. 王义娜（2006）《指称的概念参照视点——认知语篇学的探索》
23. 王　寅（2007）《认知语言学》
24. 王　寅（2007）《中西语义理论对比研究初探——基于体验哲学和认知语言学的思考》
25. 刘国辉（2007）《语言语用及认知研究》
26. 刘正光（2007）《隐喻的认知研究》
27. 牛保义（2007）《认知语言学理论与实践》

等等。近年来，一批从事语言学研究的博士生（包括外语界和中文界）也对认知语言学情有独钟，撰写了很多篇有质量的博士论文。

所有这些研究，使得认知语言学逐步成为我国语言学界研究的一大热点，并形成了初具规模的研究队伍。

特别是进入新千年，我国的认知语言学研究更是呈现出一派欣欣向荣的大好景象，队伍大有发展，论述逐步深入，成果更为丰硕，呈现出系统化、多元化的研究格局：从介绍综述走向专题研究，从理性探索走向语言教学和人工智能的应用，从单语分析走向汉外对比，从理论基础阐述走向对认知方式或认知策略 [Cognitive Strategy, 又叫认知工具（Cognitive Tool），主要包括：体验（Embodiment）、原型（Prototype）、范畴化（Categorization）、概念化（Conceptualization）、认知模式（包括框架等）（Cognitive Model）、意象图式（Image Schema）、隐喻（Metaphor）、识解（Construal）、语法化（Grammaticalization）、激活（Activation，Trigger）、关联（Relevance）、概念融合（Conceptual Blending）等] 的透视等。

与此同时，为促进我国认知语言学研究的进一步发展，以认知语言学为主题的全国性学术活动也相继进行。苏州大学于2000年4月7日至12日举办了全国第一期认知语言学讲习班，学员近百名，世界著名认知语言学家John Taylor教授以及苏州大学王寅等教授共作了8场报告。2001年10月上海外国语大学举办了全国第一届认知语言学研讨会。2002年10月19日至24日，苏州大学举办了全国第二期认知语言学讲习班，学员有来自全国高校的教师和研究生150多名，世界著名认知语言学家、美国加州大学圣地亚哥分校Fauconnier教授，中国社科院语言研究所所长沈家煊研究员，河南大学徐盛桓教授，上海外国语大学束定芳博士，以及苏州大学王寅、汪榕培等教授共为学员作了8场报告。讲习班后，接着于25日至27日在苏州大学召开了全国第二届认知语言学研讨会，与会代表160余名，讲习班上的报告人在大会上又作了主题发言，世界著名认知语言学家、美国加州大学圣地亚哥分校Langacker教授还专为大会发来贺信。2004年4月17日至25日西南师范大学举办了全国第三期认知语言学讲习班及全国第三届认知语言学研讨会。这次讲习班先后邀请了Langacker、徐盛桓、熊学亮、束定芳、石毓智、沈家煊、程琪龙、王寅等教授讲学，来自国内40余所高校近120位学者参加了这次讲习班。此后，认知语言学研讨会每两年举办一次，各类讲习班更是连续不断。

虽说认知语言学在西方于20世纪80年代才算正式建立起来，但人们运用“认知和心智”的方法来研究语言由来已久，尤其值得称道的是在我国汉语界从“认知和功能”角度研究语言已经取得了很多成果，这是因为汉语自身的特点更适合从这个角度来加以研究。不仅“他山之石，可以攻玉”，而且“我山之石，亦可攻玉”，在这“全球化”“地球村”的年代里，我们既要借鉴西方学者的理论，也要学习我国汉语界的语言研究成果，只有将中西语言理论结合起来，洋为中用，中西结合，才能对复杂的语言现象做出更为合理的解释，提出更具解释力的理论框架，尽早走出语言的迷宫。

正是这些国内外学者的共同努力，使得世界范围内的认知语言学不断走向新高潮，在我国出现了汉语学界与外语学界齐头并进的喜人局面。确实呈现出一派研究认知语言学的欣欣向荣的景象。

为了适应当前国内外语言学研究迅猛发展的趋势，进一步推动我国认知语言学的深入发展，展示我国和外国学者在这一领域的最新研究成果，并考虑到国内尚无专门期刊反映这方面的信息，高等教育出版社和四川外国语大学商定将定期编纂出版《认知语言学论丛》。本论丛将借鉴德国Mouton de Gruyter出版社出版的*Cognitive Linguistic Research*的经验，既包括个人专著，也包括专题论文汇编。十分感谢高等教育出版社、四川外国语大学以及国内认知语言学界的专家学者对本论丛所给予的大力支持和鼓励。

语言的认知研究前景广阔，我们为此感到兴奋和自豪；但此项研究仍有漫长的道路要走，我们更感任重道远。要能从认知角度揭示出语言中深远的奥秘，撩开其透明度不高的面纱，走出语言的迷宫，学者尚须努力。“路曼曼其修远兮，吾将上下而求索。”我们当以此共勉。

继往开来，让我们沿着前辈的足迹不断发展语言理论，有所建树；

承前启后，让后来者能踏着我们的肩膀奋力向上攀登，超越我们！

2007.6

本卷序言

认知语言学（Cognitive Linguistics，下文简称CL）已成为21世纪国内外语言学理论的前沿学科之一，备受学界关注。四川外国语大学认知团队经过十几年的打造，且在其过程中努力将其拓展应用于语言各层面，可谓“十年磨一剑”。在川外领导的热情关注下，我们于2015年11月11日召开了CL分支学科建设高层论坛，且于2016年初在高等教育出版社的大力支持下出版了《认知语言学分支学科建设》的第一卷（下称第一卷），提出并论述了“认知音位学、认知词汇学、认知句法学、认知构式语法、新认知语用学、认知语篇学、认知符号学、认知修辞学、认知翻译学、认知社会语言学、认知历史语言学、神经认知语言学、应用认知语言学、认知诗学、认知对比语言学”等，以期能基于体验哲学和CL的基本原理，尝试将其拓展到语言研究的各个层面，逐步建立起CL的研究体系，以便国内外学者能以此为基础进一步深入思考和细致研究。我们也认识到，作为一门学科仅凭一两篇文章是远远不够的，对于CL的学科体系，远非一、两本论文集所能解决问题的，因此它充其量只能起个引领的作用，我们的工作算是个抛砖引玉吧，还有大量深入而细致的研究工作有待后来者来实施和完善。

自第一卷出版以来，学界反映普遍较好。在此鼓舞下，我们沿其思路于2016年11月11日召开了第二届高层论坛，再次回顾和总结了就CL分支学科建设所取得的新进展。我们十分高兴地看到，这一年来在CL这个大家庭中又涌现出了新动向，如将CL的基本原理分别运用到“传播学、辞书学、对话句法、多模态研究”等领域之中，诞生了“认知传播学、认知辞书学、认知对话句法学、多模态的认知研究”等新兴学科和方向，进一步拓宽了CL研究的视野，我们受其鼓舞，决定编辑出版第二卷。

在这一卷中共有十个部分：

第一部分是有关CL研究的理论提升问题，主张将CL置于后现代哲学的视野中加以审视，站在西方哲学前沿的角度来考察CL的历史意义和学术价值。很多学者认为只要与Mind有关的都可冠之以“认知”，因此这两个字所涵盖的内容太多，就连乔姆斯基氏本人也主张将转换生成语法理论冠之为CL。为能突出CL的体验性和实践性，王寅教授主张将其修正为“体认语言学”，其核心原则为“现实—认知—语言”，即心智和语言都是来自对现实的“体（互动体验）”和“认（认知加工）”，以能明确体现该学科的要旨。本文还从十个方面论述了做此修补的原因，这也算是我们对源自西方CL的点滴发展吧！

学界一直认为哲学是一切学科（特别是文科）的母体，为各科研究提供了理论基础，因此哲学常有人类知识的“King”或“Queen”之美誉。罗宾斯（Robins 1967：103）曾指出：

Philosophy，in its widest sense，had been the cradle of linguistics.

沈家煊先生（2016：13，359，413）在刚出版的《名词和动词》中有三处指出：

没有哲学根基的语法理论缺乏深度。

这一观点对于语言学界非常重要，意义深远。但我们也发现，CL既吸取了哲学中的很多营养，同时也对西方哲学做出了一定的贡献，哲学与语言学互为摇篮。这正是本卷所收第二篇论文的主旨。

第二部分为“认知传播学”，它是CL与传播学相边缘的结果，不仅引领着全世界传播学的前沿理论，而且也为CL打开了一扇新窗口。从第3至8篇收集了王寅教授、林克勤教授、刘玉梅教授、赵永峰教授在这一领域的成果。特别是林克勤教授，他率先在我国传播学界提出并实践这一学科，尝试从后现代哲学角度来升华它，形成了自己独特的理论和方法。我们十分高兴地获悉，他已就此为题多次应邀出国出境（如日本、中国的台湾和香港等）参加国际会议和讲学，引领该学科研究的新潮流。

第三部分为“认知生态语言学”，收集了朱长河博士这几年在该领域的成果。他一直致力于将CL与生态学嫁接起来。他勤奋读书、笔耕不止，就此为题已发表了数篇论文，可谓我国外语界这方面研究的先声。他对国外生态语言学所关注的议题尝试从CL角度做出全新的解释，具有较大的创新性，难能可贵！

第四部分为“认知对话句法学”。杜布瓦（John Du Bois 2014）在2014年第3期“*Cognitive Linguistics*（《认知语言学》）”专刊上组稿7篇论文，专题论述“对话句法学（Dialogic Syntax）”，突破了传统句法学仅关注词语之间的横向线性组合，而忽视紧邻句（特别是对话语对）之间纵向的平行性（含对应性）句法关系。这一最新成果也引起我国学者的密切关注。王寅教授、曾国才博士在《外语与外语教学（2016，1）》《外语教学（2016，1）》《中国外语（2006，3）》上发表了三篇文章，运用该理论建构自己的理论模型，且基于从美国Coca语料库收集到的5,000多条“Wh-问句与答话”的实际材料，按照认知构式语法的研究思路（句法、语义、语用三结合）较为详细地分析了它们的特征和用法。王天翼博士也基于CL的去范畴化和再范畴化论述了“A，还B呢”的语对构式。现将这四篇文章汇集于此，以飨读者。

第五部分是“认知辞书学”，这是王仁强教授将CL理论引入辞书研究的最新成果。他在文中基于体验哲学和CL，尝试构建该学科的研究体系，并阐述其学科定位、理论基础、研究任务和分析方法。他指出：认知辞书学作为CL的一个应用分支学科，其视野中的“音位学、语义学、词汇学、语法学、语用学、语体学”等方面的研究成果对认知辞书学的理论与应用研究，都具有重要的启示意义和应用价值。

第六部分为“多模态的认知研究”。近年来国内外很多系统功能语言学家对多模态语篇展开了较为深入的研究，但鲜有学者基于后现代哲学与CL进行分析。王天翼教授拟将后现代哲学所倡导的“多元化”细化为“多层次、多视角、多理论”的“三多”方案，且结合“隐转喻”及“突显原则”来分析电影海报。我们知道，电影海报是“多符号、多模态”的一种语篇表现形式，借助“语言、字体、图像、线条、色彩”等多种模态，以能更好地传情达意，打动读者，达到最佳宣传效果。他以自建的理论框架详析了电影《国王的演讲》的海报，以期能揭示该海报的创作机制。崔鉴博士在“中国后语哲（综合了后现代哲学、CL等理论）”的视野下探索了多模态语篇研究的新方法，并以FAMILY公益广告为例，重点讨论了多模态隐转喻认知观。该文旨在说明：一方面，后语哲为多模态语篇研究提供了新视角，并使其超越系统功能语言学的视野；另一方面，多模态语篇研究也再次证明后语哲的解释力，前者促进后者的深入发展。

在“七、八、九、十”四部分分别收集了第一卷所述及的五个CL分支学科（认知对比语言学、新认知语用学、认知社会语言学、认知诗学、认知翻译学）的五篇论文，现分述如下。

“认知对比语言学”，顾名思义，运用CL理论和方法进行对比研究。王寅教授所撰写的《对比研究需要前沿理论，理论创新促发对比研究——认知对比语言学初探》一文，首先从西方哲学和语言学这两个学科的发展简史来论证CL的前沿性，且指出当以此为基础进行汉英对比研究，探索两民族在认知机制上的同与异，以能实现“透过语言现象看语言背后的认知方式”的研究目标。该文还以汉英语中“一词两反义”为例进行了对比分析。

“新认知语用学”是基于CL理论来剖析语用推理，解释言外之意，加一个“新”，意在区别与Sperber & Wilson等学者所创的“认知语用学”之别。王天翼教授尝试将CL中的“事件域认知模型（ECM）”“概念整合理论（BT）”综合为“事件域双重融合模型（Event-domain Double Blending Model，简称EDB）”，且以其为理论框架分析了汉语拷贝构式。该文还有一个突破，将研究从对单句拷贝构式拓展到句层面或句群层面（试想Halliday将语言分析拓展到语篇层面的意义），研究含拷贝构式句子之间所产生的“涌现意义”。笔者还自建了1,200条拷贝构式语料，并对其进行定性和定量分析。此文为“新认知语用学”注入了新活力。

将CL与社会语言学想整合，便形成了“认知社会语言学”这一新兴学科。赵永峰教授从三个方面论述了后现代哲学思潮为该学科的发展所提供的理论支撑：研究对象的去中心化、认知方式的主体间性、研究方法的多元化。他还在此基础上，以相关语料为支撑，系统论证了三个营养钵所发挥作用的工作机制，从而提出了认知社会语言学的基本观点：运用CL和社会学的基本方法考察语言的社会属性，强调认知主体间互动时形成的社会性和主体间性在语言认知中的核心地位，力图为包括网络语言在内的所有言语提供一种社会认知视角的解释。

“认知诗学”是整合CL与文学研究的产物。CL认为，人们说出来的话总比想要表达的要少，此乃“部分代整体”的转喻机制，它在言语交际中发挥着十分重要的作用，时而比隐喻还重要。王天翼教授运用转喻机制来分析马季父子等所说的《五官争功》和《五官新说》两则相声中的转喻表达，发现它也是取得诗性效果不可或缺的一种重要的认知方式，其诗性功能在于实现艺术效果。

“认知翻译学”是CL边缘译学的最新成果，我们在第一卷中收集了王寅教授的五篇论文。此处又收录了他的新作，尝试将CL中的事件域认知模型（ECM）与时序象似性结合起来解释翻译过程。笔者认为，翻译活动就是将译出语所描述的事件域映射入译入语之中的过程，这就注定了ECM所具有的解释力。汉英两语言在组织成分要素及其关系的顺序上有同也有异：“同”，是因为两民族都有相同或相似的事件域经验；“异”，是因为汉语主要属于临摹式语言，时序象似性较为显著；而英语主要属于蒙太奇式语言，时序象似性不突出。因此在汉英互译时，就当在事件域总体框架中按照时序关系适当调整成分要素及其关系的顺序。

本集所收录的23篇论文，共涉及十个CL分支学科，这为此项研究注入了新的活力，带来了新思想，但愿该书能起到抛砖引玉之效，以使亦已成为主流的CL发展得更为深入，建设得更为全面，为迎接21世纪我国语言学界的新繁荣发挥点滴作用。

王天翼

2016. 11

目　　录

后现代哲学视野下的体认语言学

王　寅

（原载《外国语文》2014年第6期）

提　要：“认知语言学”已成为当今国内外主流学派之一，它是基于体验哲学，在批判TG心智观之不足的基础上发展而来的，但其名称“认知”二字却名不符实，未能明确体现这一理论取向，难怪乔氏本人也曾将TG冠之为认知语言学。据此，笔者为能突出该学科的体验性和实践性，主张将其修正为“体认语言学”，且将其核心原则归纳为“现实—认知—语言”，即心智和语言都是来自对现实的“体（互动体验）”和“认（认知加工）”，这样便能明确体现该学科的精髓。本文主要从十个方面论述了作此修补的原因，以及“体认”这一术语的具体含义及其解释力。“体认语言学”与国外Lakoff & Johnson等所述的关系为：既长于斯也异于斯，这也算是建构中国本土语言理论的一种尝试。

关键词：认知语言学；体验人本观；体认语言学；语言哲学

一、引言

学科名称本当能准确体现其基本理论取向和研究内容，彰显其主要特色，即我们常说的“名副其实”“名出有因”。但当下已成国内外主流学派的“认知语言学”中“认知”二字却界定不明，理解多样，用法含糊，不但不能使人们一目了然地知晓其理论方向和具体内容，反而有误导之嫌。再者，没有任何研究，不仅仅是语言，不经过人脑加工和心智运作，难道它们都可冠以“认知”？当今我们所说的“认知语言学（Cognitive Linguistics，简称CL）”与其他学派的区别在哪里？特别在何处？仅凭其名称似乎难以获得明确答案。

我们经过20多年的学习和思考，基本理清当今国内外CL的理论取向和分析方法，也知晓了它与乔姆斯基所倡导TG之间的重大差异。该学科接受了乔氏从心智角度解释语言成因的方向，认同“语言是认知加工结果”的观点，但坚决反对他的“语言天赋说”

和“语言和句法自治论”，认为心智和语言除“认知加工”之外，更重要的还在于“互动体验”这一基本要素，大力倡导用唯物辩证主义立场来研究语言、论述心智，从而使得语言学研究从唯理论导向了唯物论的方向。为能彰显这一立场的转变，我们拟将“认知语言学”修补为“体认语言学（Embodied-Cognitive Linguistics，简称ECL）”，以弥补前者术语模糊所带来的遗憾和麻烦，更能体现出我们自己的一些思考。

十分巧合的是，汉语中就有“体认”这一词语，在2012年新出版的《现代汉语词典》（第六版）第1280页上为其下的定义为“体察认识”，这或许早已预示了我们祖先的智慧，道出了思想和语言的根源。

二、体认语言学之我见

2.1 术语的模糊性

Cognition一词原译为汉语的“认识”，在哲学上主要指与“情绪、意志”等相对的心智过程，是客观事体及其规律在人脑中的反映，包括“感性认识”和“理性认识”，多指有意识地认识客观事物和获得知识的活动。自西方兴起于20世纪60—70年代的“认知心理学”“认知科学”“认知语言学”传入我国之后，在汉语中才开始出现“认知”这一词语，然后它才逐步流行开来。

一谈到“认识”或“认知”，人们的第一反应就是它们都与“心智（Mind）”密切相关，必然涉及“大脑活动、思维能力、知识学用”等心智运作。特别是在Lakoff & Johnson、Langacker、Taylor、Dirven等有关认知语言学的著作中，他们都将“认知”的范围扩得较宽，把“无意识性”的认知活动也囊括进来，也就是说，他们深受精神分析学家Freud的影响，认为哲学和语言研究当兼顾到“前意识、潜意识”等现象，这样“认知”自然就包括了“五官感知、互动体验”等内容。

需要指出的是，在西方学者眼中的“认知”，大多主张用“科学实验”“数据调查”等认知科学的方法来验证有关语言或心智的生成机制和运作过程，如“认知翻译学”在当今西方主要探索如何将先进的科学技术和设备软件运用于翻译过程和翻译能力的实验和数据分析上（王寅 2014），这属于“第一代认知科学”的内容。在此情况下，“认知语言学”在许多西方学者眼中主要指：运用现代科学技术探索大脑、心智和语言的奥秘，这与我们所进行的理论性语言研究思路显然不同。

特别值得一提的是，乔姆斯基所倡导的TG为当今的CL奠定了理论方向，正是由于他的努力，语言学研究方向才于20世纪50年代导向了“心智”，聚焦于探索“语言 vs 心智”的关系，而且乔氏还主张用形式化的心智运作方式来解释句法生成的过程，这与上文所述的“第一代认知科学”完全一致。

面对此情此景，学界若再用“认知语言学”这一术语，难免要颇费口舌反复解释CL与TG的差别，且从术语上也无法做出清晰分辨，难怪乔氏也要自封为认知语言学家。通过认真学习 Lakoff & Johnson等相关论著，我们发现他们所说的“广义认知”虽已包含了“感知体验”，但依旧袭用“认知”这一惯用术语，而忽视突显“体验”的基础性，也未能体现第二代认知科学的要义。本文拟将“认知语言学”修补为“体认语言学”，以突显这一重大理论取向。

2.2 “体认”的全面性

体认语言学提出的核心原则主要包含三个要素，可列述如下：

[1] 现实 —— 认知 —— 语言

传统指称论认为，语言是用以直接表示世界中外物的，而忽视了人之根本性功能。ECL认为，“语言”与“现实”不是直接相连的，必定要经过处于中间阶段的“认知”。一句话，语言是“人之所为、惟人参之”的结果，这才能充分体现出后现代哲学关注人本要素这一关键性特征。强调语言的人本性，表明语言本身是被人创造出来的，即按照“从左向右”顺序而成，不存在什么先天的、自治的、固定的法则，语言表达因人而定，因时而宜，因地而妥，这便是ECL的核心原则（又叫体认原则）。正如Langacker（1987: 155）所指出的：Language is learned and used in context. 我们不妨在其后再加上一个by-phrase表述为: Language is learned and used in context by human beings. 意在突出语言的人本性。Stukker, Sanders and Verhagen（2009:127-128）则将这一观点阐述得更加明白：

According to this approach, the language system does not consist of rules generating grammatical instances of language use, but rather of generalizations over individual usage events, which in turn categorize or license other usage events. In other words, according to the usage-based approach to language, "grammar is the cognitive organization of one's experience with language" (Bybee 2006: 711) 根据这一研究方法（指"基于用法的模型"—译者），语言系统不是由能生成语言用法实例的规则构成的，而是基于对个别用法事件进行概括化的产物，它又能范畴化或特许出其他的用法事件。换句话说，根据基于用法的模型来研究语言，"语法就是人们对语言进行体验，通过认知加工组织起来的（Bybee 2006: 711）"。这一论述基本符合婴儿习得语言的实际情况，也与我们所述体认原则相吻合。

据此，体认原则可解读为：语言是在人们对现实世界进行互动体验和认知加工的基础上形成的，其中所涉及的三要素正对应于20世纪三场语言学革命（索绪尔的结构主义、乔姆斯基的TG学派、认知功能学派）所聚焦的研究对象。

客观主义语言学，形式学派 { 索氏：语言
乔氏：心智 — 语言 }

非客观语言学派，认知学派　体认：现实 — 认知 — 语言

图1　20世纪三场语言学革命

若以"人本观"为准，这三大学派可分为两大阵营：形式学派和认知学派（含功能学派）。前者以"客观主义哲学"为理论基础，且突显传统哲学的"形上观"、笛卡尔的"天赋说、二元论"，以及当今的"科学主义"。而后者则坚持后现代思潮的"非客观主义哲学"，突显"社会体验性、认知功能性、人本加工观"等。

形式学派包括"结构主义"和"TG学派"，因为他们都认为"形式"为语言之本质。索绪尔所创立的结构语言学将语言视为一个结构性封闭系统，认为语言本质是形式（form），而不是物质（substance），他所说的"形式"指符内关系（能指和所指）和符间关系（横组合和纵聚合），即语言系统中的关系性，其主要特征可归结为：符号性、系统性、任意性，排除人和社会的因素，无"人本性"可言，这种"语言结构内指论"转向才是索氏哥白尼革命意义之所在。乔姆斯基早中期认为语言之本质在于其先天的句法

形式（UG、LAD），可用像数理演算一样的方法来揭示其后的规律特征，其主要特征可概括为：

[2] 天赋观、普遍观、自治观、模块观、形式化、演绎观

他们虽然提及了人、人的心智，但最终还是以客观主义哲学，特别是笛卡尔的天赋观、二元论及现代“形式主义”为圭臬，再次构建了一个无视人主体的体系。人所创造的、为人所用的语言，到头来其人本性却被他们无情地摒弃。从后现代人文主义的角度看，研究语言如不提人本性，谈何理论之“充分性”？

与其相对的ECL认为，语言主要是人们后天在与社会现实进行“互动体验”和“认知加工”的基础上逐步形成的，是服务于社会交际功能的，在语言用法规则中必然要打上人之认知策略的烙印。ECL针对TG的主要特征针锋相对地提出了：

[3] 体验观、特殊性、非自治、整体性、非形式、归纳观

“体验”与“天赋”相对；“特殊”与“普遍”相对（构式语法就常从不正常表达入手）。“非自治”意在强调人们头脑中不存在专管语言的机制，可用人们常规的认知方式来解释语言成因；句法不可独立于语义和语用。“整体性”强调语言不能被分解为不同模块加以单独研究，然后再做“接口”；形式和语义不可分离，仅论述句法形式而置意义于不顾的方法显然行不通，ECL强调“形义一体”。“非形式”明确表明不能依赖科学主义的形式化方法来解决语言问题，当从认知功能角度来论述语言的方方面面；“归纳观”是“基于用法的模型”的理论基础。

从[1]和[3]便能明确认知功能语言学派的基本立场，大力倡导从“人本观”角度研究语言，且认为语言只能是“互动体验”和“认知加工”的结果，人们的心智、语言等皆是人之所为，这便是刘勰在《文心雕龙》中所说的“惟人参之”之警世之言。因此，ECL的登场，正顺应了西方建设性后现代哲学所倡导的“体验人本观”之大潮。

体认原则从右端开始，正分别代表着结构主义、TG学派、ECL的发展简史。结构主义奉行“关门打语言”之策略，将语言视为一个封闭系统，从其内部分析符内和符间各种关系。TG学派认为语言学不仅要描写语内各种关系，更要“解释”语言来自何处，故而构思出“UG”“LAD”之类的先天性心智结构，从而将其研究扩展到“语言与心智”的关系，但TG认为语言和心智具有天赋性、普遍性、自治性、模块性等特征，这已成为很多学科批判的

靶子。笔者这十几年来将语言成因归结为“互动体验（Interactive Embodiment）”和“认知加工（Cognitive Processing）”的结果，前四个字可进一步归纳为“体”，后四个字可归纳为“认”，原来的八个字的意思合起来就是“体认”，这两个字更简洁，也更具有高度的概括性，既能体现出语言来自于人们的“生活实践”；又能反映出语言出自于“心智运作”，两者相辅相成，缺一不可。前者是后者的基础，没有“体”就没有“认”；后者是前者的升华，没有“认”而只有“体”也形成不了人的心智和语言，人就无异于动物。正是人具有了高度的心智能力，以及复杂的语言体系，才使得人类独立于动物世界。

有了“体”，更易于论述语言的客观性，批判语言天赋说。唯物主义的研究方法重归语言理论研究，终于纠正了长期占主导地位的唯理论语言研究方向，使得语言学理论发展更为全面。

有了“体”，突出了语言来自于生活实践这一事实，有效地实践了胡塞尔和维特根斯坦所倡导的回归“生活世界”这一设想。它同时也是语言具有普遍性的基础，因为全世界的现实是相同（基本相同）的，人类身体结构和功能也相同，这就可用以解释语言为何具有“普遍性”，即我们（2005）所论述的“体验普遍性”，其与乔姆斯基的“天赋普遍性”相对。

有了“认”，便可有力地批判语言镜像论。我们的心智和语言不可能像镜子一样，照实反映外部世界的真实面貌，语言充其量仅是一个哈哈镜而已。

有了“认”也就承认了语言在很大程度上具有主观性、差异性。虽说人们的感知和体验基本相同，但人们可选择不同的“感知渠道”或“体验方式”，这就是“识解”。如对于同一事物，有的民族偏重于它的功能或结构，有的民族偏重于它的材料或来源，还有的民族偏重于它的大小和颜色，等等，这就可解释为何同一个事物在同一语言（或不同语言）中会有不同名称的问题，如汉语中的地瓜、山芋、番薯、红苕等（王寅 2007：300），英语中的glasses，spectacles，looking-glasses等。

总之，“体认”二字可更为全面地展现该学科之本质。若只讲“认知”或“心智”，不讲“体验”，就不能突显ECL所坚守的“语言体验性”之本质，也看不出与乔氏“语言 vs 心智”理论取向的差异。若换成“体认”，则可有效解决这一问题，且能更全面地反映ECL之真谛。

2.3 体认的基础性

将“认知语言学（包括认知语义学、认知语法、构式语法等）”改为“体认语言学”，意在强调心智和语言的体验性，据此便可更为清楚地认识到核心原则（又叫：体认原则）。这明白无误地表明：语言与世界不是直接相连的（传统指称论之要害正在于此），其间必有人的作用，必须经过“认知”环节，语言表达中处处预示着人的因素（选择不同的词语和句型、情态动词、时体态式等），闪烁着“识解”的智慧，这就是我们多年来在论述语言体验性时所强调的一个关键出发点。

笔者（2007）据此基本原理写成了《认知语言学》一书，这才是我们所说的“统一性”，即坚守一套理论阐发语言中的各种现象，这与国内很多教材和专著不同（用不同理论来阐发语言不同层面，且还冠之以“普通语言学”）。我们近十几年来还尝试将这一核心原则运用于语言教学，发表了系列论文，现已发表到之“二十九”。总体思路是：人们对现实进行了哪些互动体验，基于其上形成了哪些认知方式，它们又如何生成了对应的语言表达，从语言的“体认”角度入手，不仅可为英语教学提出一个全新思路，且也比乔氏句法演算更易为学习者所接受。

基于（后）后现代哲学的“体验人本观”和“SOS”等，本文拟将“认知语言学”修改为“体认语言学”，一方面传承了乔氏和CL突出从人之心智角度研究语言的基本取向，即“语言乃唯人参之的结果”；另一方面更突出后天的实践观，语言研究必须强调人对现实世界进行的体验（生活方式、互动感知），这也可见唯物辩证法对于语言研究同样有效。当前亦已流行的“基于用法的模型（Usage-based Model）”也正是这一立场的产物，正可体现ECL的基本出发点。

2.4 ECL的前卫性

我们（2012）曾在西哲三个转向的基础上提出了第四转向，人类进入到“后现代”时代，还将其划分为三个时期：

（1）第一期：人本性和批判性；
（2）第二期：解构性和破坏性；
（3）第三期：建设性和体验性。

且据此指出，当代人文社科研究之前沿正在于“后现代第三期”，我们所论述的体验哲学、心智哲学、中国后语哲、ECL等正是这一时期的产物。只有在此学术制高点的观照下，才能更深刻地认识到我们当今所述ECL的历史意义之所在。如隐转喻，只有人类进入到“非理性”的后现代时代，非理性的“假话”才受到人们的普遍重视。

中国学者在此处与西方学术前沿接上了轨，即我们所从事的ECL等研究，对西方理论既有传承，也有发展；没有生搬硬套，更非自说自话，也不在单打独斗，更非闲云野鹤，而是与全世界整个人文社科大潮的前沿接上了轨，我国学者也在为这个全球学术前沿大潮推波助澜，添砖加瓦，输入动力，中西学者在共同打造世界非物质文化遗产。

2.5 语哲的延续性

（1）哲学研究中的人本观

哲学主要研究“存在vs思维（或曰自然vs人、客体vs主体）”之间的关系，这两者都与“人”密切相关。遗憾的是，在漫长的哲学理论探索长河中却屡屡遭到“非人”的待遇，“人本观”就像大浪中的浮萍，时隐时现，常常淹没在形而上学的主流之中，因其以追求客观绝对真理为宗旨，而人具有主观因素、价值信仰、爱好偏见，它们都是追求客观真理的绊脚石，有碍获得这种真理，故而被排除在外，这就是学界著名的“笛卡儿范式（Cartesian Paradigm）”。

西方哲学历经“毕因论（本体论）、认识论、语言论”转向之后，又出现了第四个转向，即“后现代思潮”（王寅 2012）。在这四次转向中，哲学家们“对人的认识”采取了不同的立场，可简述如表1：

表1 西方哲学“对人的认识”采取的不同立场

	时期	理论	人本观	解释
1	古希腊	毕因论	零位人本观	因追求绝对真理而放弃人的因素
2	近代	认识论	理性人本观	循笛卡儿范式，专注于人性的先验性、绝对性、统一性、真理性

（续表）

	时期	理论	人本观	解释
3	现代	理想派	零位人本观	科学主义、追求精确、语客同构（索、乔）
		日常派	语用人本观	生活形式和语言游戏中的人和情景
4	后现代	后现代思潮	① 欧陆人本观	（胡）海、伽、萨
			② 激进人本观	共识真理观、主体间性
			③ 悲观人本观	解构人类中心论、人已死亡
			④ 体验人本观	建设性后现代：ECL、体认原则

特定的语言学理论也常以时下流行的哲学思潮为基础，传统的形而上学和笛卡儿范式直接成为许多以追寻语言本质为圭臬的流派的理论基础（如索氏和乔氏理论），它们都将人本因素屏蔽在外。而ECL正是在人本性这一点上与以往理论形成鲜明对比，坚持以后现代思潮的体验哲学为理论基础，从“人本认知”这一角度来分析语言，从而使其成为当代语言学的前沿理论。

（2）体认原则与西哲三转向

上文所述的体认原则正好与西哲的三个转向（毕因论、认知论、语言论）相吻合，其间存在以下大致对应关系：“现实”对应于毕因论、“认知”对应于认识论、“语言”对应于语言论。这就意味着，从事ECL研究还应当熟悉这些哲学内容，才能更好地理解“体验哲学（Embodied Philosophy）”出场的哲学背景和历史意义。

（3）ECL与语哲目标吻合

我们知道，“哲学”是研究“存在vs思维”之间关系的；而“语言哲学”意在通过语言分析解释这两者之间的关系，包括存在与语言的关系。我们发现，ECL的研究目标与其有惊人的相似之处，主要在于揭示语言背后的认知机制，发现语言如何通过认知机制与自然建立联系，这正是对20世纪语言哲学研究的一个延续。正如陈嘉映（2013：91）在论述“哲学语法”时所指出的，它旨在探索凝聚在语言中的一般理解方式和用法规则，因为我们对世界的看法是凝聚在语言之中的，通过语言分析和概念考察便可澄清哲学问题，明了世界的道理（参看陈嘉映 2013：91）。这正是ECL所追求的目标。

（4）体认原则vs 弗雷格的语义三角

弗雷格（Frege 1892）为消解传统指称论之缺陷，在词语与对象之间增加了“涵义（sense）”这一中介，认为它们不是直接相连的，语符主要是通过涵义指向对象，这显然是密尔（Mill 1843）“内涵决定外延”观点的翻版。奥格登和理查兹（Ogden & Richards 1923：11）将这一思想概括为“语义三角（Semantic Triangle）”。但雷可夫和约翰逊（Lakoff & Johnson 1999：468）认为，弗雷格依旧遵循着客观主义哲学，且为语言哲学带了一个坏头，他所认为的“涵义”，仍旧是外部对象的镜像反映，代表着事物的本质特征。我们（2011）根据体验哲学将语义三角的顶点(sense)下拉，彻底阻断“现实”与“语言”之间的联系，将客观镜像的“sense”修改为具有主客二性的“认知”，便可看出ECL核心原则与语义三角之间的传承和发展关系：

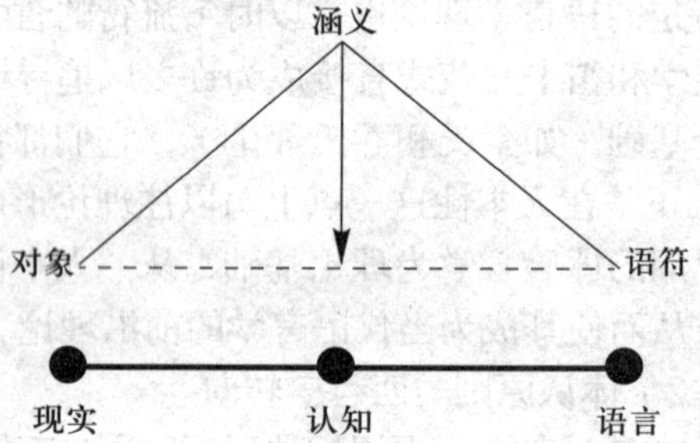

图2

可见，体认原则正是在反思弗莱格语义论基础上建构而成的，也足以证明ECL本身就是语言哲学的一个新发展。

2.6 体认一元性

我们曾尝试依据体验哲学和SOS理解模型，批判了西方心智哲学中的身心二元论，提出了“体认一元观”，其中的“体”主要指身体与现实的互动体验，“认”指心智中的认知加工，后者是由前者决定的，这两者相互依存，互为辩证，这便是我们所说的“体认一元观”。据此，我们的心智、语言是基于对现实世界的“体”和“认”而形成的，这一方面可用以批判索绪尔的先验语言系统观和乔姆斯基的天赋普遍观，也可为批判心智哲学中二元论提供理论根据，这个问题笔者另文论述。

2.7 语言与哲学的共生性

虽说西方哲学在各个时期都为诸多语言学派提供了理论基础（Robins 1967；刘润清 2002；王寅 2007：25），但学界并未注意到语言学也常为哲学研究提供理论养分，如索绪尔的结构主义语言学理论就曾在20世纪产生了深远影响，关涉哲学、人类学、社会学、心理学、生物学、逻辑学、文学、音乐、美学、历史学、民俗学、建筑学、医学（精神分析）、数学、教育、宗教等领域。

我们发现，已成为当代语言学主流的ECL也为西方哲学（特别是语言哲学和后现代哲学）输送很多新观点、新方法、新例证，笔者简要提出以下几个要点：

（1）隐喻认知理论；
（2）图式范畴观；
（3）SOS理解模型；
（4）事件域认知模型（ECM）；
（5）解释主观性的识解观；
（6）解释人类创造性来源的概念整合论；
（7）剖析物质如何决定精神的认知过程。

这充分证明，语言学和哲学原本就具有唇齿相依、同生共长的关系。

2.8 ECL之我见

我国当前所从事的认知语言学，特别是ECL，已与国外这一领域接上了轨，可名副其实地冠之以“前沿”。近年来我们团队也在这一领域也做了点滴尝试，比如：

（1）合西哲三转向与唯物/唯理论
（2）将ECL视为西方语哲之延续
（3）视ECL为后现代哲学第三期
（4）明确当前世界人文学科之前沿

（5）提出体验人本观和体验普遍性
（6）建构了SOS多重互动理解模型
（7）提出并充实中国后语哲的理论
（8）尝试为认知语言学下权宜定义
（9）国内首论认知语篇与认知译学
（10）努力健全ECL各分支学科体系
（11）用ECL理论分析对比英汉构式
（12）ECM，转喻命名论更有解释力
（13）提出哲学和语言学互为摇篮论
（14）较为系统地对比论述中西隐喻研究
（15）尝试基于 ECL 对比中西语义理论
（16）倡导构式本位观、构式程序分析法
（17）剖析认知过程了说明物质如何决定精神
（18）基于经典和原型范畴论提出图式范畴观
（19）基于ECL论述象似性已为大多学者接受
（20）探索后现代哲学视野下的语言学前沿阵地

根据体认原则可知，语言是人们在对现实世界进行“体（互动体验）”和“认（认知加工）”基础上形成的。换句话说，语言表达必然体现出人的认知方式，并受其影响在某种程度上象似于现实世界。我们只有从这个角度才能更深刻地认识到象似性理论意义之所在，它不仅为语言教学实践提供坚实的理论基础，更为实施素质教育提供便行易用的具体方法。

2.9 ECL学科体系性

近年来，我们的团队有计划地思考健全ECL各分支学科的问题，如赵永峰（2010）的认知音位学、刘玉梅（2010）的认知词汇学、郭霞和崔鉴（2010）的认知句法学以及笔者撰写的有关“认知语义学、认知构式语法、新认知语用学、认知语篇学、认知翻译学、认知修辞学、认知符号学、认知社会语言学、认知历史语言学、神经认知语言学、认知对比语言学、应用认知语言学”等文章，有利于学者们拓宽视野，深入关注。

2.10 ECL应用性

多年来，我国的教育方针一直强调理论与实践相结合，这是正确的，而且完全适用于语言学研究。判定某语言学理论是否具有重大意义的主要标志之一就在于：它是否能对语言教学产生推动力。ECL正是在这一点上优于索氏结构主义和乔氏TG学派。正如上文提到的陈嘉映的观点，英语中凝聚着英语民族认识世界的方式，这正是ECL的研究方向，旨在揭示语言表达背后的认知理据，它必然会大大有利于教师解释语言的成因，使学习者明白语言为何如此表达而不那样说的动因所在，知晓英语民族的思维方式，这也完全符合我国学界所强调的“素质教育”这一基本方针。

三、汉英明喻习语：ECL之例证

这个问题笔者另文论述。

四、结 语

在学界，“认知”素有狭义和广义之分，前者主要为“心智”的同义语，认为它具有“意识性”；后者包含感官知觉，主要具有“无意识性”。认知科学还有“第一代”和“第二代”之分。基于体验哲学之上的雷可夫等强调语言的体验性（这也正是我们团队这些年来所关注的主要内容之一），为能一目了然地突显这一理论取向，我们拟将其修补为“体认语言学（ECL）”。

本文从十个方面论述了这一修改的必要性，以及“体认”所含内容和研究方法，这都表明ECL已与雷可夫等认知语言学有所不同：既长于斯也异于斯；既有传承也有发展，也算是为建设有我国特色的中国本土理论（中国后语言哲学）做了一点思考。

参考文献

[1] Bybee, J. L. 2006. From Usage to Grammar: the Mind's Response to Repetition[J]. *Language*, Vol 82, 2006(4).

[2] Frege, G. 1892. On Sense and Nominatum [A] // Greach, P. & M. Black.

1980. *The Philosophical Writings of Gottlob Frege* [G]. Oxford: Basil Blackwell.

[3] Lakoff, G. & M. Johnson. 1999. *Philosophy in the Flesh: The Embodied Mind and its Challenge to Western Thought* [M]. New York: Basic Books.

[4] Langacker, R. W. 1987. *Foundations of Cognitive Grammar, Vol. I: Theoretical Prerequisites* [M]. Stanford: Stanford University Press.

[5] Mill, J. S. 1843. *A System of Logic: Ratiocinative and Inductive*[M]. 严复译. 1981. 穆勒名学. 北京: 商务印书馆.

[6] Ogden, C. K. & Richard, I. A. 1923. *The Meaning of Meaning*[M]. London: Routledge & Kegan Paul.

[7] Robins, R. H. 1967. *A Short History of Linguistics* [M]. London: Longman.

[8] Stukker，Sanders and Verhagen. 2009. Categories of Subjectivity in Dutch Causal Connectives: A Usage-based Analysis [A]// Sanders，T. & E. Sweetser. *Causal Categories in Discourse and Cognition* [M]. Berlin: Mouton de Gruyter.

[9] 陈嘉映. 2013. 谈谈维特根斯坦的哲学语法 [A]. 钱冠连、王寅主编，语言哲学研究（第二辑）[C]. 北京：高等教育出版社.

[10] 刘润清. 2002. 西方语言学流派[M]. 北京: 外语教学与研究出版社.

[11] 郭霞, 崔鉴. 2010. 认知句法学[J]. 外语学刊（2）.

[12] 刘玉梅. 2010. 认知词汇学[J].外语学刊（2）.

[13] 王寅. 2007. 认知语言学[M]. 上海: 上海外语教育出版社.

[14] 王寅. 2012. 哲学的第四转向: 后现代主义[J]. 外国语文（2）.

[15] 王寅. 2014. 认知翻译研究: 理论与方法[J]. 外语与外语教学（2）.

[16] 赵永峰. 2010. 认知音位学[J]. 外语学刊（2）.

[17] 中国社会科学院语言研究所词典编辑室. 2012. 现代汉语词典（第6版）. 北京: 商务印书馆.

认知语言学对西方哲学的贡献

王天翼　王　寅

（原载《浙江大学学报（人文社会科学版）》2015年第4期）

提　要：虽说西方哲学在各个时期都为主流语言学派提供了理论基础，但后者也常为前者做出了一定的贡献，如索绪尔和乔姆斯基就曾为西方哲学输送了新思路。已成为当代语言学主流的认知语言学派（CL），一方面吸取了西方的体验哲学理论，另一方面也为体验哲学的建构起到了奠基性作用，同时也为西方哲学（特别是语言哲学和后现代哲学）提供了新理论、新观点、新方法，例如："隐喻认知论""图式范畴论""SOS理解模型""事件域认知模型（ECM）""识解观""概念整合论""剖析认知过程"等，都大大充实了西哲的相关论述，在一定程度上推动了西哲的纵深发展，值得我们深入挖掘和认真思考。

关键词：认知语言学；同生共长；隐喻；图式范畴论；SOS；ECM

一、引言

在西方，哲学与语言学常处于相互交织、同生共长的关联之中。在古希腊毕因论（即本体论）阶段，两学科就交融于一体，前者常包含后者，很多哲学家也是语言学家，他们在追问世界本质的同时也在追问语言的本质，早就建立了语法学。巴门尼德之所以提出"毕因论"，是因为他发现了主系表结构中的系词（希腊语为ont(o)-, 英语为be）内涵着表语所表事物的本质性特征。苏格拉底、柏拉图在《克拉底鲁篇》中也有很多有关语言的论述。亚里士多德通过分析语言中的词性得出了有关世界的十大范畴，通过分析语言中SP模板（即主谓结构），建立了诸如毕因论、逻辑学、修辞学等学科。经典形式逻辑基于SP模板论述了"全称（A）、特称（E）、肯定（I）、否定（O）"命题，建立了SAP、SEP、SIP和SOP之间的逻辑矩阵关系。中世纪关于唯名论和唯实论之争，既是哲学议题，也是语言问题。

近代认识论（经验论vs唯理论）阶段的普遍唯理语法、实证性历史比较学派、进化论语言研究、机械论语音定律等，无不受到那个时代哲学观的影响。20世纪的语言哲学更是如此，直接将哲学研究的方向导向语言分析，试图通过它来解决哲学难题，被公认为语言学大师的索绪尔、乔姆斯基也为这一研究做出了重要贡献（陈嘉映 2003）。

当今，语言学家们在撰写语言学史时，都十分重视追寻各流派的哲学基础，即每一语言学派都是以各自的哲学理论为基础而建立起来的（王寅 2003，2007：25）。我们也注意到，各语言学派也不一定完全单向地借用现成的哲学理论，也在一定程度上为哲学理论的发展做出贡献，如当前被全世界学者公认为语言学前沿的认知语言学（Cognitive Linguistics 简称CL），虽说是以“体验哲学（Embodied Philosophy）”和“后现代哲学”为理论基础发展起来的，但前者提出的很多新观点也进一步丰富了体验哲学、语言哲学和后现代哲学。

二、CL对西方哲学（特别是语言哲学/后现代哲学）的贡献

本文主要论述认知语言学家为解释语言现象所论述的7种理论或观点，它们都是当前哲学界论述不详或尚无述及的内容。我们认为，它们也可扩展或引进到哲学界，用于解决西方哲学（语言哲学或后现代哲学）中的问题。

2.1 隐喻认知理论

随着雷可夫和约翰逊正式出版《我们赖以生存的隐喻》以来，引起了全世界范围内的语言学、哲学、文学、艺术、逻辑学、心理学、社会学、认知科学、人工智能等学科的密切关注，掀起了隐喻研究的高潮，随之出现了一场“隐喻革命”。标志是：召开隐喻方面的国际研讨会，代表达千人，十几路人马济济一堂，各类文献更是浩如烟海（王寅 2001：302）。显然，这对于坚持将隐喻视为哲学的敌人，追求客观真理路途中的绊脚石，认为哲学优于文学的哲学家可算得上是当头一棒。

亚里士多德等所建立的传统形而上哲学，以追求客观真理为宗旨，认为真理是绝对的和永恒的，本质是固定不变的，范畴的边界是清晰的，而隐喻又都是"假话"，混淆了范畴概念，如"他是猪"，在现实世界中这句话永远不会成真，因为，人是人，猪是猪，这两者的哲学范畴绝对不可混为一谈。但是，这句话却在日常生活中耳熟能详，人人都可理解。这就是为何传统哲学要将其排出视野之外的原因，故而对隐喻采取贬斥的态度。很多哲学家长期以来一直自鸣得意，带着"养尊处优"的虚荣心，自诩"哲学王"，一直在讲真话，找真理，求普世，认为自己比文学家高人一等，因为文学家公开承认自己的创作多基于"虚构、想象、幻觉、隐喻"等手法。自从法国哲学家德里达（Derrida 1967）基于"解构主义"立场，主张消解哲学与文学之间的界线，两者的话语具有相同本质，共享同一领域，哲学中也用了大量的隐喻（可称之为"假话"），庞学铨（2005：291）曾将哲学称为"充满隐喻的诗"；黄华新等（2008）主张在"可能世界"范围内探讨隐喻的生成机制。罗蒂（Rorty 1979：471）指出：隐喻包含在全部哲学语言中。

雷可夫和约翰逊（Lakoff & Johnson 1999）后又出版了《体验哲学——体验性心智及其对西方思想的挑战》，进一步论述了哲学家在论述"时间、因果、心智、自我、道德"等课题时借助几条根隐喻建立起论述体系。他们认为，正是"隐喻"才使得哲学成为一个理论体系，如果将所有隐喻从哲学论著中剔除出去，哲学理论就会失去存在的可能。这就是他们（Lakoff & Johnson 1999：543）的一句名言：

There is no philosophy without metaphor.（没有隐喻就没有哲学。）

因此我们认为，CL对隐喻的研究，有力地支持了后现代哲学家取消哲学与文学有差别的主张，也是对后现代哲学家关注"非理性"的一个有力的补充。

2.2 范畴三论

维特根斯坦（Wittgenstein 1953）提出了"家族相似性（Family Resemblance）"，后经美国心理学家罗丝等（Rosch 1973，1975，1976，1978，1979）于20世纪70年代发展为"原型范畴论（Prototype Theory of Category）"，挑战了亚里士多

德建立并流行了二千多年的“经典范畴论（Classical Theory of Category）”，为哲学第四转向（后现代论）中的“建设性后现代论”奠定了理论基础（王寅 2012），从而为“多元论、多视角、多维度”提供了有力的理论依据。

CL将原型范畴论运用于分析语言各层面，如语音、音位、词汇、词法、句法、构式等，这比起经典范畴论所倡导的二值逻辑，明显更具解释力（王寅 2007）。兰艾克（Langacker 1987，1991）、泰勒（Taylor 1989）等深入思考prototype的含义，发现其有两解：（1）典型样本；（2）抽象典型，从而提出了“图式范畴论”（图1）。

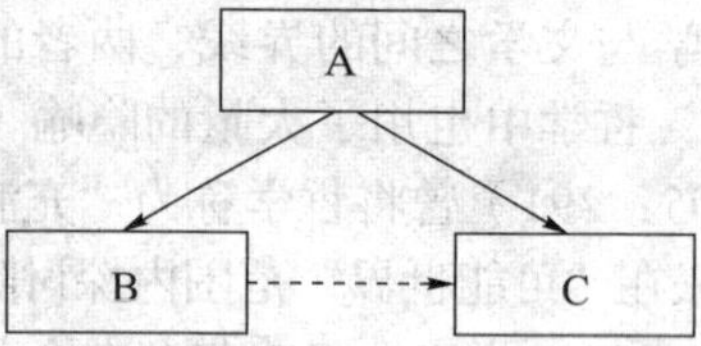

图1

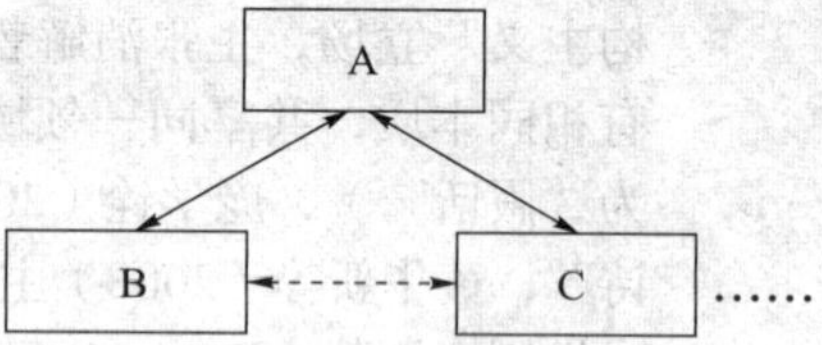

图2

在图1中，A、B、C都是同一范畴中的三要素，A为抽象性图式结构，B是A范畴中的“原型样本”，C是基于A和B的“扩展成员”。一方面B和C都受制于A，同时C还要参照B，但相对于A来说影响较小，故两者间用虚线表示。泰勒主张将图1中单向箭头换成双向箭头，以表示同一范畴中三要素之间具有互动性影响关系，但他将prototype视为schema的等同语。我们基于他们的观点做了修改，拟构了图2，保留哲学界常将“原型”视为典型样本的习惯，还可在右边继续扩展出同一范畴中更多的成员。

我们认为，图式范畴论比原型范畴论更为优越，因为后者对“原型”论述不明确，未能明确标明它是“图式性”的还是“样本性”的，而图式范畴论明确规定：“原型”为典型样本，“图式”为一个抽象的、概括的结构，这对于一个理论来说十分重要，更符合“哲学须在抽象层面思考问题”的要求。正因为图式范畴论是基于抽象图式建立起来的理论，且具有一定的调变性，因此它更具解释力，详见兰艾克（Langacker 1987，1991）、王寅（2013）。

2.3 SOS

语言表达中既有客观意义，也有主观意义，这是一个不争的事实，CL正是在批判索绪尔和乔姆斯基客观主义语言理论基础上发展而来的，强调语言不仅具有客观性，也有主观性，且将其核心原则概括为“现实—认知—语言”（见图6最下一行），即语言是人们在对现实进行“互动体验”和“认知加工”之上逐步形成的。说“互动体验”，充分注重客观现实世界的基础性，强调物质决定精神的唯物主义；说“认知加工”，突显了辩证法中的人之主观能动性，它是语言和哲学研究中不可忽视的要素。我们将这8个字提炼为“体认”二字，也就是学界常说的CL“体认观”，符合“唯物辩证法”基本原则，可用于解释语言各层面中绝大多数用法。这就是王寅（2014）近来提出“体认语言学”的主要理论依据。

我们还反思了后现代译论过分强调读者和译者地位的观点，那种认为“爱怎么理解就怎么理解”“爱怎么翻译就怎么翻译”则将人本因素导向了另一极端，并不可取。我们必须从理论上澄清其谬误性，因而提出了“体验人本观”，以从理论上纠正后现代哲学中的激进人本观，翻译还是要基于原作者在原文本中所反映的原意图，不可过度张扬译者的创作性。

在此基础上，我们反复思考了哲学史中有关“自然vs人”“客观vs主观”“感性vs理性”“存在vs思维”的关系，并将西哲中围绕这一关系的争论简史梳理如下：

	自然/存在	人/思维	
传统（古希腊—1940s）	感性	理性	单向运思模式
	存在	思维	
	客观	主观	
现代	互动		主客双向模式
后现代	主体间性		主主双向模式

图3　哲学研究中的方向观

长达2,000多年的传统哲学主要基于“单向运思模式”，要么强调感性到理性，要么强调理性到感性。瑞士心理学家皮亚杰（Piaget 1970）在其“建构论（Constructivism）”中提出“主客互动论（Interactionism between Subject and Object）”之后，部分后现代哲学家，如德里达、哈贝马斯等终觉人本因素强调不够，又提出了“主主互动”（即主体间性），认为真理来自于人们之间的共识，这便是“共识真理观（Consensus Theory of Truth）”、“主体间性（Intersubjectivity）”，也就是上文所说的“激进人本观”。王寅（2009）针对这种观点提出了“SOS多重互动理解模型（Subject-Object-Subject Multiple-action Understanding Model）”，对其加以纠正，强调人们在语言理解过程中包含“客-主、主-客、主-主、主-语、客-语、语-语”之间的多种互动关系，这对于人类概念的形成、语言的使用、人际间交流都有较强的解释力。

2.4 ECM

许多认知语言学家和计算机科学家为解释概念结构和句法构式的成因而建构了许多种模型，如兰艾克（Langacker 1991）的弹子球模型和舞台模型，泰尔米（Talmy 1985）的力量动态模型，雷可夫（Lakoff 1987）“形式空间化假设”（将动态意象图式详细分成六小类），尚克和阿堡森（Schank & Abelson 1975）的“脚本理论”，庞塞和桑伯克（Panther & Thornberg 1999）的言语行为动态分析方案。但这些模型存在以下三大问题：

（1）突显分析的单层面性而忽视内部要素的层级性；

（2）强调动态性而忽视静态性；

（3）重在解释句法成因而忽视其他层面。

为了弥补上述模型之不足，王寅（2005）提出了“事件域认知模型（ECM）”，以期为语言的诸多层面，诸如词汇化、词法、句法、语义、交际、词义变化、隐转喻等做出一个统一的解释，其基本思想图示如下：

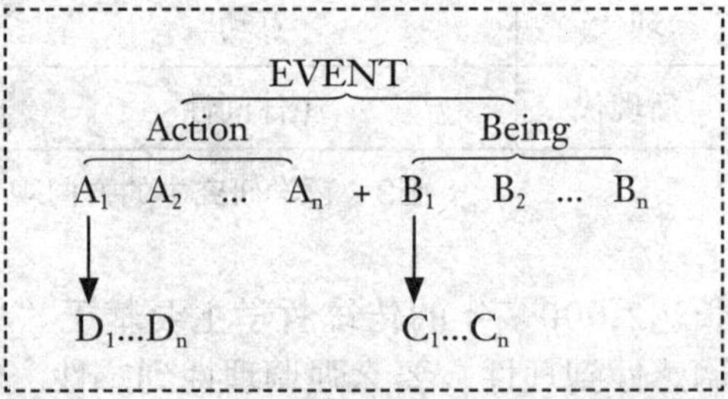

图4

亚里士多德认为一个命题主要由一个表示名词的事体（B）和一个表示动作的行为（A）构成，类似于上文述及的传统逻辑学中SP模板。我们所倡导的ECM则根据生活经验将其进一步细化为：一个行为A可包括动态和静态两类行为，它可由很多具体的子行为或子动作（如图中的A_1，A_2 … A_n）构成。同样，一个事体由很多个体（如图中的B_1，B_2 … B_n）构成，事体可包括人、事物、工具等事体，也可包括抽象或虚拟的概念（儿童是在对具体事体认识的基础上逐步掌握抽象和虚拟的概念）。一个动作或一个事体又可分别带有很多特征性或分类性信息D或C。这样，一个事件域就可能含若干要素，它们存在层级性关系，比如：

在第一层级上：一个事件主要包括动作和事体；
在第二层级上：这两个要素又包括很多子要素；
在第三层级上：各子要素又包含若干典型信息。

该模型外框用虚线，意在表明一个事件与其他事件存在若干可能性联系。

根据亚氏传统逻辑观，只要符合SP模板的知识就是正确的，代表着“真知、真理”，我们拟将其修补为人们是以“事件域”为单位来体验和认识世界的，并将其作为知识块储存于心智之中。ECM是人们在对许多具体生活经验逐步概括出的抽象概念结构，它还可用来解释语言结构的成因。

该模式与计算机编制人机对话软件的思路相吻合，姚振军（2013）发现ECM与人工智能领域知识工程本体（Ontology）中所运用的构造工具“Protégé”的理论框架基本一致，这说明该模型具有普适性。他还尝试基于ECM，结合SCA（Socio-cognitive Approach to Pragmatics）分析三则房地产广告，探讨以“事件”为语用分析单位的具体操作程序，丰富了“新认知语用学”的研究内容。

2.5 识解：解读主观性的钥匙

西哲中形而上学以追寻“唯一的、永恒的、不变的真理”为终极目标，而后现代哲学家却大唱“反基础、去中心、非理性、多元论”的反调，将人类的主观性提高到空前的高度，甚至走向了另一个极端，如尼采的“真理及谬误”观，德里达的“延异、撒播、痕迹”观，哈贝马斯的“共识真理观”，费亚阿本德的“增生原则”“什么都行”，奎因和罗蒂的“新实用主义”等，震撼了人们久已麻木的神经，唤醒了人们对绝对真理的反思。CL不仅接受了他们的多元论思想，反对二值逻辑，而且还深化了他们的研究。兰艾克（Langacker 1987，1991）克劳夫特和克鲁斯（Croft & Cruse 2001）等在分析语义理解时较为详细地论述了“识解（Construe，Construal）观”，它原是针对人们对同一场景为何有不同言语表达而设计的。兰艾克将其细分为五项：详略度（Specificity）、辖域（Scope）、背景（Background）、视角（Perspective）、突显（Salience）。王寅（2011）尝试运用识解五要素分析了同一首唐诗《枫桥夜泊》的40篇英译文为何会产生差异的认知原因，成功地将40个译文中的差异都纳入到识解五要素之内，这为译界研究“译者主体性”提供了一个全新的理论框架。

大家都承认，在我们的理解和表达中都存在一定的主观性，但并没有针对“主观性”做过仔细和深入的论述，更没有人提出过详细方案来解读它。我们认为，CL从语言研究角度提出的分析思路，已超出语言研究之局限，它可用来解释人类的主观差异究竟来自何处，怎样描写它。因此，CL“识解观”的理论价值在于：不仅可用来解释语义，而且为后现代哲学中研究“主观性”“多元化”提供了理论依据，以及具体的、可操作的分析方案。笔者日前将这一想法告知兰艾克本人，他也对此感到十分欣慰，这可算作CL对西方（后现代）哲学的一大贡献。

2.6 概念整合：解释人类创造力之来源

德国著名数理逻辑学家弗雷格（Frege）认为句义与词汇意义之间具有函数关系，即前者的意义是后者意义之组合，这便是我们常说的“组合原则（Principle of Compositionality）”，可将其简化为“1+1=2”。后现代哲学、体验哲学和CL接受了格式塔心理学的基本观点，坚守“整体大于部分之和”和“增生原则”，认为“1+1≠2”，常出现“1+1>2”的现象，并针锋相对地提出了“整合原则（Principle of Integration）”和“新创结构论”，即当两个要素相结合时总要“新创（emergent）”出一些原要素所没有的新信息。福柯尼艾尔（Fouconnier 1997：151）等“概念整合理论（Conceptual Blending Theory）”的要旨可图示如下：

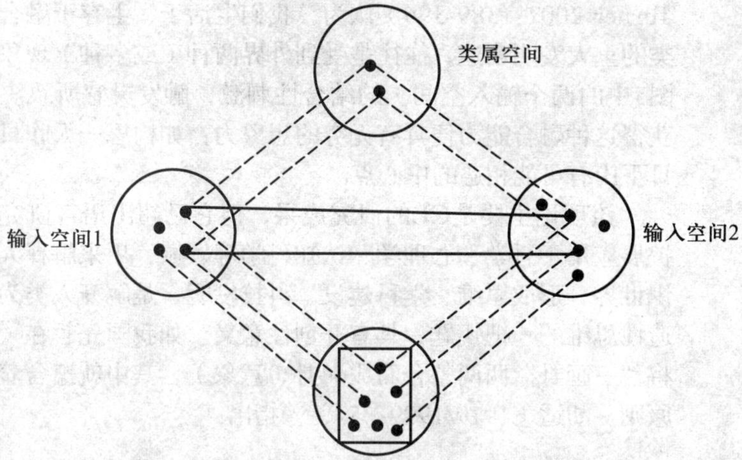

图5

当两个概念（如词语）作为输入空间对应映射到融合空间时，会受到类属空间（共有轮廓结构、范畴化原则等）的制约，同时也会在整合空间中产生“新创结构（Emergent Structure）”，如图中最下一个圆中的方框所示。该结构是一个具有新创特性、富有想象力的结构，能产生原来输入空间中所没有的新信息（即新创意义）。这四个心智空间通过一系列的映射运作彼此连接起来，形成一个“概念整合网络（CIN：Conceptual Integration Network）”。

王寅（2007：216）将弗雷格的组合原则隐喻性地称为“物理变化”，相当于事物的简单罗列和堆积，而将融合理论隐喻性地称为“化学变化”，类似于化学中“二氢一氧”结合后会生成一种既不是氢，也不是氧的新物质“水”。如在语言表达中将“马”与“角”融合后便会新创出一种新动物——“独角兽”，它既不是原来的“马”，也不是原来的“角”，仅存在于人们的想象世界之中。

融合空间论原设计用来解释隐喻的工作机制，两个毫无联系的始源域和目标域并置后为何能产生隐喻义？在“融合空间”中设立“新创结构”后，就可有效解决这一问题，因为两个不同的概念域作为输入空间进入融合空间后会发生“化学变化”，涌现出原输入空间所没有的新义。如“那外科大夫是屠夫”，这两者并置后为何能出现“大夫医术不好”之义（屠夫也有高明者，如庄子所述“庖丁解牛”的故事），这一意义是经过人们一系列心智运作后在“新创结构”中涌现而出的。因此，福柯尼艾尔和特纳（Fauconnier &

Turner 2002：389-396）认为，我们生活于、生存于融合之中，人类的重大发明创造，往往是受到外界两种（或多种）现象（相当于图5中的两个输入空间）的结合性刺激，触发灵感所致。一旦人类获得这种融合能力便具有无穷的想象力：如构思一人昨日上山和今日下山有可能相遇的中心点。

该理论主要是CL的研究成果，但它已超出语言研究层面，可扩展应用于哲学、心理学、认知科学等领域，用来解释人们如何认识世界、形成思维、学科建设、科技发明，是解开人类为何具有创造性思维的一把钥匙，具有开创性意义。如我国先哲在《易经》中将“三画卦”两两整合而成64卦（意象），其中就蕴含着概念整合原则。胡适（1919/1999：57）曾指出：

> 意象为我们的器物、制度的创造、发明所依赖。文明的历史，按照孔子的看法，就是把“意象”或完美的上天理想变为人类器物、习俗和制度的一系列连续不断的尝试。

如我们的祖先们受到“木卦处于水卦之上的浮动意象”之启发后想到了造船；又因“木卦处于雷（动）卦之上的成长或增长意象”想到造犁耕地；依据“雷卦在山卦之上（在固定物上转动）”发明了杵臼和书写；受到“木卦在泽卦之下的淹没意象”之启发想到了“棺材”等等。个别解释可能有牵强附会之处，但其所坚守的“创造力来自于两两相叠的三画卦”这一基本原则清晰可见。福氏等的概念整合理论竟与其不谋而合，令人惊奇！同时，我们也为祖先们的睿智感到自豪。

当牛顿看到苹果落地时想到了地球有吸引力；当“电”与“磁”作为两个输入空间进入融合空间后，诞生了若干现代科技成果。现代的军事科学家将运载工具与核弹捆绑起来，成为超级大国威胁全球和平的王牌武器；乔布斯将“通讯手机”与“计算机”结合起来研制出“iphone”；商界精英还将网络与电视结合起来形成了一个新产业“网络电视”；还有卓识远见者将“万维网”与“GPS”结合起来，召唤着无线网络新时代的到来；为了执行节能减排的国策，技术人员将空调、冰箱和热水器整合起来，合理组配冷热资源，带来新型节能家电系统。

又如当今流行的跨学科的边缘性研究，也可用概念融合理论做出合理解释。两个不同的学科可视为图5中的两个输入空间，当它们结合起来进入融合空间后形成一个新学科时，其中必然会涌现出一些原来两个学科都没有的内容，这才是“边缘学科”的真正意义之所在。

这就是福氏等人的观点：人类5万年的历史好像就是概念整合的5万年历史。因此，融合理论不仅可解释语言生成和理解问题，而且还能解释人类的生存、发展、认识、理解、发明等现象，这好像是学界首次提出用来“解释人类创造力来自何处”的理论。我们认为，这将会受到哲学家的青睐。

2.7 认知过程：物质如何决定精神

20世纪的语言学曾经历了三场革命：索绪尔的结构主义革命、乔姆斯基的转换生成革命，以及雷可夫、兰艾克、泰勒等的CL革命，它们分别围绕“语言、心智（认知）、现实”这三要素采取了不同的立场，经历了一个渐进式的发展过程：

语言：　索氏

心智——语言：　乔氏

现实——认知——　语言：　C L

图6

索氏仅关注“语言内部系统”，实施“关门打语言”之策略。乔氏倡导从心智角度解释语言成因，增添了“心智”要素（权且视其为“认知”），重点研究它与语言之间的关系，但乔氏将它们视为“天赋性”。CL针锋相对地提出“体认性”概念，认为这两者都是来自于生活体验和人之认识，将唯物观和辩证法重新引入到语言学研究之中。图6最下一行为CL的核心原则。我们（2007：171）在此基础上进一步细化了“认知”过程，图示如下：

图7

根据心理学可知，人们主要是通过“感觉＋知觉”途径来感知外部空间及对象，然后在心智中逐步形成了抽象的“表象”能力，当事物不在场时人也能谈论它（动物似乎不行）。雷可夫(Lakoff)

又将康德的“图式”与其结合起来，提出了“意象图式（Image Schema）”，人类在此基础上形成了范畴和概念。

“范畴”主要属于哲学，“概念、命题、判断、推理”主要属于逻辑学，雷可夫将这两个学科与语言学紧密结合起来，且结合隐喻和转喻，建立了“认知模型（Cognitive Model：CM）”和“理想化认知模型（Idealized Cognitive Model：ICM）”，据此形成原型，再在此基础上进行范畴化和概念化运作，就有了范畴，同时产生概念和意义（此处可忽略概念与意义之差异），人们再用语言符号将其“揿住（pin down）”，就形成了语言，从此概念就被固定了下来。

雷可夫认为“原型范畴”可用4种ICM来描写（意象图式原则、隐喻原则、转喻原则、概念原则），从而深化了维特根斯坦的原型范畴论，为批判索绪尔和乔姆斯基的客观主义语言理论提供了可靠的理论武器，更为合理地解释词义和句义，也为语言哲学中的意义研究提供了崭新视角（王寅 2007：171）。我们还认为，唯物主义者虽提出物质决定精神的基本原则，但未能详述物质是如何决定精神的过程。或许，CL在图7中所详析的认知过程，正可对其做出补充。

三、结语

在西方，哲学曾被视为一切学科之母，为其他学科的发展输送了理论养分，语言学也是如此，很多语言学史的专著或教材都述及了各语言学派的哲学基础（Robins 1967）。但笔者发现，并不一定只是哲学单向地为语言学提供理论基础，后者也可能推动前者的发展，如索绪尔的结构主义语言学派就曾为哲学（以及哲学之外的若干学科）输送了崭新的理论，也为后现代哲学中的“解构主义”哲学提供过基础（王寅 2012）；乔姆斯基的转换生成语法亦发展和完善了哲学中的天赋论、唯理论。特别是已成为当代语言学主流的CL，更是为西方哲学（特别是语言哲学和后现代哲学）的发展做出了一定的贡献。本文主要论述了当前国内外认知语言学家（包括笔者）的有关观点，如“隐喻认知观、图式范畴论、SOS、ECM、识解观、概念整合论、剖析认知过程”等，向西哲所输送的新理论或新观点，在一定程度上推动了西方哲学向纵深发展。

语言研究前景辉煌，每当想到这一点，我们不禁为之激动不已，深感任重道远，它不仅可撩开语言的神秘面纱，而且还有助于哲学家解决学术谜题。

参考文献

[1] Aristotle. 1959. *Categoriae, De Interpretatione*[M]. 方书春译. 范畴篇 解释篇，北京：商务印书馆.

[2] Croft,W. & D. A. Cruse. 2004. *Cognitive Linguistics*[M]. Chicago: CUP.

[3] Derrida, J. 1967. *De la Grammatologie*[M]. English trans. by G. C. Spivak. *Of Grammatology*[M]. Baltimore: The John Hopkins University Press.

[4] Fauconnier, G.1997. *Mappings in Thought and Language*[M]. Cambridge: CUP.

[5] Fauconnier,G. & M. Turner. 2002. *The Way We Think*[M]. New York: Basic Books.

[6] Lakoff, G. 1979. The Contemporary Theory of Metaphor. in A. Ortony(ed.). *Metaphor and Thought*[M]. Cambridge & NY: Cambridge University Press.

[7] Lakoff, G. & M. Johnson. 1980. *Metaphors We Live By*[M]. Chicago: The University of Chicago Press.

[8] Lakoff, G. 1987. *Women, Fire, and Dangerous Things: What Categories Reveal about the Mind*[M]. Chicago & London: University of Chicago Press.

[9] Lakoff, G. & M. Johnson. 1999. *Philosophy in the Flesh: The Embodied Mind and its Challenge to Western Thought* [M] New York: Basic Books.

[10] Langacker, R. W. 1987. *Foundations of Cognitive Grammar, Vol. I: Theoretical Prerequisites*[M]. Stanford: Stanford University Press.

[11] Langacker, R. W. 1991. *Foundations of Cognitive Grammar, Vol. II: Descriptive Application*[M]. Stanford: Stanford University Press.

[12] Panther, Klaus-Uwe & L. Thornburg. 1999. The Potentiality for Actuality Metonymy in English and Hungarian. in Panther & Radden(ed.). *Metonymy in Language and Thought*[M]. Amsterdam: John Benjamins.

[13] Piaget, J. 1970. *The Principles of Genetic Epistemology*[M]. 王宪钿. 1981. 译. 发生认识论原理，北京: 商务印书馆.

[14] Robins, R. 1967. *General Linguistics: An Introductory Survey*[M]. London: Longman.

[15] Rorty, R. 1979. *Philosophy and the Mirror of Nature*[M]. 李幼蒸译. 2001. 哲学与自然之镜，北京：商务印书馆.

[16] Rosch, E. 1973. On the Internal Structure of Perceptual and Semantic Categories. in T. E. Moore(ed.). *Cognitive Development and the Acquisition of Language*[M]. New York: Academic Press.

[17] Rosch, E & C. B. Mervis. 1975. Family Resemblances: Studies in the Internal Structure of Categories. *Cognitive Psychology*[J]. Vol. 7, No. 4, pp. 573-605.

[18] Rosch, E. 1975. Cognitive Representations of Semantic Categories. *Journal of Experimental Psychology:General*[J]. Vol. 104, No.3, pp. 192-233.

[19] Rosch, E, C. B. Mervis & W. Gray (et al.). 1975. Basic Objects in Natural Categories. *Cognitive Psychology*[J]. Vol. 8, No. 3, pp. 382-493.

[20] Rosch, E. Principles of Categorization. in E. Rosch & B. Lloyd(ed.) 1978. *Cognition and Categorization*[M]. Hillsdale, NJ: Erlbaum.

[21] Saussure, F. de. 1916. *Course in General Linguistics*[M]. 高明凯译. 1980. 普通语言学教程. 北京：商务印书馆.

[22] Schank, R.C. & R. P. Abelson. 1975. Script, Plans and Knowledge. Proceeding of the Fourth International Joint Conference on Artificial Intelligence. Tbilisi, USSR. P. N. Johnson-Laird & P. C. Wason(ed.) *Thinking: Reading in Cognitive Science*[C]. Cambridge: CUP.

[23] Talmy, L. 1985. Force Dynamics in Language and Thought. in William H. Eilfort, P. Kroeber, and K. Peterson(ed.). *Papers from the Parasession on Causatives and Agentivity*[G]. Chicago: Chicago Linguistic Society.

[24] Taylor, J. 1989. *Linguistic Categorization*: *Prototypes in Linguistic Theory*[M]. Oxford: OUP.

[25] Wittgenstein, L. 1953. *Philosophical Investigation*[M]. 李步楼译. 1996. 哲学研究，北京：商务印书馆.

[26] 陈波. 2005. 逻辑哲学[M]. 北京：北京大学出版社. [Chen Bo. 2005. *Philosophy of Logic*[M]. Beijing: Peking University Press.]

[27] 陈嘉映. 2003. 语言哲学[M]. 北京：北京大学出版社. [Chen Jiaying. 2003. *Philosophy of Language*[M]. Beijing: Peking University Press.]

[28] 黄华新，徐慈华. 2008. 隐喻语句的真值条件. 哲学研究[J]. No. 4(2008), pp. 93-98. [Huang Huaxin & Xu Cihua. 2008. The Condition of Truth Value of Metaphor Sentence. *Philosophical Researches*[J]. No. 4(2008), pp. 93-98.]

[29] 胡适. 1919/1999. 先秦名学史[M]. 合肥：安徽教育出版社. [Hu Shi. 1919/1999. *The Logical History of Pre-Qin Period*[M]. Hefei: Anhui Education Press.]

[30] 江怡. 2009. 分析哲学教程[M]. 北京：北京大学出版社. [Jiang Yi. 2009. *Course on Analytic Philosophy*[M]. Beijing: Peking University Press.]

[31] 刘润清. 2002. 西方语言学流派[M]. 北京：外语教学与研究出版社.

[32] 庞学铨. 2005. 哲学导论[M]. 杭州：浙江大学出版社. [Pang Xuequan. 2005. *Introducing Philosophy*[M]. Hangzhou: Zhejiang University Press.]

[33] 王寅. 2001. 语义理论与语言教学[M]. 上海：上海外语教育出版社.

[34] 王寅. 2008. 体验哲学——一种新的哲学理论. 哲学研究[J]. No. 7(2008).

[35] 王寅. 2005. 事件域模型的认知分析及其解释力. 现代外语[J]. No. 1(2005).
[36] 王寅. 2007. 中西语义理论对比研究初探——基于体验哲学和认知语言学的思考[M].北京：高等教育出版社.
[37] 王寅. 2007. 认知语言学[M]. 上海：上海外语教育出版社.
[38] 王寅. 2008. 认知语言学的“体验性概念化”对翻译主客观性的解释力——一项基于古诗《枫桥夜泊》40篇英语译文的研究. 外语教学与研究[J]. No.3（2008）.
[39] 王寅. 2009. 主客主多重互动理解. 哲学动态[J]. No. 10(2009)
[40] 王寅. 2011. 后现代哲学视野下的当代隐喻研究. 山东外语教学[J]. No.4（2011）.
[41] 王寅. 2012. 哲学的第四转向：后现代主义. 外国语文[J]. No. 2（2012）
[42] 王寅. 2013. 范畴三论：经典范畴、原型范畴、图式范畴——论认知语言学对后现代哲学的贡献. 外文研究[J]. No. 1（2013）.
[43] 王寅. 2014. 后现代哲学视野下的体认语言学. 外国语文[J]. No. 6（2014）
[44] 徐友渔，周国平，陈嘉映，尚杰. 1996. 语言与哲学——当代英美与德法传统比较研究[M]. 北京：生活·读书·新知三联书店.
[45] 姚振军. 2013. “语用学的社会认知分析法”视角下的交际语境的事件域认知模型解读. 外语与外语教学[J]. No. 1(2013).

基于建设性后现代哲学视野下的认知传播学初探

——体认语义的建构与实践

王　寅

（原载《现代传播》2015年第7期）

摘　要：西方哲学经历了四个转向，前三个转向重视科学理性和逻实论，传播学的创建者们深受其影响，提出了“定性定量、数据统计”的客观主义研究方法。哈贝马斯看出其弊端，力主“平等交往论”，但不料又引出了另一形式的客观主义。后现代激进派学者在批判他们时又将其导向另一极端，否定理性、消解真理，大肆宣扬多元性和过度自由化，奉行“什么都行”的策略，从而导致了传播理论的混乱。瓦蒂莫虽对其有所修补（融入历史连续性、反思什么都行），但也未能从理论上根治这种极端。本文根据建设性后现代哲学（体验哲学为主）和认知语言学（CL）的基本原理建构了“体认原则”，并基于此尝试提出“认知传播学”，以澄清上述有关传播理论。

关键词：后现代哲学；认知语言学；体认原则；认知传播学

一、西方哲学发展简史：四个转向

笔者（2014）在西方哲学三个转向（毕因论、认识论、语言论）的基础上提出了第四个转向，即“后现代转向”，它又可分为三个时期：人本性和批判性、解构性和破坏性、建设性和体验性，且认为第三期为当今哲学社科的前沿。这四个转向都直接影响到传播学研究。正如Bagdikian（2004，邓建国等译 2013：III）所说，我们当代每个人都生活在两个世界中：“自然而具体的现实世界”和“大众媒体世界”。传播学界在对待这两个世界的关系上存在不同理论取向：（1）客观真实论；（2）平等交往论；（3）多元自由论。传播学基于传统形而上哲学（前三个转向）提出了第（1）观点；哈贝马斯基于后现代第一期的人本性和批判性提出了第（2）观点；基于解构性和破坏性的激进后现代论者提出了第（3）观点。笔者依据后现代第3期的建设性和体验性立场，运用体验哲学和认知语言学的基本原理提出“语言和传播的体认原则”，并尝试建构“认知传播学”，以反思上述三大传播理论之不足。

二、客观主义传播论：再现事实

2.1 客观真实论

在西方形而上学客观主义理论（前三个转向）的统摄下，传播学长期以来认为大众媒体世界必须真实反映现实世界，据此对报道的第一要求就是“客观性”，可具体解释为“再现事实、还原真相”，文稿中高频出现了诸如“必须、一定、应该”等模态词，以及“全面、深刻、相符、一致”等副词。学界认可的客观报道四原则为：（1）注重事实；（2）不偏不倚；（3）重视细节；（4）平衡原则。正如胡兴荣（2004：25）所总结的，“真实”是新闻不可违背的原则，“客观”则是呈现新闻事实的方法。

在西方传播学历史中有四位先驱，即拉斯韦尔（Lasswell 1902—1978）、拉扎斯菲尔德（Lazarsfeld 1901—1976）、勒温（Lewin 1890—1947）、霍夫兰（Hovland 1912—1961），他们中后三位都主张用“经验调查、数据统计、定量分析”的方法。其后的集大成者施拉姆（Schramm 1907—1987）沿袭了这一基本方向（Rogers 1994；Schramm & Porter 1982）。申农和韦弗（Shannon & Weaver，下文简称SW）于1949年也在维纳（Wiener 1948）的“控制论（Cybermetics）”和拉斯韦尔传播模型的基础上创立了“信息论”，提出了“数学传播模型”。从后现代理论来看，它们都是“形而上学”和“科学理性（又叫工具理性、科学主义）”的延续性成果，当可划归“客观主义哲学”范畴。现分别简述如下：

（1）拉扎斯菲尔德（与卡尔纳普 Carnap 1891—1970一起）将盛行于欧洲的逻实论传入美国，倡导用实证主义的方法研究传播学，关注大众传播效果。他于20世纪40年代首倡“定性”结合“定量”的传播学研究方法，且研制了“节目分析仪”，注重分析经验数据。而默顿（Merton）注重社会学和传播学的理论研究。

（2）勒温来自柏林大学的格式塔心理学实验室，于20世纪20年代提出“群体动力学（场论、生活空间、个体环境 + 集体环境）”，认为个体受到当下环境中多个力量因素共同作用。他后来还发展出社会网络的数字研究，创立“社会心理学”。

（3）霍夫兰接受巴甫洛夫的条件反射论，常用小老鼠做实验来获得相关数据。他在二战期间用数据分析的方法调查研究美国士兵的士气，还在耶鲁大学的人类关系研究所研究“青少年犯罪、交通事故、失业、精神健康”等课题。

（4）施拉姆为传播学集大成者，他大力倡导用“经验、定量、确定传播效果”的方法来建构“传播学”这一学科。

（5）SW的“信息论”深受时下流行的科学理性影响，主张用数学模型来解释线性传播过程，提出用“bit（比特）”作为信息的计量单位，即将信息切分为bit，经过数字量化和二元编码后传递讯息（以能适应更为宽泛的交际，包括机械性和电脑媒体），创立“线性传播数学模型”，尽量减少传播过程中的噪音干扰，使信息忠实呈现原义，消除不确定性，以能充分实现传播意图，达到“透明性”“无扭曲”“效率最大化”的传播效果。这与上述传播观同理，都属于客观主义哲学范畴。

2.2 哈氏平等交往论

哈贝马斯（J. Habermas 1929—）为法兰克福第二代西马理论家(又称“后马”)，传承和发展了法兰克福学派第一代主要立场，以及胡塞尔批判科学主义的观点（将其从人文科学的统治地位上拉下了马）等，认为交际不是一种工具性活动，继而深入批判了科学理性观，据此人们无法达至相互理解，反而会形成一种扭曲，使其成为一种虚假活动（管中祥 2002：191-194）。哈氏据此提出以“社会实践（即交往理性）”为趋向的批判方法，以期创建一种适合人文社科研究的新方法，这便是著名的“普遍语用学（Universal Pragmatics）”。

他（1981）认为，为能达到“平等交流、相互一致”的那种“无压迫、无扭曲”交际效果，须设想出“理想的言语情境（Ideal Speech Situation）”，包括真诚沟通、平等对话，相互协商、达至共识。以能避开权力和私利的影响，消解压迫，以便实现普遍的交往理性，进行自主和自由的交流。而这种理想的交往模型可通过言语行为来实现，理想的生活方式就潜藏在人们的语言行为之中。因此他以日常语言为主要对象，基于言语行为的语哲基础创建“普遍语用学”，期望人们能通过言语行为来达成理解、获得共识、统一行动、分析和批判现代社会的结构、化解资本主义社会的矛盾和弊端。这样就能以“人际间真诚和理想交往”来代替“以满足个人利益为主导”的行为模式。

哈氏充分认识到科学理性之弊端，一方面严厉批判SW基于此建立的数学传播模型，认为他们过分强调再现事实，关注传播效率，这是不可企及的美好愿望；另一方面他尝试建立“理想言语情境”，用“交往理性”取代“工具理性”，用“凝聚共识”更换“事实再现”，这实际上是做不到的。

2.3 比较与评述

哈氏严厉批评科学理性（包括SW），否定以实证的方法研究交往和传播，但也与SW模型有部分共通之处。他们都力主“透明传播观”，树立普遍标准，企图“排除噪音，达至共识”，将人们的言谈和信息都纳入到他们所设定的统一理论框架之中，消解掉影响理解和共识的干扰性噪音，以达到人际间的共识和一致。这一理论的结果只能是“忽视差异”，将超验的“普遍理性”和“行为规范”强加于人，以约束人们的言说举止和行为方式，消解人类的多元个性，这显然有悖于西方社会的“自由观”，大有割断历史之嫌，宣扬“不平等”，乃至“暴力压迫”。

若将哈氏和SW两者说成“换汤不换药”，似乎看不出哈氏理论的批判性和进步性。但他毕竟指出了经典的“科学理性”之要害；但两者在“透明传播”上，哈氏与SW一样，并未完全换“药”，没能彻底摆脱经典传播观所设的基调。

三、激进后现代传播论：过度自由

3.1 概述

法国《世界报》于1981年宣布“后现代主义的幽灵在欧洲出没作祟”，它见风便长，到处撒播，几乎到了无孔不入的地步。谁也没有料到这个“幽灵”在今天“已成为一个家喻户晓的用语（Lash语）”，如今已成为当代西方最具影响力的文化思潮，是20世纪欧美哲学最重要的发展动力，再次演绎了一场当代版“灰姑娘”传说。后现代主义针对的不仅仅是“现代”，还包括若干传统观点，其主要特征为：非哲学、超基础、异质性、去中心、非理性、后人道、不确定性、多元化、无深度、平面化、碎片化，一言以蔽之，“否定真理”“造反有理”“强调自由”。学界大多熟悉德里达、福柯、萨特等，本文主要简述以下几位代表人物以及传播学界著名学者菲斯克等。

3.2 利奥塔

被称为“后现代哲学之父”的利奥塔（J. F. Lyotard 1924—1998）在1979年出版的《后现代状态》中指出，当今社会不再存在一个终极原则可用来区分好坏，辨别是非，规定真理，统一认识，各种不同的知识类型，如科学、艺术、道德等，遵循着不同的标准：科学知识以“真”为准则，艺术和道德知识以“美、愉、善”等为准则，这两者之间有很大差异，“无通约性（Incommensurability）”可言。也就是说，不同类型的知识之间存在较大的“异质性（Heterogeneity），据此便可否定将全部知识统合于某一共同的普同化原则。西方形而上学，一直企图为一切知识和文化建立某种不可动摇的坚实基础，这在今天看来是注定行不通的。他还借用维特根斯坦的“语言游戏论（Language Game Theory）”来说明人类知识的多样性，缺乏共同本质，它仅是多种不同语言游戏的集合，各种游戏都须遵循各自的规则，否则就不成其为游戏。但这些规则之间无法通约，不可能相互替代，更无完整统一性可言，维氏为后现代倡导“异质多元、过度自由”奠定了理论基础。

激进后现代主义者认为，共识会束缚多元，普遍会限制差异，步伐整齐有害于个性发展，大力摆脱“宏大叙事的羁绊，倡导自由和多元。所谓“宏大叙事”“统一的思维框架”“单一的语言游戏”到头来只能是一种新版“乌托邦”。“多元、异质、自由”便是向“宏大叙事”发起进攻的最好武器。据此，大多历史记载仅是一种设想或愿望，无法被证实，被染上了神话色彩。但“反宏大叙事”号称进入了一个新时代，也将自身与现代性割裂开来，这就是学者批评他们企图“隔断历史”，即詹姆森（Jameson 1991：6）所指出的“历史性的虚弱化（Weakening of Historicity）”“无深度（Depthlessness）”“平面化（Flatness）”“碎片化

（Fragmentation）”。

3.3 费耶阿本德

被封为后现代理论的急先锋，当代科学哲学中的最大异端者费耶阿本德（P. K. Feyerabend 1924—1994）严厉谴责理性至上和客观真实方法论，这从他两本代表作的书名便可看出：《反对方法——无政府主义知识论纲要》（1975）、《告别理性》（1987）。在这两本书中他坚守极端的“相对主义（特别是‘科学的相对主义’）”，大力倡导“非理性主义”和“多元化”，坚决抵制逻实论和科学理性，极力主张用无政府主义认识论取代理性主义（包括科学理性主义）。他（1975，周昌忠译 2007:1）还喊出了：Anything goes. (什么都行。)的口号，即“只要能解决问题的方法都是好方法”，反对用整齐划一的理性方法来论述科学方法论（包括科学、科学发明和科学史等），这显然与以理性主义为圭臬的传统科学方法相对立，震撼了人们久已麻木的神经，再次唤醒了对绝对真理的反思。

3.4 瓦蒂莫

意大利后现代哲学家和文化批评家瓦蒂莫（G. Vattimo 1988）创建了“后现代解释学”，深刻地影响了当代哲学、文化、教育、医学、社会学以及建筑等领域，也对传播学产生了一定的影响（范国豪 2013）。瓦氏既接受了多元观和批判性的理论框架，同时也兼顾到历史的连续性和偶然性。他严厉批判了普遍性宏大叙事和透明传播观，认为在信息传播中人们不必遵循一个完整客观的普同化准则。SW和哈氏的问题正在于此，将透明传播观强加在全人类身上，切断了历史脉络，忽视了具体差异。传播活动不像经典传播观那样，为了完整透明再现事实，也不是为了达成人际间的共识，而应面对历史脉络，兼听各路不同声音，重视对讯息的解释，一切都是解释，或对解释的解释，人们只能站在这条解释链上获得部分理解（Rorty 1979）。据此，一定范围内的差异在所难免，这也是由多元化的讯息传播所致，因为同一事实经由不同记者的报道，可能会透露出不同的立场和结论，导致读者群的不同理解，乃至产生对立观点。但是瓦氏也反对激进的“怎么都行”的这一自由化论调，只允许一定范围内的“什么都行”，即“和而不同”是有条件的。

3.5 菲斯克及其他

传播学界的著名学者菲斯克（J. Fiske 1989, 1991）接受后现代理论，大力倡导过度自由观，主张“无批判性”地全盘接受“大众流行文化（Popular Culture）”。这显然是一种与资本主义“自由竞争的市场经济”相匹配的后现代立场。

伊格尔顿（T. Eagleton 2009:16-17）曾将“共识”和“一致”视为邪恶，是对传统形而上学、科学理性、SW透明传播观以及哈氏共识真理观的一种反动。

李特约翰和福斯（Little & Foss 2008：132，135）论述了伯克（K. Burke）、克拉玛里（Kramarae）和利科（Ricoeur）等著名学者的后现代观点。伯克认为，语言承载感情，没有哪个词语是完全中立的。语言既可将我们聚合在一起，也可将我们隔绝。克拉玛里受后现代主将之一福柯的影响，认为任何一种语言内部都嵌入权力关系。利科也说，一旦成文，文本就与作者无关，可由任何读者来解读，因此文本意义可有无限多的解释。

3.6 小结：激进后现代传播观

一言以蔽之，后现代主义者大力倡导“异质论、去中心、多元化”。这三个术语的含义有相通之处：异质论反对“共同本质论”“基础论”和“共识论”，将绝对的、客观的真理视为谬误，这必然要导致“去中心”“反传统”，强调不存在一个统一不变的、唯一正确的中心真理，主体没有明确的中心，没有清楚的边界，而是漂浮在不同地方，随情境变化而在不断重构（Poster 1996：13, 19-20）。其结果就是“多元化”，承认差异，允许不同，包容他者，正与我们祖先所说“君子和而不同”有相通之处。这就是为何激进后现代主义者要否定客观传播观的重要理论基础。面对经典的“科学理性”以及哈氏的“交往理性”，他们提出了应对措施，在传播学中主要有如下观点：

（1）力主放任自由。在“反叛传统、造反有理”的指引下，后现代哲学家提出了一系列耸人听闻的观点，诸如“反传统、反本质、反基础、反理性、反中心”，认为“不存在客观性真实结构”“没有一个统一的中心意义”。据此在传播学领域也主张“极端自由化”，给予记者以充分的自主权，从而不断引发“公婆之争”。

彻底否定新闻本质的“真实性和客观性”，走了一条与经典传播观完全相反的方向，其缺陷显而易见。难道今后的报道就该如此吗？岂不是要乱象丛生，谎言满天飞！倘若如此，还不如不要这样的报道。

（2）批判形式主义。科学理性的结果必然导致将研究自然科学的数理模型扩展到文科领域，企图将人文科学和自然科学统一于同一个理论模式之中，因而出现了形式语义学、形式句法学、实验心理学等学科，传播学紧步其后尘，建立了庞大的客观主义传统观，过度依赖数据统计和分析，这已成为后现代哲学家所批判的靶子。

（3）瓦氏所倡导的“后现代解释学”坚决否定形而上学的“绝对真理观”，旨在削弱形而上式的客观确定性，认为人际间的讯息传播不在于尊重事实，传播真理，而在于消解客观主义的精确再现、反对超验理论模式的约束、关注历史连续性和偶然性。可见，“经典传播学的数据分析法”“SW的效率传播观”和“哈氏的共识传播论”究其本质而言都属于客观主义哲学范畴，认为源信息可以高效、保真、客观地传递至接受者，这种“透明传播观”忽视了传播的复杂多变性、人类的主观能动性，深深烙上了形而上学本质论的印记。

四、基于CL的反思：体认原则和认知传播学

4.1 体认原则

经典传播观属于客观主义哲学范畴，哈氏虽严厉批判客观主义的科学理性，但又提出“交往理性和行为理论”作为绝对的、超验的、普遍的理论框架强加在人们头上。他从前门赶走了形而上学，却又从后门引入了另一面孔的形而上学。大多后现代哲学过于激进，意在否定一切，消解事实，过分强调人的主观多元性，解释多样性，带有浓厚的“放任自由”的痕迹，忽视了自然与社会中还是

存在很多规律性这一事实。

建设性后现代的体验哲学，强调“心智的体验性、思维的无意识性、概念的隐喻性”三原则，体现了唯物辩证法的精神，基于此建立的CL，认为语言源自人们对现实世界的互动体验和认知加工，笔者拟将其概括为“体认原则”，即以“体”为基础，以“认”为升华，这可视为传播学的理论基础之一。

我们常讲的“文学既来自于生活，又高于生活”，其中就蕴含了CL的“体认观”，笔者不妨将其修补为心智、语言、哲学、文学、传播等“既来自生活，又异于生活（纯事实）”，这也完全符合唯物辩证法认识论，人类知识来自于“感性”与“理性”之结合，是主客综合体的产品。这一观点也完全适用于传播学。

传统传播学所信守的“客观真实论”常被学界奉为规范，自有可取之处，但缺乏可行性，因为语言中有若干情态词，就是帮助作者传递自己立场的；遣词造句时也必然会烙上人的主观印记，这是不争的事实。后现代哲学家据此提出了严厉批判，但许多激进派后现代哲学家坚决否认“客观真实报道”，反对“中心统一意义”，力主“放任、自由”，则又将问题导向另一极端，也极为不妥。如何在理论上解决这一问题，或许“体认原则”可有效修补这两者之不足，它分别突出“体”和“认”对于人类认识的两个主要方面，融合了感性和理性二者，可以此来纠偏激进后现代学者所倡导的“放任、自由”“爱怎么说就怎么说”“历史性虚弱化”和“无深度”。

体认原则一方面反思传统客观主义语言学理论（包括索绪尔的结构主义和乔姆斯基的TG理论），认为索氏和乔氏坚持唯心论立场，将“人本性”排除在语言理论之外，犯了语言研究中方向性错误，误导了全世界的语言学研究方向。语言不具有先验性（索氏：语言是一个先于个人的、先验存在的系统，当实施关门打语言之策略），也不具有天赋性（乔氏：心智和语言是人类先天就有的本质，语言和句法具有自治性和普遍性）。更重要的是提出了心智和语言是基于人们后天的“体（互动体验）”和“认（认知加工）”而形成的，可将其核心原则归结为：

现实 —— 认知 —— 语言

互动体验　认知加工

体认

图1

“体认”，汉语正好有这个词，可用以言简意赅地展现出学科之本质，点明人类心智和语言的来源和性质，既体现出语言来自于人们的“生活实践”，又能反映出语言出自于“心智运作”，有客有主，兼顾感性和理性，两者相辅相成，不可缺一。前者是后者的基础，没有“体”就没有“认”；后者是前者的升华，没有“认”而只有“体”也形成不了人的心智和语言，人就会无异于动物。正是人具有了高度的心智能力，以及复杂的语言体系，才使得人类独立于动物世界。

有了“体”，便可批判语言的先验说天赋说，使唯物论研究方法重归语言学界，以纠正索氏和乔氏之误导。它也适用于传播学理论建构，以摆脱激进后现代极端自由观的窠臼，承认语言和信息当基于事实，如2014年3月8日马航MH370飞机失联，以及7月17日马航MH17坠机的报道中，这两起空难毕竟是事实。

有了“体”，突出了语言来自于生活实践这一事实，再进一步说，它也是语言具有普遍性的基础，因为全世界的现实是相同或基本相同的，人类身体结构和各部位功能也相同，这就可用以解释人类思维和语言为何具有部分“普遍性”。这也是传播学的理论基础，人类之所以能相互沟通、交换信息，正是基于全人类的“体”之共性。

有了“认”，便可有力地批判语言镜像论，它不可能像镜子一样照实反映外部世界的真实面貌，语言充其量只是一个哈哈镜而已。而且若干事件的真相不可能全被认识，许多报道都在揣测事实成因，各有所教，大有“一面之词”之嫌，这其中便透露出人本因素、集团利益和主观能动性。有了“认”，可为这类报道做出合理解释。

有了“认”也就承认语言在很大程度上具有主观性、差异性，新闻报道也不例外。虽说是人们的感知、体验是相同或相似的，但人们可选择不同的“感知渠道”或“体验方式”，如对于同一事物，有的民族偏重于它的功能，有的民族偏重于它的结构，有的民族偏重于它的材料，还有的民族偏重于它的颜色等等，这就可解释为何同一个事物在一个语言（或不同语言）中会有不同名称，如汉语中的地瓜、番薯、山芋、甘薯、豆薯、红苕、白苕等；英语中的glasses，spectacles，looking-glasses等。

总之，若只讲“认知”或“心智”，不讲“体验”和“实践”，就不能突显CL所坚守的“语言体验性”之本质，也看不出其与乔氏“语言 vs 心智”理论取向的差异，这也是激进后现代哲学家过分强调“多元性”和“非理性”之误的主要原因。若只讲

"体"而不讲"认"，则会陷入客观主义形而上哲学的泥潭，忘却人本精神，忽视主观能动性，这是传统"客观真实论"之误的根源。若将"体"和"认"有机地结合起来，便可有效解决上述问题，这就是笔者（2014）近来提出"体认原则"的初衷。该原则对于新闻报道更具解释力，可视为建构认知传播学的主要理论基础之一。

4.2 认知传播学

我们认知团队尝试将建设性后现代的体验哲学和CL运用于传播学，尝试拟构"认知传播学"，可将其描写为：基于后现代哲学理论，运用体验哲学和CL的基本原理和认知方式（主要包括：互动体验、意象图式、范畴化、概念化、认知模型等）研究人类传播所涉相关内容。上文所述"体认原则"也完全适用于认知传播学。

人类的认识既不完全是客观的，也不完全是主观的，而是客主兼而有之。报道不可能像照镜子那样完整反映客观世界的真实面貌，其中必有人的要素的参与，在信息产生过程中必然带上作者的立场和观点，这种"偏见"是不可能完全消解的。而且信息在传递过程中也不可能全部送达接收者（中间总有损耗），具有主观性的不同接收者也不可能按照某绝对普同化模型来统一理解信息意义。一言以蔽之，传统的客观主义行不通。

建设性后现代的体验哲学和CL认为，难道交际仅是为了"达至共识"？人类能做到这一点吗？这在当今社会能否实现？在后现代哲学家眼里，这好像类似于空想家摇晃在休闲椅中之所为，想得美！看一看当今世界，人类已进入21世纪，比起几万甚至几十万年前的祖宗来说，真可谓今非昔比，进步巨大。科学技术也是日新月异，发展迅猛，将很多不可能变为可能。可是，人类依旧难逃祖先的那种血腥厮杀、争权夺利的生存模式，科技发展并没有给人类带来什么平等与共识。石头长矛变成枪炮导弹，竹筏木船进化成航空母舰。战争硝烟，此起彼伏；唇枪舌战，连绵不断；民族矛盾、地区利害、国家冲突、集团斗争每时每刻都在发生。联合国的官员们整天为此伤透了脑筋，一筹莫展，不情愿地念着一本本永远念不完的艰难之经，无奈地面对着一场场永无休止的争斗。具有讽刺意味的是，当今的反恐者以血腥的面孔在反恐，维和者却在全副武装地搞和平。

在此态势下，我们不管用上什么现代化、后现代化，乃至后后现代化的交际媒体，也难以实现哈氏的关键词“真诚、平等、协商、共识”。他所倡导的“理想言语情境”无异于纸上谈兵式的交际目标和行为规范，似乎在构想着闭门造车式的美好蓝图。

但激进后现代的“异质论、去中心、多元化”也常将问题导向另一个极端，即“过度自由化”，倘若“什么都行”，“一切理论和方法都可接受（Feyerabend 1975，1987）”，岂不有丧失立场之嫌？人，不仅仅是自然人，更是社会人，必然要烙上“国家权力、民族利益”的印记，他只能生活于一定的现实世界和集团阶层之中（即体认原则中的“体”），这不仅造成人们可有不同的认知方式，而且还形成了不同的世界观和阶级立场。我们常说的“小家服从大家”“个人服从集体”，当前者与后者产生矛盾需做选择时，虽说后者当兼顾前者的利益，但常常不能兼顾多方，必然要以牺牲前者为条件，这或许便是作为“社会人”的须备特质，否则又谈何融入到集体和社会之中？但也不可能完全是人工自造，爱怎么编就怎么编，“怎么都行”到头来是什么都不行，“自说自话”或许会误人也误已（参看 王寅 2014：§19）。

因此，体认原则在认知传播学中在以下几个方面具有较大的解释力。

（1）用“体验人本观”取代“激进人本观”。后者的极端所为于事无补，反而会造成巴比塔故事的重演。我们接受建设性后现代哲学关于“建构”的观点，但在其前还应当加一个定语：“体验性建构”，绝不可盲目地胡建乱构，信息传播总归有一定的事实依据和经验基础。

（2）用“体验”约束激进后现代主义中“异质论、去中心、多元化”。因此“体验”既是“人本”的基础，也是对激进观的一种有效约束。既然客观再现式的传播不可能，并不意味着非要走“物极必反”——放任自流，爱怎么理解就怎么理解，爱怎么翻译就怎么翻译。人们的认识虽有差异，允许理解在一定范围内有变化，但也不能分歧无限。这就是我们为何要在德里达的“One hundred readers will produce one hundred Hamlets”后面再添加上半句“but they are still Hamlets”的关键所在。

（3）用“体验普遍观”取代“先天普遍观”。后者是乔氏的观点，认为人类的心智和语言具有天赋性，而基于体验哲学的CL坚决反对这一立场，我们的共识只能来自与现实互动体验和社会实践。又因为我们面对相同（或基本相同）的现实世界，且全世界的人都有相同的身体结构及其功能，根据身体决定心智的“体认一元论”唯物史观，人们必定要有部分相同的思维，这就是全人类各民族可相互理解和信息沟通的理论基础。倘若失去这一保证，人类传播也就失去了依靠。

（4）多重互动理解模型。王寅（2009）在反思毕因论（即本体论）的客主关系、认识论的主客关系、语言论的语客同构、语主关系（语用学强调语言与发话者间关系）之不足基础上建构了“主客主多重互动模型（即SOS模型）”，既考虑到客观也关注主观，可兼顾上述多重关系，与本文观点相通，因此也更具解释力。一切报道不存在完美的客观性，纯事实属虚妄之说，但漫无边际地随意发挥，任意扩张，那种过分自由、毫无批判地全盘接受一切的想法，在“体认观”面前也显得苍白无力。“什么都行”到头却是什么都不行。有了“体”，便可在理论上对后现代激进观做出约束。

（5）用“识解”解释“为何异质和多元”，本文略（详见王寅 2008）。

4.3 体认研究方法

从理论上说，CL所关注的思辨性研究和数据性调研都可应用于认知传播学。前者提出的“认知方式”主要包括“互动体验、意象图式、范畴化、概念化、认知模型、心智空间（概念整合）、识解、突显、隐喻转喻、关联”等，可用它们来统一解释语言成因和传播过程。我们也从不排斥后者，当前国内外基于现代科技研究“认知”的实验方法主要有：ERP（事件相关定位）、Eye-Tracker（眼动仪）、TAPs（出声思维法）、EEG（脑电图）、PET（正电子发射断层扫描）、MEG（脑磁图）、RT（反应时）、PM（生理测量）、Keyboard-Logging（键盘记录法）、问卷、数法共用等，我们抱持“开放心态（open-minded）”。

我们的认知团队近十几年来围绕“体认观”逐步健全了CL的学科体系，如：认知音位学、认知词汇学、认知句法学、认知构式语法、认知语义学、新认知语用学、认知语篇学、认知修辞学、认知符号学、认知翻译学、认知神经语言学、认知社会语言学、认知历史语言学、认知对比语言学、应用认知语言学、认知传播学等，为CL体系发展奠定一定的基础。

五、结 语

经典传播观基于科学理性，追求全真式报道，此以作为约束性的规范，这显然过于理想化。哈氏以“交往理性”和“理想言语情景”来批判科学理性，却不料以另一副形上面孔出现在世人面前，无异于“乌托邦”式的梦想。“后现代”幽灵一旦从欧洲的“潘多拉盒子”中溢出就迅速游荡到全球，弥漫于各人文学科，虽为全世界社科研究带来新视角，但其激进观宣扬的“过度自由”和“无政府主义”难免会产生负面影响，若传播学以此行事，鼓励各位记者自说自话，任意发挥，放纵渲染，这个世界又将成何样？

面对此情此景，我们依据建设性后现代的体验哲学和CL提出“体认观”，并以此为基础尝试拟构认知传播学，倡导“说话要有根据、评价要有分寸”的报道原则或许更符合人类语言传播的实际情况。

传播学中常说“媒体既为人与世界之间的桥梁，也为屏障”。“桥梁”二字本身在强调联络和沟通，“屏障”则意为要阻止部分事实。前者的功能体现在“体”上，后者可通过“认（识解）”加以解释，这就是本文所论述的“体认观”。因此，体认观和认知传播学可望对经典传播观、哈氏交往理性、后现代激进观（包括瓦蒂莫的后现代解释学）做出修补。据此，媒体世界不可能像投影那样简单地反映事物，只可使人们间接知晓事件部分实情，各类报道也会在某种程度上遮蔽部分真相。

参考文献

［1］ Bagdikian, B. H. 2004. *The New Media Monopoly*[M]. 邓建国等译. 2013.新媒体垄断[M]. 北京：清华出版社.

［2］ Eagleton, T. 2009. *After Theory* [M]. 商正译. 2009. 理论之后[M]. 北京：商务印书馆.

［3］ Feyerabend, P. 1975. *Against Method*: *Outline of Anarchistic Theory of Knowledge*[M]. 周昌忠译. 2007. 上海：上海译文出版社.

［4］ Feyerabend, P. 1987. *Farewell to Reason*[M]. 陈健等译. 2002. 告别理性[M]. 南京：江苏出版社.

［5］ Fiske, J. 1989. *Reading the Popular* [M]. London:Routledge.

［6］ Fiske, J. 1991. Postmodernism and Television[A]. In Curran, J. & Gurevitch, M.(eds.). *Mass Media and Society*[C]. London: Edward Arnold.

[7] Habermas, J. 1981. *Theorie des Kommunikativen Hanlelns: Band 1 Handlungsrationalitat und Gesellschaftliche Rationalisierung* [M]. 洪佩郁等译. 1994. 交往行动理论（第一卷）—— 行为的合理性和社会合理化[M]. 重庆：重庆出版社.

[8] Jameson, F. 1991. *Postmodernism, or, The Cultural Logic of Late Capitalism* [M]. Durham: Duke University Press.

[9] Littlejohn, S. & Foss, K. 2008. *Theories of Human Communication* [M]. 史安斌译. 2009.人类传播理论[M]. 北京：清华大学出版社.

[10] Lyotard, J. F. 1979. *La Condition Postmoderne*[M]. 车槿山译. 2011. 后现代状态[M].南京：南京大学出版社.

[11] Poster，M. 1996. *The Second Media Age* [M]. Cambridge,UK.:Polity Press.

[12] Potter, R. & Bolls, P. 2012. *Psychophysiological Measurement and Meaning* [M]. 支庭荣等译. 2012. 传播与认知科学：媒介心理生理学测量的理论与方法[M]. 北京：清华大学出版社.

[13] Rogers, E. M. 1994. *A History of Communication Study: A Biographical Approach* [M]. 殷晓蓉译. 2012. 传播学史——一种传记式的方法[M]. 上海：上海译文出版社.

[14] Rorty, R. *Philosophy and the Mirror of Nature* [M]. 李幼蒸译. 2001. 哲学与自然之镜[M]. 北京：商务印书馆.

[15] Schramm，W. & Potter, W. Men, *Women, Message, and Media: Understanding Human Communication* [M]. 何道宽译. 2010. 传播学概论[M]. 北京：中国人民大学出版社.

[16] Vattimo, G. 1988. *The End of Modernity: Nihilism and Herneneutics in Postmodern Culture* [M]. Cambridge,UK.:Polity Press.

[17] Vattimo, G. 2004. Nihilism and Emancipation: Ethics, Politicis and Law [A]. In Zabala, S.(ed.). *European Perspectives: A Series in Social Thought and Cultural Criticism* [C]. New York: Columbia University Press..

[18] 范国豪. 2013. Gianni Vattimo 的后现代传播理论. 台湾政治大学社会学系2013硕士学位论文.

[19] 管中祥. 2002. 从Habermas的沟通观再思考媒体传播过程的权利意义[J]. 中华传播学刊（2）.

[20] 胡兴荣. 2004. 新闻哲学[M]. 北京：新华出版社.

[21] 王寅. 2012. 哲学的第四转向：后现代主义[J]. 外国语文（2）.

[22] 王寅. 2014. 后现代哲学视野下的体认语言学[J]. 外国语文（6）.

[23] 王寅. 语言哲学研究——21世纪中国后语言哲学沉思录（上下卷）[M]. 北京：北京大学出版社.

认知传播学的理论与实践

王　寅

（原载《认知传播学论丛》第一辑 2015）

摘　要：传播学主要运用语言符号研究与信息传播相关的要素，与其关系最为紧密的学科当算语言学，这便是基于认知语言学（CL）建构认知传播学的学理基础。20世纪前几十年客观主义形而上哲学占主导地位，学界主流为“科学理性”和“逻辑实在论”，语言学和传播学也深受其影响，两者都盛行“定性定量、数据统计”的客观主义方法。随着后现代哲学思潮的流行，体验哲学和CL登场，挑战传统方法，大力倡导从互动体验和认知加工的角度研究语言，我们基于此提出了“体认语义观”，这也适用于认知传播学。本文暂且将该学科描述为：基于后现代哲学理论，运用体验哲学和CL的基本原理和分析方法研究人类传播所涉相关内容，且尝试分析马航两起空难事故的报道。

关键词：认知语言学；认知传播学；后现代哲学；体验哲学；体认语义观

一、概 述

“语言学”主要研究语言理论和实践，前者包括语言的结构、性质、成因、机制、功能等；后者包括语言教学以及在其他若干领域的应用。传播学研究人类传播的本质、行为、方式、过程、规律、影响、组织、制度，它关涉人和社会的关系，文化信息系统的建构。简言之，主要关注人类如何运用符号进行信息交流，这里的符号主要是语言符号，因此，传播学主要与语言学接缘。

古希腊哲学家在追问世界（或存在）本质时就在追问语言本质，认为其寓于“语法”之中，因此西方的语法学历史久远，如巴门尼德、苏格拉底、柏拉图、亚里士多德等在其哲学论著中都探索了很多语法现象，力图通过语法研究透析社会现象，解决哲学问题。19世纪出现了历史比较语言学、20世纪又先后出现了三场语言学革命：索绪尔的结构主义、乔姆斯基的转换生成理论、雷可夫等的认知学派，真可谓长江后浪推前浪，理论不断立异翻新，一代更比一代强。

传播学的兴起虽不足百年，但也是人才辈出，发展迅速，多种观点林立，关涉语言、哲学、人、社会、心理、通讯、科技等，借用了这些学科的若干理论和方法，使其具有了“跨学科”性质，但也不可否认其自身的特征和理论。

二、早期理论回顾

长期以来，西方客观主义形而上哲学理论一直处于主导地位，在其统摄下，语言学也遵循着“客观描述、追寻本质”的策略，且在乔氏带领下还走上了形式化的研究方向。从古希腊时期的语文学到历史比较语言学，一直到20世纪前两场语言学革命（索绪尔和乔姆斯基语言理论）都奉“形而上学”为圭臬，以“客观主义”为基准，大搞定性定量，貌似公允，似乎求真，虽道出了若干可取之言，为新理论的大发展奠定了基础，功不可没，但在后现代哲学的观照下，它们的理论和目标出了大问题，甚至是误导了全世界的语言学研究方向，所谓的求真追是，客观形上，却原来是一场黄粱美梦而已！

传播学长期以来也以此哲学理论为指导，认为大众媒体必须真实反映现实世界，据此对信息传播的第一要求就是“客观性”，其口号就是“再现事实、还原真相”。基于这一理论所写出的文稿，诸如“必须、一定、应该”等模态词，以及“全面、深刻、具体、相符、一致”等副词成了高频词。传播学界流行的写作原则为：（1）注重事实；（2）不偏不倚；（3）重视细节；（4）平衡原则。正如胡兴荣（2004：25）所总结的，“真实”是新闻不可违背的原则，“客观”则是呈现新闻事实的方法。

西方传播学史中的四位先驱拉斯韦尔（Lasswell 1902—1978），拉扎斯菲尔德（Lazarsfeld 1901—1976），勒温（Lewin 1890—1947），霍夫兰（Hovland 1912—1961），他们都在客观主义形而上哲学的指导下，将逻辑实证主义方法巧妙地嫁接到传播学之中，主张用“客观反映、经验调查、数据统计、定量分析”的方法。其后的集大成者施拉姆（Schramm 1907—1987）也沿袭了这一基本方向（Rogers 1994；Schramm & Porter 1982）。香农和韦弗（Shannon & Weaver）于1949年也在维纳（Wiener 1948）的“控制论（Cybermetics）”和拉斯韦尔传播模型的基础上创立了

“信息论”，提出了“数学传播模型”。从后现代理论来看，它们都是“形而上学”和“科学理性（又叫工具理性、科学主义）”的延续性成果，当可划归“客观主义形上哲学”范畴。现分别简述如下：

（1）拉扎斯菲尔德与卡尔纳普（Carnap 1891—1970）一起，将盛行于欧洲的逻辑实证主义传入美国，倡导用实证主义的方法研究传播学，关注大众传播效果。他于20世纪40年代首倡“定性”结合“定量”的传播学研究方法，且研制了“节目分析仪”，注重分析经验数据。而默顿（Merton 1910—2003）则注重社会学和传播学的理论研究。

（2）勒温来自柏林大学的格式塔心理学实验室，于20世纪20年代提出了“群体动力学（场论、生活空间、个体环境 + 集体环境）”，认为个体受到当下环境中多个力量因素共同作用。他后来还发展出社会网络的数字研究，创立了“社会心理学”。

（3）霍夫兰接受了巴甫洛夫的条件反射论，常用小老鼠做实验来获得相关数据。他在二战期间用数据分析的方法调查研究了美国士兵的士气，还曾在耶鲁大学的人类关系研究所分析青少年犯罪、交通事故、失业、精神健康等课题。

（4）施拉姆为传播学集大成者，也大力倡导用“经验、定量、确定传播效果”的方法来建构“传播学”这一学科。

（5）香农与韦弗的“信息论”也深受时下流行的科学理性的影响，主张用数学模型来解释线性传播过程，提出用“bit（比特，又译数字位元）”作为信息的计量单位，即将信息切分为bit，经过数字量化和二元编码后传递讯息（以能适应更为宽泛的交际，包括机械性和电脑媒体），创立了“线性传播数学模型”，尽量减少传播过程中的噪音干扰，使讯息忠实呈现原义，消除不确定性，以能充分实现传播意图，达至“透明性”“无扭曲”“效率最大化”的传播效果。这与上述传播观同理，都属于客观主义哲学范畴。

另外，哈贝马斯（Habermas 1981）基于马克思的批判理论和奥斯汀（Austin 1962）的言语行为论建立了“交往行为理论”。他指出，为能达到“平等交流、相互一致”的那种“无压迫、无扭曲”的交际效果，设想出以“真诚沟通、平等对话，相互协商、达至共识”为主要内容的“理想的言语情境（Ideal Speech Situation）”，以能避开权力和私利的影响，消解压迫，以此实现普遍的交往理性，进行自主和自由的交流。而这种理想的交往模型可通过言语行为来实现，理想的生活方式就潜藏在人们的语言行为之中。因此他以日常语言为主要对象，以言语行为为语哲基础创建了“普遍语用学”，期望人们能通过言语行为来达成理解、获得共识、统一行动、分析和批判现代社会的结构、化解资本主义社会的矛盾和弊端。这样就能以“人际间真诚和理想交往”来代替“以满足个人利益为主导”的行为模式。

在哈氏看来，香农和韦弗基于科学理性所建立的数学传播模型，过程强调再现事实，关注传播效率，这仅是一个不可企及的美好愿望而已。由此观之，哈氏已经认识到科学理性之弊端。但是他另一方面也在尝试建立“理想言语情境”，用“交往理性”取代“工具理性”，用“凝聚共识”更换“事实再现”，这实际上也仅是客观主义形而上哲学的另一种翻版。

三、后现代哲学和认知语言学

3.1 后现代哲学

哲学旨在研究“存在vs思维”的关系，前者包含“世界、自然、现实”，后者包含“人、理性、语言”，因此该定义还可改述为“人和自然”的关系。可见，哲学当为一种“人学”。可令人大惑不解的是，在漫长的理论探索长河中“人因素”却常遭冷落，在哲学理论中人本思想或隐或现，常被边缘化，冷处理，处于“隐”位，时而露一下“脸”，又被种种理由排除在外，岂不怪哉！

自从20世纪50—60年代以来，西方哲学在日常语言学派（即哲学语用学）和欧陆人本理论的推动下，被传统形而上理论所忽视的、被打入冷宫的“人本主义”逐步被推向前台，从隐位成为显学，学界又冒出一个“灰姑娘”，引领出西哲的第四转向，即“后现代思潮”，它像一个幽灵迅速传遍全世界，一方面人本（或后人本）精神得到真正的张扬，另一方面“解构、颠覆、破坏、批判”之风盛极一时。随后，在美国等地又涌现出“建设性”后现代思潮，在“解构”的基础上强调“建构”，实践着“我们不仅要破坏一个旧世界，而且还要建设一个新世界”的理想，指引着社会人文学科的创作和研究方向，也使得文学和翻译两界发生了翻天覆地的转变。

但由于语言学界深受索绪尔“先验论”和“关门观”，以及乔姆斯基的“天赋论”和“模块观”的影响，一味追寻语言的客观本质和形式化分析方法，追求定量和实证，无视人本因素在语言研究中的关键作用，始终徘徊于唯心主义和客观主义理论的阴影之下，步履维艰，难以自拔，始终没有重大突破。

3.2 认知语言学

以雷可夫（Lakoff）、约翰逊（Johnson）、兰艾克（Langacker）、泰勒（Taylor）等为首的语言学家和哲学家，在后现代哲学和认知科学的冲击下，终于在哲学和语言理论研究中迈出了划时代的一步，冲出了传统哲学的羁绊，建构了“体验哲学（Embodied Philosophy）”，并基于此严厉批评了索氏和乔氏的语言理论，发展了以意义为中心的功能学派，创立了“认知语言学（Cognitive Linguistics，简称CL）”，实现了语言研究的一次重大飞跃。CL大力倡导从“唯物论”“人本观”这两个全新角度分析语言成因和用法，揭示语言规律，打开了我们研究语言的一个全新窗口，终于将落后于文学和翻译学（因为这两个学科早已运用后现代理论）的语言学，带入到全世界人文研究大潮之中，这才是CL发动的针对索氏和乔氏革命的又一场哥白尼革命的历史意义之所在，而绝不在于CL仅发现了诸如“意象图式、原型范畴、概念整合、隐喻转喻”等分析语言的具体方法。也只有从这个角度，站在全球人文发展大潮之前沿审视CL的功绩，才有“一览众山小”的视野和胸怀，识得CL的庐山真面貌。

3.3 语义体认观

CL一方面反思以索氏和乔氏为首的客观主义语言学理论，认为他们将“人本性”排除在语言研究之外，犯了方向性错误，误导了全世界的语言学研究方向。语言不具有先验性（索氏认为：语言是一个先于个人的、先验存在的系统，当实施关门打语言之策略），也不具有天赋性（乔氏认为：心智和语言是人类先天就有的本质，语言和句法具有自治性和普遍性）。更重要的是提出了心智和语言都是基于人们后天的“体（互动体验）”和“认（认知加工）”而形成的，可将其核心原则归结为（王寅 2014b）：

现实 ——认知—— 语言

互动体验　认知加工

体认

图1

“体认”二字，言简意赅地展现出CL的语言观，点明了人类心智、语言和意义的来源和性质，既体现出它们来自于人们的“生活实践”，又能反映出其中的“心智运作”，有客有主，兼顾感性和理性，两者相辅相成，缺一不可。前者是后者的基础，没有“体”就没有“认”；后者是前者的升华，没有“认”而只有“体”也不能形成人的心智和语言，人就会无异于动物。正是人具有了高度的心智能力，以及复杂的语言体系，才使得人类独秀于动物世界，成为世界的主宰。倘若有哪类物种掌握了比人更复杂的心智和语言系统，我们说不定就会成为他们的盘中餐、口中食。

有了“体”，便可批判语言天赋说，让唯物论研究方法重归语言学界，以纠正索氏和乔氏之误导。有了“体”，突出了语言来自于生活实践这一事实，再进一步说，它也是语言具有普遍性的基础，因为全世界的现实是相同或基本相同，人类身体结构和各部位功能也相同，这就可用以解释语言为何具有“普遍性”。

有了“认”，便可有力地批判心智镜像论或语言镜像论，它们不可能像镜子一样，照实反映外部世界的真实面貌，充其量仅是一个“哈哈镜”而已。有了“认”也就承认了语言在很大程度上具有主观性、差异性。虽说人们的感知和体验是相同或相似的，但人们却可选择不同的“感知渠道”或“体验方式”，如命名同一事物时，有的民族偏重于它的功能，有的民族偏重于它的结构，有的民族偏重于它的材料，还有的民族偏重于它的颜色，等等。这就可解释同一个事物在一个语言（或不同语言）中会有不同名称的原因，如汉语中的地瓜、番薯、山芋、红苕等；英语中的glasses，spectacles，looking-glasses等。

总之，若只讲“认知”或“心智”，不讲“体验”和“实践”，就不能突显CL所坚守的“语言体验性”之本质，也看不出其与乔氏理论取向的差异。若只讲“体”而不讲“认”，则会跌入客观主义形而上哲学的泥潭之中，忘却了人本精神，这断然不可取。若将“体”和“认”有机地结合起来，便可有效解决上述问题，且能较为全面地反映CL之真谛。

据此，“体认语义观”顺理成章，意义既不完全是客观的，也不完全是主观的，而是客主兼之。意义不可能像照镜子那样，完整反射客观世界的真实面貌，其中必有人要素的参与；也不可能完全是人工自造，爱怎么编就怎么编，后现代学者所鼓吹的“怎么都行”到头来是什么都不行，“自说自话”或许会误人也误己（参见王寅 2014a）。

四、认知传播学

经典传播观（含香农和韦弗）属于客观主义形而上哲学范畴，哈贝马斯虽严厉批判了客观主义的科学理性，但又提出了“交往理性和行为理论”作为绝对的、超验的、普遍的理论框架强加于学界，从前门赶走了形而上学，却又从后门引入了另一面孔的形而上学。

瓦蒂莫（Vattimo 1988，2004）从哲学和文化的角度建立了“后现代解释学”，但又将其目标定位于“消解形而上式的客观确定性”，认为一切都是解释，这话似乎也很激进，过分强调了人们理解多样性，仍旧带有浓厚的“放任自由”之痕迹，忽视了自然与社会中还是存有很多规律性这一事实。而CL所倡导的体认原则，以“体”为基础，以“认”为升华，可说明人类能获得相对真知的依据，同时，这也是一种更具解释力的语言成因论。我们常讲的“文学既来自于生活，又高于生活”，其中就蕴含了CL的“体认观”，笔者不妨将其修补为心智、语言、哲学、文学等“既来自生活，又异于生活（纯事实）”，这也完全符合唯物辩证法，人类知识来自于“感性”与“理性”之结合，是主客综合体的产品。这一观点也完全适用于传播学。

很多学者发现后现代哲学家否定“客观真实报道”，反对“缺乏中心统一意义”的立场，将问题导向另一极端，这显然也是不妥当的，但又苦于缺少理论框架来批判和抵制它。而且，传播学理论常依据哲学、社会学、符号学、心理学等理论建构而成（参见Littlejohn & Foss 2008）或基于认知科学、现代科技和实验方法（Potter & Bolls 2012），现笔者尝试基于“认知语言学”和“体认语义观”来建构和论述“体认传播观”，欢迎同行批评指正。

4.1 认知传播学理论框架

正如上文所述，认知传播学（Cognitive Communications）具有跨学科性或超学科性，我们暂且将其定位于：基于后现代哲学理论，运用体验哲学和CL的基本原理和分析方法来系统分析传播过程中所关涉的种种要素和认知机制。

从理论上说，CL所关注的“认知方式”主要有：

> 互动体验、意象图式、范畴化、概念化、认知模型（CM、ICM、ECM）、心智空间（概念整合）、隐转喻、关联、识解、突显

等，且可用它们来解释语言成因，从而可形成一个统一连贯的语言学理论。

我们虽长于理论思辨，但也不排除数据统计和实验分析，当前国内外基于现代科技研究“认知”的实验方法主要有：

> ERP、Eye-Tracker、TAPs、EEG（脑电图）、PET、MEG、RT（反应时）、PM（生理测量）、Keyboard-Logging、问卷、数法并举

等，我们当持“open-minded”的开放心态，兼收并蓄，互补共赢。

四川外国语大学的认知团队近十几年来，经过不断思考和探索，交流和商讨，基于国外的后现代哲学（包括体验哲学）和认知语言学的理论框架，努力将其本土化，提出了很多新发展，还围绕体认语义观逐步健全了CL的学科体系，如：认知音位学、认知词汇学、认知句法学、认知构式语法、认知语义学、新认知语用学、认知语篇学、认知修辞学、认知符号学、认知翻译学、认知神经语言学、认知社会语言学、认知历史语言学、认知对比语言学、应用认知语言学、认知传播学等，为CL体系发展奠定了一定的基础。

上文基于后现代哲学（包括体验哲学）和CL提出了“体认观”，从理论上做出了铺垫性论述，现论述其在认知传播学中的具体应用。

4.2 体认研究方法

体认原则也完全适合于认知传播学。根据后现代哲学理论，在信息传递过程中信息不可能全部送达接受者（中间总有损耗或增益），况且具有主观性的不同接受者也不可能按照某绝对普同化模型来统一理解接收到的讯息。据此，传统的客观主义形而上哲学断然行不通，而后现代哲学所主张的“激进人本观”“放任自由”“怎

么都行”“爱怎么理解就怎么理解”也肯定是要碰壁的。用另一个极端去解决一个极端的思路，断不可取，这是西方理论研究中的常见之事，标新立异虽很时髦，忘却“物极必反”也大为不妥。

基于后现代哲学的CL认为，难道交际仅是为了“达至共识”？人类能做到这一点吗？这在当今社会能否实现？在后现代哲学家眼里，这好像类似于空想家摇晃在休闲椅中之所为，想得美！看一看当今世界，人类已进入21世纪，比起几万甚至几十万年前的祖宗来说，真可谓今非昔比，进步巨大。科学技术也是日新月异，发展迅猛，将很多不可能变为可能。可是，人类依旧难逃祖先的那种血腥厮杀、争权夺利的生存模式，科技发展并没有给人类带来什么平等与共识。在此态势下，我们不管用上什么现代化、后现代化，乃至后后现代化的交际媒体，也难以实现哈氏的关键词“真诚、平等、协商、共识”。他所倡导的“理想言语情境”无异于纸上谈兵式的交际目标和行为规范，似乎在构想着闭门造车式的蓝图美景。

但后现代的“异质论、去中心、多元化”也常将问题导向了另一个极端，即“过度自由化”，倘若“什么都行”，“一切理论和方法都可接受（Feyerabend 1975，1987）”，岂不有丧失立场之嫌？

我们认为，基于体验哲学建构的“体认语义观”之所以具有较大的解释力，是因为它既强调了“物质决定精神”的唯物观，也突显了“人具有主观能动性”这一辩证法原理，在意义、理解、交际、传播中，我们必须兼顾客主双重要素，当抛弃客观镜像论，可用“哈哈镜”取而代之，人际间的信息传播就是一种“既有反射也有折射”的过程，必定会打上“既像又不像”“既有耗损也有增益”的烙印。这一指导思想在传播学中可具体解释如下。

（1）用“体认语义观”取代“激进人本观”和“悲观人本观”等。后现代的“激进人本观”于事无补，一切都靠人之主观识解，各唱各的调，各演各的戏，各说各的话，各有各理解，到头来何以能形成一个集体或社会，和谐社会更是一句空话，就会导致巴比塔故事的重演。我们接受后现代关于“建构”的观点，但还应当在前面加一个定语：体验性“建构”，绝不可盲目地胡建乱构，总归得有一定的事实依据和经验基础，这是传播学理论中不可否认的基础。

（2）用“体验”约束后现代主义中的“异质论、去中心、多元化”。因此“体验”既是“人本”的基础，也是对激进观的一种有效约束。既然客观再现式的传播不可能，这并不意味着非要走“物极必反”的方向 —— 放任自流，爱怎么理解就怎么理解，爱怎么翻译就怎么翻译。人们的认识虽有差异，允许理解在一定范围内有多样化，但也不能差异无边，分歧无限。这就是我们为何要在德里达的“One hundred readers will produce one hundred Hamlets”后面再添加上半句“but they are still Hamlets”的关键所在。

（3）用“体验普遍观”取代“先天普遍观”。后者是乔氏的观点，认为人类的心智和语言具有天赋性，而基于体验哲学的CL坚决反对这一立场，我们的共识只能来自与现实的互动体验和社会实践。又因为我们面对相同（或基本相同）的现实世界，且全世界的人都有相同的身体结构及其功能，根据身体决定心智的“体认一元论”唯物史观，人们必定要有部分相同的思维，这就是全人类各民族得以相互理解和讯息沟通的认知基础。倘若失去这一保证，人类传播也就失去了依靠。

（4）SOS多重互动理解模型。我们（王寅 2009）在反思毕因论的客主关系、认识论的主客关系、语言论的语客、语主关系之不足的基础上建构了SOS模型，既考虑到客观、也关注到主观，可兼顾上述多重关系，这与本文观点完全相通，因此也更具解释力。一切报道讯息不存在完美的客观性，纯事实属虚妄之说，但漫无边界地随意发挥，任意扩张，那种过分自由，胡编乱造的想法，在“体认语义观”面前也显得苍白无力。“什么都行”到头来是不可行的，这就从理论上对后现代激进观做出了约束。

（5）用“识解”解释“为何异质和多元”，本文略。

概而言之，体认原则“现实—认知—语言”同样适用于建构认知传播学。在每一报道中既有记者的“互动体验”，诸如：现场采访、调查整理等；也有自己的“认知加工”，如：信息筛选、报道角度、5W确定等。前者多具客观性，后者多具主观性，两者互动共存，相得益彰，但两者的比例在各类报道中所占比例各不相同，取决于多种因素，非本文所涉。

五、例证：马航两空难

2014年3月8日凌晨2时40分，马航MH370飞机与地面指挥中心失去联系，一时间引发全世界媒体的极大关注，大多国家各大报纸都有相关报道，笔者粗略收集了多种报道，并对相关数据进行了简单分析，发现这些报道中既有部分事实，也体现出各方人士的不同见解，现以表1小结如下。

表1　关于马航MH370飞机失联事件的报道分析

身份/观点		马来西亚		中国			美国	英国	越南	印度
序		官	媒	媒	专	民	媒	媒	官	媒
1	自杀	√	√		√	√	√	√		
2	劫持	√					√	√	√	√
3	炸弹					√	√			
4	气候				√	√				
5	外星	√				√				
6	太空垃圾				√			√		
7	击落			√	√		√			
8	解体	√			√	√				
9	干扰								√	
10	故障	√			√					
11	恐怖			√			√	√		√
12	阴谋		√	√		√				

今年7月17日原定从荷兰阿姆斯特丹飞往马来西亚吉隆坡的马航MH17，在乌克兰东部靠近俄罗斯的边境地区坠毁，15名机组人员和283名乘客全部遇难，其坠毁原因也是众说纷纭，现据世界主要媒体报道统计如下。

表2　关于马航MH17事件的报道分析

身份/观点		俄罗斯			乌政府	乌分裂者	荷兰	美国		其他欧洲国家	马来西亚	中国	
序号		官方	媒体	专家				官方	民众			官方	专家
1	乌政府击落	√	√	√		√			√				
2	乌分裂者击落				√					√			√
3	俄击落				√								
4	阴谋论		√										

（续表）

序号	观点＼身份	俄罗斯			乌政府	乌分裂者	荷兰	美国		其他欧洲国家	马来西亚	中国	
		官方	媒体	专家				官方	民众			官方	专家
5	飞机内部爆炸											√	
6	外部力量（没直接说导弹击落）						√						
7	导弹击落（主体不确定）							√			√		

现简要分析如下，仅供参考。

（1）报道的客主性。这是2014年关于马航确有其事的两大空难，绝非捕风捉影之举；但哪一则报道也不可能百分百的客观。据此可见，后现代哲学中的"激进性建构论"足不可取，其中还要涉及到基于什么信息来"建"，运用什么准则来"构"？

（2）报道的利益性。所有的传播行为都有目的（Littlejohn 2009：326），背后都有一个利益集团，特别是政府发言人或代表国家的媒体，所做出的报道或言谈都有其一定的政治目的和经济利益。食君俸禄，就得为国效力。如在马航两空难的报道中就有以下情况：

A. 拿着马来西亚政府的工资，就要说有利于马政府的话，例如"能组织26个国家一起实施跨国的联合调查，这本身就说明马政府还是有威信的"。俄罗斯和乌克兰分裂者认定是乌政府击落，而乌政府说是俄罗斯和乌分裂者所为。

B. 美国政府为维护波音公司自身的利益，坚决否认MH370"空中解体说"，且在这一点上英美几乎唱着同一个调子。而在MH17报道中则显得较为温和。

（3）论述的多元性。面对这两大航空灾难，我们似乎难以追寻到最终的客观事实，若从这个角度来说，后现代哲学所信奉的"多样性""自由化""无批判性"不是全无道理。但话也不可说过头。

（4）观点的频率性。这往往也成为人们判定真相的依据之一，若分析现有有关马航MH370所得报道中的诸多主要观点，可按频率顺序统计如下：

自杀（6）>劫机（5）>恐怖（5）>阴谋（3）

若将这些频率最高者结合起来，可尝试将这次飞机失联主要原因推揣为：这或许是一次有预谋的、劫机恐怖事件，因未能达到目的而自杀。

六、结语

传播学界流行一句行话“媒体既为人与世界之间的桥梁，也为屏障。”这一隐喻性表达倒也恰如其分，也佐证了本文提出运用“体认观”研究认知传播学的科学性。

“桥梁”本身意在强调联络和沟通，旨在说“同”，但是我们也必须主要到，桥梁原本是建在难以通行的河流或沟壑两边的通途，这其间就已预设差异和分歧，分歧双方的背景知识原本就不同，立场也有异，单凭一座狭窄的“桥梁”就能全面沟通，显然带有理想主义的成分，因此“屏障”意在揭示因利益关系和其他需要必然要阻止和屏蔽若干事实真相。难怪针对上述马航两大事件，不同国家，不同人士、不同报社都有各自不同的选择和推测。我们认为，“同”是基于“体”的结果，而用“认（识解）”则可解释差异，这就是本文所述认知传播学中的“体认观”，算是对传播学一种发展。

参考文献

［1］Austin, J. L. 1962. *How to Do Things with Words*[M]. Oxford: OUP.

［2］Feyerabend, P. 1987. *Farewell to Reason*[M]. 陈建豪等译. 2002. 告别理性. 南京：江苏出版社.

［3］Habermas, J. 1981. *Theorie des Kommunikativen Hanlelns: Band I Handlungsrationalitat und Gesellschaftliche Rationalisierung*[M]. 洪佩瑜等译. 1994. 交往行动理论（第一卷）——行为的合理性和社会合理化. 重庆：重庆出版社.

［4］Littlejohn, S. & Foss, K. 2008. *Theories of Human Communication*[M]. 史安斌译. 2009. 人类传播理论. 北京：清华大学出版社.

[5] Potter, R. & Bolls, P. 2012. *Psychophysioiogical Measurement and Meaning*[M]. 支庭荣等译. 2012. 传播与认知科学：媒介心理生理学测量的理论与方法. 北京：清华大学出版社.

[6] Rogers, E. M. 1994. *A History of Communication Study: A Biographical Approach*[M]. 殷晓蓉译. 2012. 传播学史——一种传记式的方法. 上海：上海译文出版社.

[7] Schramm, W. & Potter, W. 2010. *Men, Women, Message and Media: Understanding Human Communication*[M]. 何道宽译. 传播学概论. 北京：北京人民大学出版社.

[8] Vattimo, G. 1988. *The End of Modernity: Nihilism and Hermeneutics in Post-modern Culture*[M]. Cambridge, UK: Polity Press.

[9] Vattimo, G. 2004. Nihilism and Emancipation: Ethics, Politics and Law[A]. In S. Zabala (Ed.). *European Perspectives: A Series in Social Thought and Cultural Criticism*[M]. New York: Columbia University Press.

[10] 胡兴荣. 2004. 新闻哲学[M]. 北京：新华出版社.

[11] 王寅. 2012. 哲学的第四转向：后现代主义[J]. 外国语文（2）.

[12] 王寅. 2014a. 语言哲学研究——21世纪中国后语言哲学研究沉思录（上、下卷）[M]. 北京：北京大学出版社.

[13] 王寅. 2014b. 后现代哲学视野下的体认语言学[J]. 外国语文（6）.

[14] 王寅. 2009. 主客主多重互动理解[J]. 哲学动态（10）.

再议认知传播学的体认观

王　寅

（原载《编辑之友》2016年第7期）

摘　要：20世纪的社科研究主要经历了两大对立思潮“科学主义vs人本主义”，美国，乃至全球的传播学也存在这两大对立阵营“经验学派vs批判学派”。这一对立也与雷可夫和约翰逊所区分的“第一代认知科学vs第二代认知科学”相对应，从而学界出现了对“认知”的两种不同解读。我们在整合这两大学派（或两大方法）的基础上提出了“体认观”，且以其为基本原则来建构“认知传播学”。人类的思维、语言、传播之中既有“体”，也有“认”，前者提供“经验事实、数据分析”，后者体现“理论思辨、价值判断”。这两者也对应于政论文中两大要素“论点、论据”：理论思辨（认）产生论点；数据实证（体）提供论据。这两者的完美结合将为认知传播学提供一条切实可行之道，既具有重要的理论价值，也具有可靠的实践意义。

关键词：认知传播学；体认观；科学主义；人本主义；论点与论据

一、科学主义 vs 人本主义

20世纪的人文社科界围绕“科学主义（Scientism）vs人本主义（Humanism）”两大对立思潮展开了激烈的争辩。自文艺复兴和第一次启蒙运动后，“理性、科学”被捧到首要位置，逐步形成“科学主义”阵营，认为只有自然科学才算得上真正的知识，所有知识都应以遵循该模式为典范，因其充分表现出可“客观验证”的特点，且还认为这类知识可客观地解决一切理论问题，即可用自然科学的方法来统一解释人文社会科学，强调实证的、经验的方法，注重资料收集、田野调查、数据分析等。这种思潮以“科学”自居，逐步演变为西方学界的柱石，且在相当长的一段时期内被捧上了霸主的地位。

与其相对的“人本主义”，认为人文社科不能吊在“逻辑实证”这棵树上，更应当注重理论思辨、社会批判，强调人本精神，关涉人的价值。在他们的眼中，“科学主义”亦已成为一个贬义词。试问：人类思维如此复杂，语言表达如此精细，怎么能将其局限在几个数学公式之中？一言以蔽之，用“1+1=2”的科学主义方法来阐述“1+1≠2”，常是“1+1>2”的人文社科，导向就错了，而且是错定了！随着人文意识的觉悟，人们越来越认识到科学主义的缺陷，认为用分析和解释自然科学的理论和方法来统一说明社会科学极为不妥，这本身就属于一种形而上的“宏大叙事”。胡塞尔在《欧洲哲学危机和超验现象学》中率先批判科学主义和实证论，他指出，科学主义“抽象掉了作为过着人的生活的人主体，抽象掉了一切精神的东西，一切在人的实践中物所附有的文化特性。这种抽象的结果使事物成为纯粹的物体，这些物体被当作具体的实在的对象，它们的总体被认为就是世界，它们成为研究的题材。”这就是张庆熊翻译这本书时在“编者的话”中所指出的：胡塞尔的现象学是对科学主义的反动；胡塞尔持一种与实证主义相对立的科学观，且将其视为“一个残缺不全的概念”。

胡塞尔的学生海德格尔在现象学基础上提出了“存在主义”，进一步确立了欧洲的人本哲学研究思路，认为人本主义与自然主义不相容。其继承者萨特也认为，“在人的世界、人的主体性世界之外并无其他世界。”被称为法兰克福第二代马克思主义者的哈贝马斯（Habermas 1929— ）也严厉批判了实证性的科学主义观，区分了“社会现象vs自然现象”，认为前者由相关的社会价值和文化意义所构成，不可用自然科学的程序来验证或证实社会科学理论。例如，语言就不可能具有十分精确的表征和再现功能，何以能忠实地、镜像般地反映客观世界，其间必然要考虑到“人本因素”，这正是基于体验哲学的认知语言学批判索绪尔结构主义语言学和乔姆斯基转换生成语言学的理论根据，据此建立的认知语言学核心原则为“现实—认知—语言”，认为语言不可能与现实世界直接挂钩，其间必定要有人本因素（即认知）的参与，语言只能是人们与世界的互动体验和认知加工的结果。不考虑人本精神的语言学理论误导了学界的理论视线。

当代社会学家也深刻反思了科学主义的研究取向，认为社会科学从根本上就不同于自然科学。吉登斯认为：我们不可能像自然科学对待自然界那样去对待社会现象或社会事实。最有影响的后实证主义者库恩（Kuhn 1962）认为，科学对事实的观察和说明总是要通过现存的范式或理解的框架而展开的。美国新功能主义社会学家亚历山大（Alexander 1982）也持相同观点，认为所有的科学资料数据都是由理论内在构成的，而且经验的承诺并非单纯以实验数据为基础。

Lakoff（1987）、Johnson（1987）以及Lakoff & Johnson（1980）等也严厉批判了形而上学的客观主义哲学理论，认为“科学主义（形式主义、数理逻辑）”以实证为准绳，追求语言与客观世界的一致性和语言表达的精确性，这误导了语言学的研究方向。

现笔者拟将“科学主义vs人本主义、实证派vs思辨派、经验学派vs批判学派”小结如下：

表1 科学实证派与理论思辨派比较

	科学实证派（经验、实验、数据）	理论思辨派（人本、批判）
1. 侧重点	重数据调查、实验分析	重理论创建、思辨与批判
2. 量与性	定量	定性
3. 视角范围	微观、效果	宏观、监控
4. 人本精神	无视	突出
5. 哲学基础	形上、二分、客观	后现代、非客观
6. 媒体功能	控制社会	改良社会
7. L & M	定量 + 定性：Lazarsfeld 和 Merton 合作长达35年	
8. Lowenthal	批判学派的另一副面孔、传播研究的第三种可能	
9. 认知传播学	体认观：互动体验+认知加工；理论思辨出论点，实验统计出论据	

二、美国传播学两大派

上述两大对立思潮也鲜明地反映在传播学（早期归属于社会学）研究之中。正如马成龙所言：

> 社会科学成为传播理论与研究的支柱后，社会科学中主观感受与客观事实孰轻孰重的争议也随之进入传播领域，这种争论在心理学常用“行为学派”和“人本学派”来区分。

欧阳宏引梅琼林和王志永所言：直至今日，传播学研究大体上可以划分为“以美国实证研究为主的经验学派”和“以欧陆人文精神引导的批判学派”。美国传播学研究重镇之一的哥伦比亚大学，也一直存在着“实证派vs思辨派”的分歧：前者的代表为林德（Lynd 1892—1970）；后者的代表为麦基弗（Maclver，社会学系主任）。他俩在推荐新人之时，前者力推经验派的拉扎斯菲尔德（Lazarsfeld 1901—1978），后者力挺批判派的默顿（Merton 1910— ）。后来，两者同时被录用，倒也出现了一种令人愉快的新局面：一方面两派的争论在哥伦比亚大学，乃至美国和全球的传播学中得以延续；另一方面，由于两位学者高风亮节、胸怀宽广，相互学习，取长补短，友好合作竟达35年之久。

虽说学界常将拉扎斯菲尔德视为“经验论者”，他于20世纪30年代与卡尔纳普（Carnap 1891—1970）一起从欧洲流亡到美国，两人联手将盛行于欧洲的“逻辑实证主义（Logical Positivism）”带入美国，大力倡导用“实证、实验、调查、数据统计”的方法研究传播学，与其他几位传播学先驱和主将奠定了美国乃至全世界该领域的经验学派研究方法。但我们也注意到，他并不完全排斥思辨性的“定性”方法。拉氏通过与批判学派的代表人物霍克海姆、弗洛姆、阿多诺等的接触，十分熟悉法兰克福学派的批判理论，试图建立一座通向批判的学术思想的多元桥梁，希望它能与美国的经验派相结合，以期建立新的研究概念。正如罗杰斯指出：“年轻的拉扎斯菲尔德知道了定性的方法论和定量的方法论之间的冲突，他后来试图打破这个两分法，但是它一直持续到今天。”

由于阿多诺是坚定的社会批判理论家，当拉氏设想与他合作，寻求定量与定性两种研究方法之间进行合作的可能性之时，遭到阿多诺的严厉拒绝。用罗杰斯的话说：阿多诺反对用偶然获得数据强加在受众效果研究之中。他虽才华横溢、富于想象力，但粗暴、傲慢、不容人，而且无礼，两学派之间合作的问题多半出在他身上。托尔斯（Towers）认为，他们之间的分歧不仅是学术上的争吵，而是有关传播研究的性质和基本理论的争论；两者合作的失败，为“经验派vs批判派”日后棘手的关系奠定了基调。但令人高兴的是，挑剔的阿多诺在《权威人格》中成功地与经验派进行了合作，这也证明了拉氏所提出的“定性”结合“定量”的传播学研究方法的可行性。

拉氏与阿多诺虽未能走到一起，但与思辨派另一代表默顿的合作，却是紧密而又愉快的，且长达35年之久。他俩的学术背景差异较大，但各自都能虚怀若谷，取长补短，将实证法和思辨法紧密结合起来，在学术界留下了一段佳话。邵培仁、展宁对他们的合作做过如下评述：“我们还应该看到罗伯特·默顿将欧洲社会学知识与美国的大众传播研究相结合的方向”。正如默顿（1968）本人所言：对社会学理论发展与经验研究加以糅合，竭力摈弃过去那些理论与经验相分离且各执一端的倾向，使“中层理论”充当经验问题的具体而又必要的研究假设与统一的理论体系之间的中介。

著名的社会学家贝雷尔森（1973，cf Morrison 1976）说：拉氏通过默顿给予他的某些影响而获得了理论上的地位。著名社会学家布劳（Blau）说：默顿接受了经验研究方法，且与拉氏进行了有效合作，两人关系如此紧密，促使哥伦比亚大学社会学系的博士生课程将严格的理论训练与经验方法结合起来。但这种结合却被淹没在实证派的大潮之中，其中的原因却也令人不解，值得深思。

科尔曼（Coleman 1980）指出，“默顿在理论上对拉扎斯菲尔德的学术贡献产生了相当大的影响，但是这一影响没有得到人们的充分认识。”罗杰斯也认为：“考虑到R. K. 默顿自身作为一个传播学者的主要作用，以及与拉扎斯菲尔德的通力合作关系，他的贡献还没有完全被当代传播学所认识，这便令人困惑不解了。”这一综合研究方法为何不为学界所认可，其后的原因很多，就其根源来说，没有认识理论研究的重要性，以微观压宏观，错把方法当理论。

主张将这两者结合起来的不仅局限于拉氏和默顿，法兰克福批判学派中还有一员大将洛文塔尔（Lowenthal 1989）也主张走“中庸之道”。被称为批判学派的“另一副面孔”，揭示了传播研究的“第三种可能”。他既坚守着批判学派的整体观念和批判立场，又与经验学派一样重视传播研究的科学方法和对数据的经验性分析，堪称在文化社会学领域发动了一场“哥白尼式的革命”。甘峰认为，洛氏开启了批判学派与经验学派两者之间的融合，把经验科学的实证性与理论研究的人文性辩证地统一起来，对文化传播问题进行综合研究，不但拓展了传播理论的研究空间，而且揭示了美国传播研究的第三种可能。他尝试把经验学派漠不关心的文艺传播问题纳入到传播研究领域，并通过广泛的经验研究验证其理论分析的有效性，从而有力地促成了具有批判色彩的传播研究的人本主义范式，以期能将传播理论从美国经验学派的限制中解放出来。他的这一研究取向也得到了默顿的赞誉，“综合了欧洲理论立场和美国经验研究方法的少数几个经典范例之一。”

三、“认知”的两种解读

上述两种对立的学术思潮直接影响到人们对“认知”的解读，即持“科学主义”立场的学者与持“理论思辨”立场的学者对该术语的理解完全不同。

20世纪50年代爆发了一场影响深远的“认知革命”，它基于前一立场，始于心理学界，意在摆脱流行长达半世纪之久的行为主义，其标志有三：

（1）基于符号运算的认知心理学；

（2）计算机被运用于人工智能的研究（人机对话初见成效）；

（3）乔姆斯基的句法形式化。

这场认知革命的哲学基础为形而上客观主义哲学理论（包括经验论、英美分析哲学、实证主义、形式主义）。Lakoff & Johnson（1980）将其称为“第一代认知科学”，其主旨为基于实证的、形式化的“认知主义（cognitivism）”，接受了笛卡尔的二元论：人类的推理能力独立于感知能力和身体运动，在“感知”与“概念”之间筑起一道鸿沟，将“推理”视为一种独立的自治能力（语言也是自治的、句法也是自治的，与身体经验都无关），更为严重的是，他们还将这种自治性推理能力视为人区别于动物之本质，成为西方哲学的主流观点。

70—80年代后，随着后现代哲学（含体验哲学）的流行和认知科学的进展，学界有了重大发现，基于批判理论反思传统哲学，第二代认知科学应运而生。坚信“心智（认知）”与“身体经验”不可分离，符号运算论不能解决心理学的根本问题，批判生成语言学中的先验哲学假设，Lakoff & Johnson认为这才是真正的认知科学。

第一代认知科学与图1左栏的经验实证派一脉相承；而第二代认知科学则与右栏的理论思辨派基本吻合。

这一区分在学界具有重大意义，可帮助我们对 “认知” 有了一个较为全面的认识，也对认知科学内部的流派有了一个较为清晰的理解。当下传播学中所说的“认知”，大多围绕第一代认知科学（特别是认知心理学、借助现代仪器进行心脑实验、传播设备系统化），如以下几本代表作（参见）：

（1）Roskos, D. R. & Monahan, J. L. 1982, *Communication and Social Cognition*：*Theories and Methods*.

（2）Chesebro, J. W. & Bertelsen, D. A. 1998. *Cognitive Systems*.
（3）Potter, W. J. 2004. *Theory of Media Literacy*：*A Cognitive Approach*.
（4）Harris, R. J. & Sanborn, F. W. 2004. *A Cognitive Psychology of Mass Communication*.
（5）Wyglinski, A. M., Nekovee, M. Hou, Y. T. 2010. *Cognitive Radio Communications and Networks*：*Principle & Practise*.
（6）Grace, D.，Zhang G. H. 2012. *Cognitive Communications*.
（7）Potter & Bolls 2012. *Psycholphysiological Measurement and Meaning*：*Cognitive & Emotional Process of Media*.
（8）Nannicelli, T. & Taberham, P. 2014. *Cognitive Media Theory*. 等.

根据欧阳宏生的调查，以“认知”和“传播”作为研究课题关键词的论文数量自2010年后出现了“井喷”现象，达至数万份。但我们发现，他们所论述的认知传播学大多属于第一代认知科学。而我们所论述的认知传播学中的“认知”属于第二代认知科学，是基于后现代哲学（包括体验哲学）和认知语言学的基本原理提出的，试用哲学第四转向的建设性后现代理论和认知语言学中十来种认知方式来解释传播研究中相关议题，侧重理论上的思辨性；兼顾数据分析。

我们可将上文所述的认知语言学核心原则进一步概括为“体认观”，“体”重在经验、更接近于实证；“认”重在思辨，重视人本精神，关注价值判断。这就是林克勤教授（2015）在“认知传播学的宏观学术视野”一文中所说的“包容透明观的体验认知传播观”、“思辨、实证、文化、跨学科的多元方法”；且也符合 Littlejohn & Foss所说：传播理论是个多棱镜，换个角度就有不同结果。另外，甘峰在“批判学派的‘另一副面孔’和传播研究的‘第三种可能’”一文中评述了法兰克福批判学派洛文塔尔（Lowenthal 1989）的观点，尝试将思辨与实证紧密结合起来，值得我们关注。马成龙（2014）也认为，“社会科学的‘客位研究’（以定量分析为主）与‘主位研究’（以定性分析为主）在研究华人传播行为时都有采用的必要。

四、体认观的解释力

社科研究者不能将自己仅吊在一棵树上，实证性的数据分析固然重要，但绝非唯一，它也有致命弱点，如缺乏令人耳目一新的论点，忽略人本精神和文化意义，依旧在传统的客观主义形而上哲学中打转转。康德在200多年前就说过，“我们眼中万物并非事物本身，皆出自我们的映像（We see things not as they are, but as we are.）。 也就是说，我们不可能看到事物本身的真实面貌，所见之物完全取决于我们自己的看法。马克思也早就指出“人化的自然界（humanized nature）”。我们完全可依据马克思的观点重新定义语言：语言是人化的语言。据此，传播学主要媒介是语言，传播学必然要打上“人文性”的烙印。据此，传播理论不可能完全基于实证法，“体认观”同样适用于传播学研究。

正如上文所言，“认知语言学”的核心原则为“现实—认知—语言”，即右端的语言来自左边的两个要素，强调语言源自对现实的互动体验和认知加工，这就是我们所论述的体认观，是对实证派和思辨派的综合应用，从另外一个角度重申了拉氏和默顿的合作价值，以及洛文塔尔的传播学“第三种可能”。笔者还尝试以马航MH370（2014年3月8日凌晨2时40分与地面指挥中心失去联系）和MH17（2014年7月17日从荷兰阿姆斯特丹飞往马来西亚吉隆坡的马航MH17，在乌克兰东部靠近俄罗斯的边境地区坠毁）两则报道为例，尽量收集了世界各大主要媒体的报道，总结成表进行数据分析，可很好地说明体认观的解释力。

学界早有人提出结合“感性与理性”，“理论与实践”的社科研究方法，我们提出的体认观也是沿此思路行进的，但遵循了“螺旋式上升”的发展规律。体认观并未简单重复感性与理性的结合，而是在此基础上，吸收了后现代哲学（特别是体验哲学）的原理建构了“现实—认知—语言”这一认知语言学核心原则，以其深刻反思了索绪尔“关门打语言”的策略（仅关注核心原则最右端的“语言”）；也严厉批判了乔姆斯基研究“心智—语言”两者间关系时的唯心论取向。乔氏虽提出语言出自心智的研究方向，但却认为这两者都具有天赋性、普遍性、自治性（核心原则的右边两项）。体认观更强调认知和语言的体验性（核心原则的最左端），这就将唯物论重新引入到语言学理论研究之中。同时，我们还提出了体认研究的具体方法，将人类在体验基础上获得的认识方式提炼为十数种，且尝试用它们来统一解释语言各层面。我们认为，这些认知方式同样适用于传播学研究，这将为我们日后建构认知传播学奠定了基本方向。

五、体认观与论文两要素“论点、论据”

“科学主义vs人本主义”对立，还与政论文写作的两大要素密切相关。中学老师在上“作文”课时反复告诫我们，“政论文”必须包括两大要素：

① 论点（Argument，Topic Sentence）；

② 论据（Argumentation，Supporting Sentences）。

所谓“论点”，即全文的主要观点，所要说明的核心问题；所谓“论据”是用以说明论点的，常用事实或例子来证明论点的正确性和可靠性，以能使人信服，从而可实现政论文的写作目的。令人不解的是，我们很多研究生在撰写学位论文时却时常忘却了中学老师的教诲，在安排这两大要素时出现种种偏离和不足。

（1）就论点而言，有些文章无论点或论点不明，交代不清，强调不够，让人看后不知道该文究竟想说明什么中心思想，为什么要进行此项研究。因而在答辩时，老师问他该文的论点是什么时，常啰啰唆唆说不清楚，道不明白。还有同学论文选题不妥，有时题目过大，选了个非一文一书所能完成的论点，犹如一个瘦小之人戴了一个硕大的帽子。还有的选题过时，研究不在前沿，常有“炒冷饭”“嚼别人嚼过的馒头”的现象。

还有些文章论点无价值，长篇阔论一大通，到头来却论证了一个路人皆知的观点，此类论文价值何在？如传播学中的实证派，过分强调用“统计学、概率论、SPSS”等方法来分析有关数据，充其量这仅是研究方法之一，绝不是唯一。钱冠连教授指出，必须要从理论上阐发新观，不可“错把方法当理论”。

（2）就论据而言，有些文章论据不足，仅罗列了一些观点，猛然一看好像读了不少书，但未用事实或例子加以论证，缺乏论据，好像刚做完“文献综述”就想收笔，这样的文章何来的说服力。更为不妥的是，所列观点还处于一个零散状态，像一个读书笔记或流水账，尚不能穿成一条线，它们又何以能成为一篇连贯的论文？有些文章举例随便，数量不足，随意性太强，大大降低了政论文的说服力。

“创新性”论文写作的可行之道“论点新、论据足”。在理论研究中找新论点，我们认为，这一点不管怎么强调也不过分；在论据上可借用经验派所倡导的资料调查、数据分析等统计方法，特别是在当今的“大数据”时代，经验派的方法仍有价值。

六、结语

本文在梳理20世纪社科领域两大对立阵营“科学主义vs人本主义”的基础上，且根据“第一代认知科学vs第二代认知科学”的区分，论述了学界所说的两种不同的“认知”，提出将两个学派或两大方法紧密整合起来研究传播学的“体认观”。体认观认为，人类的思维、语言、传播中既有“体”的感知基础，也有“认”的理性成分，前者为我们的研究提供“经验事实”，依据调查所得数据进行实证分析；后者包含人的主观因素和价值判断，以解释报道中的主观评价。我们最后依据政论文的写作思路“论点＋论据”，以进一步说明“体认观”的解释力：通过理论思辨（认）产生论点；依据数据实证（体）提供论据。社科研究可将这两者紧密结合起来，相得益彰，不可偏废。这也是创建认知传播学的基本思路。这或许可算作默顿所倡导的传播学“中层理论”的一种新中介；也可视为传播学目前处于“交叉口”时代一种可靠的选择；或者是“实现两对立学派融合”的有效途径之一；也是对洛文塔尔所论述的“第三种可能”的一项可资补充的方案；或欧阳宏生所大力倡导“在宽的前提下向‘深’迈进”的突破口之一。

参考文献

[1] Alexander, J. C. 1982. *Theoretical Logic in Sociology, Vol 1, Positivism, Presuppositions and Current Controversies*[M]. Berkeley, CA, USA: University of California Press.

[2] Blau, P. M. 1964. The Research Process in the Study of the Dynamics of Bureaucracy[A], In Hammond, P.（ed.）. *Sociologists at Work: Essays on the Craft of Social Research*[C], pp. 18-57, Garden City, N.Y.: Doubleday/Anchor Books.

[3] Berman, R. 1986. Review of Literature and Mass Culture[J]. *Theory & Society*, 15(5).

[4] Coleman, J. & Paul F. Lazarsfeld. 1980. The Substance and Style of His Work[A], In Merton, R. K. & Rily, M. W.(eds.). *Sociology Traditions from*

Generation to Generation: Glimpses of the American Experience[C], pp.153-174, Norwood, N.J.:Ablex.

[5] Chesebro, J. W. & Bertelsen, D. A. 1998. *Cognitive Systems*[M]. New York: Guilford Press 792.

[6] Grace, D. & Zhang H. G. 2012. *Cognitive Communications: Distributed Artificial Intelligence(DAI)*[M]. Regulatory Policy & Economics, Implementation. Chichester: John Wiley & Sons Ltd.

[7] Harris, R. J. & Sanborn, F. W. 2004. *A Cognitive Psychology of Mass Communication*[M]. London: Routledge.

[8] Johnson, M. 1987. *The Body in the Mind: The Bodily Basis of Meaning, Imagination, and Reason*[M]. Chicago: The University of Chicago Press.

[9] Lakoff, G. & M. Johnson. 1980. *Metaphors We Live By*[M]. Chicago: The University of Chicago.

[10] Lakoff, G. 1987. *Women, Fire, and Dangerous Things*: *What Categories Reveal about the Mind*[M]. Chicago: The University of Chicago Press.

[11] Lakoff, G. & M. Johnson. 1999. *Philosophy in the Flesh——The Embodied Mind and Its Challenge to Western Thought*[M]. New York: Basic Books. 10.

[12] Lowenthal, L. 1989. *Critical Theory and Frankfurt Theories*[M]. New Brunswick: Transaction Books.

[13] Morrison, D. & Paul Lazarsfeld. 1976. *The Biography of an Institutional Innovator*[D]. Ph.D. Dissertation, Leicester University.

[14] Merton, R. K. 1968. *Social Theory and Social Structure*[M]. Glencoe, IL.: Free Press.

[15] Nannicelli, T. & Taberham, P. 2014. *Cognitive Media Theory*[M]. London: Routledge.

[16] Potter, W. J. 2004. *Theory of Media Literacy: A Cognitive Approach*[M]. London: Sage Publications.

[17] Roskos, D. R. & Monahan, J. L. 1982. *Communication and Social Cognition: Theories and Methods*[M]. Lawrence Erlbaum Associates Inc. Press 1.

[18] Towers, W., Lazarsfeld & Adorno.1977. A Case Study in Theoretical Orientations[A], In Brent D. Ruben（ed.）. *Communication Yearbook 1*[C]，pp 133-145. New Brunswick，N. J. : Transaction Books.

[19] Wyglinski, A. M., Nekovee, M. & Hou, Y. T. 2010. *Cognitive Radio Communications and Networks*：*Principle* & *Practise*[M]. Amsterdam: Elsevier.

[20] 陈蕾. 2011. 传播学的身份定位与发展取向——在三种社会科学合法性逻辑的思想张力之间[J]. 新闻与传播研究(6).

[21] 甘峰. 2015. 批判学派的“另一副面孔”和传播研究的“第三种可能”[J]. 现

代传播(12).
[22] Husserl, E. 1936. *Die Krisis der Europaischen Wissenschaften und die Transzendentale Phanomenologie*[M]. 张庆熊译. 欧洲哲学危机和超验现象学. 上海：上海译文出版社1988年版: 71、5、7.
[23] Kant, I. 1781. *Kritik der Reinen Vernunft*[M]. 邓晓芒译. 纯粹理性批判. 北京：人民出版社2004年版.
[24] Kuhn, T. S. 1962. *The Structure of Scientific Revolutions*[M]. 王道还译. 科学革命的结构. 北京：允晨文化实业股份有限公司1985年版.
[25] Lowenthal, L. 1961. *Literature, Popular Culture, and Society*[M]. 文学、通俗文化和社会. 甘峰译. 北京：中国人民大学出版社2012年版.
[26] Littlejohn, S & Foss, K. 2008. *Theories of Human Communication*[M]. 人类传播理论. 史安斌译. 北京：清华大学出版社2009年版: 35.
[27] 林克勤. 2015. 认知传播学的宏观学术视野[J]. 现代传播(12): 14-19.
[28] 马成龙. 1984. 传播学的中国化[J]. 中华文化与传播研究2014年版(2).
[29] 马克思. 1984. 1844年经济学哲学手稿[M]. 北京：人民出版社: 124.
[30] 梅琼林, 王志永. 2006. 试论传播学研究中实证主义和人文主义方法的融合[J]. 南京社会科学(6).
[31] 欧阳宏生. 2015. 认知传播学科大学理建构[A]. 林克勤、严功军主编. 认知传播学论丛（第一辑）[C]. 成都：四川大学出版社：2、8.
[32] Potter, R. & Bolls, P. 2012. *Psychophysiological Measurement and Meaning*[M]. 传播与认知科学：媒介心理生理学测量的理论与方法. 支庭荣等译. 北京：清华大学出版社.
[33] Rogers, E. M. 1994. *A History of Communication Study*：*A Biographical Approach*[M]. 传播学史——一种传记式的方法. 殷晓蓉译. 上海：上海译文出版社2012版: 258、289、317.
[34] 苏国勋. 1996. 当代西方著名哲学家评传 · 社会科学（第十卷）[G]. 济南：山东人民出版社：514页.
[35] 邵培仁，展宁. 2015. 西方媒介社会学研究的历史、现状与走向[A]. 林克勤、严功军主编. 认知传播学论丛（第一辑）[C]. 成都：四川大学出版社：33.
[36] 王寅. 2015. 基于建设性后现代哲学视野下的认知传播学出版[J]. 现代传播(7).
[37] 王寅. 2015. 认知传播学的理论与实践[A]. 林克勤、严功军主编. 认知传播学论丛（第一辑）[C]. 成都：四川大学出版社.

认知传播学的宏观学术视野
——视角、依据、对象和方法

林克勤

摘　要： 认知传播学的学术取向是在体认传播观的指引下，着重研究人类社会传播过程中信息与意义的产生、加工和认知改造，心智与传播现象的内在勾连，以及传播活动与人类认知行为密不可分的关系。它是一种研究范式，也可以视作一个学派或一种思潮。它交叉采用和融合了思辨研究方法、实证研究方法、文化研究方法和跨学科研究方法。它不是传播学的二级学科，而是代表目前传播学界近年来兴起的一个学派或一种思潮，可以视作传播学研究的认知转向。

关键词： 认知传播学；体认传播观；认知转向

一、前言：从透明传播观到体认传播观

客观主义新闻传播学的基本观点将传播看成是一种定量的信息传递，将其描述为信息从一端到另一端的输送。拉斯韦尔则简单地用模型来阐释这种观点的内涵，即谁，通过什么渠道，对谁传播了什么，产生了什么效果？（丹尼尔·麦奎尔等 2011）这种观点聚焦于传播媒介对客观事实的真实再现，认为媒介的任务是要精确地复制新闻事实，完整地传输信息，以便让人们能够完全准确、无遗漏地接收信息，让人们充分了解传播者的意图，产生相应的传播效果。香农设想这一序列是一个透明的无扭曲的传播过程，在其中，信息完好地承载着传播者的意图，且全盘传输到接收者手中，期间不产生任何的干扰扭曲（范国豪 2013；Shannon&Weaver 1964）。这种对客观事实、客观环境追求真实再现的传播观念是传播学发展至今的主流观点。为方便起见，我们称之为透明的传播观。

这种透明的传播观在人类进入后工业社会以后，遇到了诸多的问题和挑战。比如在传播过程中信息为什么会缺失，接受者对信息的理解为什么会与传播者的意图产生偏差，谣言为什么会出现，等等。这些挑战的产生都在不断地质疑和追问着这种传统、经典的透

明传播观。

20 世纪 80 年代以后以体验认知为基础的第二代认知科学的产生，对人文社科的各研究领域产生了广泛而深远的影响，也对这种透明的传播观产生了冲击。体验认知是在基于体验哲学的基础之上提出的，在体验哲学的首创者雷可夫和约翰逊（Lakoff & Johnson 1999）看来，体验哲学所指涉的“体验”具有较广含义，可包括个体或团体的各种实际的或潜在的经历，具有遗传结构的个体与物理和社会环境的互动，因而体验哲学的核心观点是:人类的范畴、概念、推理和心智是基于身体经验形成的，人类创造的概念和意义主要是人类在对客观世界进行互动体验和认知加工的基础上形成的。其中，互动体验指概念和意义要受约于客观世界和身体结构，这是人类思维以及表达思维的语言具有共性的基础；认知加工指人类的内在加工方式，可以解释语言表达和理解存在差异的原因。也就是说，概念和意义的形成既与对客观事物的体验有关，还取决于人类对客观世界如何进行主观性的理解（王寅，2008）。从这个逻辑点出发，我们认为，基于客观再现的传播观念的透明化已经受到传播过程中诸多因素的质疑和挑战，而用体验认知的传播观则可以解释传播过程中的诸多问题，体验认知的视角可以为传播学研究打开一扇思想新窗。本论文将在体认传播观的指引下对认知传播学的相关学理进行探索。

二、作为一种研究范式和学派、思潮的认知传播学

传播学发展至今已有八十多年的历史，而传播进中国也有将近四十年的历史了，但传播学究竟研究什么？一直是学界争论不息的问题。罗杰斯把传播学的发展归源于19世纪学术界的三个欧洲大师——达尔文、弗洛伊德和马克思。他认为传播学 1900 年以后在美国的崛起相当程度上受到进化论、精神分析理论和马克思主义这些欧洲理论的影响。再以后，三个学派对传播在社会实践中的位置提供了更加统一的观点，使传播学逐渐从社会学领域中分离出来，它们是法兰克福学派、芝加哥学派和帕洛阿尔托学派。传播学史上的四大奠基人拉斯韦尔、拉扎斯菲尔德、霍夫兰和勒温为传播学在美国的发展奠定了基本的方向：经验的、量化的和以效果为中心的。在他们之后，传播学的继任者和集大成者是韦尔伯·施拉姆，正是由于施拉姆，而不是其他人，传播本身成为一个专业的研究领

域。除此之外，韦纳的控制论、香农的信息论和麦克卢汉的技术决定论也极大地影响着传播学的发展方向（罗杰斯 2005）。

当然，如果据此主线判断传播学已形成了统一、规范的理论体系和学科框架，未免过于简单。学界对传播研究（communication studies）还是传播学（communicology）一直都有争论，因为“传播学”的学科界限不明晰、学科理论不独立、专业术语非原创、研究方法多学科化，一些专家们一直存在着严重分歧。胡正荣在他的《传播学总论》中说：“传播学经历了半个多世纪的发展，它涉及的领域越来越宽泛。似乎给人一种错觉，即传播学可以研究一切问题。这种研究对象的不确定乃至泛化使得传播学研究至今都难有一个明确的研究范围和一套核心概念。这使得传播学至今也没有建立起一个核心的理论框架。”（胡正荣 1997）李特约翰和凯伦·福斯的《人类传播理论》（第九版）则提出与人类传播方方面面有关的一系列理论、范式和假说，即在纵向的维度上讨论传播者、信息、访谈、关系、群体、组织、媒介和文化/社会八大主题，在横向的维度上，则以符号学、现象学、控制论、社会心理学、社会文化、批判和修辞学的理论精华指导传播学研究（李特约翰等 2009）。问题是，这样的划分不仅横跨了社会科学的各个领域，而且借用了多学科的研究范式，依然难以说明传播学学科构建的科学性和合理性，从学科本质属性上把传播学与其他社会科学区分开的依据依然不足，这就要求我们从其他视角探讨传播学和传播研究的新进路。

诞生于 20 世纪 50 年代后期，以揭示人脑工作机制为核心释义的认知科学的出现，尤其是最近 30 年第二代认知科学的发展为传播学的研究提供了新的方法论意义。众所周知，传播学中的核心概念——信息和意义，都离不开人脑的作用。因此，如果从单一理论框架上无法把传播学与其他社会科学学科区分开来，我们或许可以从研究范式的整体视角来重新审视传播学的研究对象、学科框架和理论依据。我们提出“认知传播学”这一概念，不是追随目前的认知科学热而胡乱拼凑的交叉学科概念，也不把它定位于传播学的分支或二级学科、三级学科，我们更愿意把它定位于后现代人文思潮影响下近年来兴起的一个传播学派或思潮。它也不是单一的理论，而是代表一种研究范式，包括理论、观点、方法、模型、思路等等，其聚焦点在于：在体认传播观的基础上，着重研究人类社会传播过程中信息与意义的产生、加工和认知改造，心智与传播现象、要素的内在勾连，以及传播活动与人类认知行为密不可分的关系。

三、认知传播学产生的条件与依据

3.1 内部因素

传播学发展至今，形成了一个主要的学术思路，即研究经验的、定量的传播现象而且主要着重于对传播效果的研究。这个学术视野是从传播学的奠基人所启动的学术方向中野蛮生长并发展出来的，也从社会学、社会心理学和政治学领域的早期传播研究中发展出来。这些研究领域，以及后来的传播学都定位于社会科学对自然科学的定量方法的模仿，其动机是渴望获得科学的尊敬（罗杰斯 2005）。定量的研究范式主要在美国形成和发展，美国是目前实证学派的大本营。批判学派的学者所受的训练主要是哲学方面的，所以他们不强调经验的资料搜集工作，而是强调传播应成为解放人性的工具，从效果研究中摆脱出来。文化研究则结合了社会学、文学理论、媒体研究与文化人类学来研究工业社会中的文化现象，文化研究者时常关注某个现象如何与意识形态、种族、社会阶级或性别等议题产生关联（中国传媒 2013）。而在中国今天的新闻传播领域，虽然也出现了各种各样的理论和方法论，但基本是重复性的和依赖性的。重复性即旧瓶装新酒，重复前人的劳动成果，很少有自己独立的观点和见解。依赖性，即过分依赖美国传播学的研究成果，搞照抄照搬（邵培仁 1997）。据此，一些学者已经提出理论新闻学的范式转向主张，如刘建明强调理论新闻学的逻辑思维和理论演绎过程，重视理论新闻学的科学抽象，反对实用主义的学术取向，力求建立理论新闻学的概念体系，实现理论新闻学的述语建构。郝雨则明确提出新闻学哲学化的研究取向，把新闻媒介作为人与世界关系的一种特殊媒介和关联来加以认识。这些论述为目前传播学的研究转向提供了思路。韦尔伯·施拉姆自己也在开展反思，他认为，在不远的将来，传播学可能会消失，作为一个重要的组成部分，被吸收到行为科学的一个重要统一体中，这些行为科学最低限度包括心理学、社会学、政治学、人类学和经济学等集群，它们的研究中心是人类行为。

认知传播学把传播问题、现象置于传播与人类认知行为之间密不可分的联系之中，在体认传播观的指导下，把信息加工和认知改造作为其核心学术视域，力求对目前的传播学领域提出一种创新型思考，也可以视为传播学研究的认知转向。

3.2 外部因素

认知科学对相关人文社科领域的影响。认知科学是 20 世纪世界科学标志性的新兴研究门类，它是探究人脑或心智工作机制的前沿性尖端学科。一般认为，人工智能、认知心理学和心理语言学是认知科学的核心学科，神经科学、人类学和哲学是认知科学的外围学科。

认知科学的发展极大地影响了相关人文社科研究领域，带来了跨学科研究方法，出现了一些新兴的交叉学科，如认知心理学、认知语言学、认知神经语言学、认知诗学、认知社会学等等。传播学者也在积极地介入认知研究的领域，如 Deborah Eicher-Catt 和 Isaac E. Catt 编著的 *Communicology: The New Science of Embodied Discourse*、Ted Nannicelli和Paul Taberham 编著的 *Cognitive Media Theory*、M. Wyglinski 和 Maziar Nekovee、 Y. Thomas Hou 编著的 *Cognitive Radio Communications and Networks*、Bruno G. Bara 编著的 *Cognitive Pragmatics: The Mental Processes of Communication*、David Grace和Honggang Zhang 编著的 *Cognitive Communications: Distributed Artificial Intelligence*, *Regulatory Policy & Economics*, *Implementation*、W. James Potter 编著的 *Theory of Media Literacy* 等等。国内学者也在积极介入“认知传播学”这一领域的研究。2010 年 12 月中国人民大学举办了“传播学与认知科学”研讨会，汇集了新闻学、传播学、广告学、营销学、神经经济学和心理学界的专家学者，共同围绕传播学与认知科学的交流融合作了广泛而深入的学术探讨。2012 年 4 月，四川外国语大学召开了“中国认知传播学会成立暨全国首届认知传播研究高峰论坛”，汇集了国内外各领域的学者，第一次成体系地展开对认知传播领域的研究。国内也翻译出版了罗伯特 · F · 波特和保罗 · D · 博尔斯著的《传播与认知科学：媒介心理生理学测量的理论与方法》。国内学者李彪出版了《传播学与认知神经科学研究：工具、方法与应用》，国内学者蔡骐也发表了《论媒介认知能力的建构与发展》的学术文章。著名学者周鸿铎、欧阳宏生也都在关注“认知传播”研究的学理构建和相关问题。这说明，传播学与认知科学的交叉研究正在展开。

四、认知传播学的研究对象

如前所述，我们把认知传播学定义为一种研究范式，标识为近年来传播学界新出现的学派或思潮，那么它的研究对象势必与传统传播学关注的视角有所不同。传统传播学一般把其研究对象定义为社会信息系统，认为传播学是研究社会信息系统及其运行规律的学科（郭庆光 1999）。但社会信息系统是社会的基本系统，横跨现代社会的各个领域，这样定义显得过于复杂和包罗万象，很难找到一个具体的研究切入点。因此，认知科学与传播学结合，产生了新的体验认知传播观，催生出新的研究切入点，即认知传播学的研究对象是人类传播中的信息和意义的加工与认知改造，心智与传播现象、要素的关系，以及传播活动与人的认知行为密不可分的内在勾连。

4.1 有关信息的加工与传播

关于信息加工的一般原理，Newell 和 Simon 认为，人脑和人工智能的信息加工系统都是操纵符号的。符号是模式，如语言、标记、记号等。在信息加工系统中，符号的功能是代表、标志或指明外部世界的事物。他们认为，信息加工系统都是由感受器、效应器、记忆和加工器组成的。感受器接收外界信息，效应器作出反应。信息加工系统都以符号结构来标志其输入和输出。记忆可以贮存和提取符号结构。加工器包含三个因素：A.一组基本信息过程，如符号的制作和销毁，符号结构的改变、贮存和辨别，比较符号等等；B.短时记忆，它保持基本过程中输入和输出的符号结构；C.解说器，对基本信息结构和短时记忆进行整合，决定基本信息过程的系列。（王甦等 2006；Newell A & Simon HA 1972）

当然 Newell 和 Simon 有关符号系统的学说依然存在着争论，但这个学说比较集中地体现出信息加工作为认知改造的特色。在传播学的应用中，信息加工主要体现在人内传播的领域，即研究传播行为的内部机制，研究人类意识的内部心理活动；信息在人内传播的过程可理解为信息的获得、贮存、加工和使用的过程；从传播效果的研究上，也可以审视信息加工后传播的影响率和成功率。另外，由于人的加工能力有限，人不能处理所有信息，必须采取一定的策略、方案以进行价值判断。因此，查尔斯 · 伯格所提出的规划理论就有了指导性的意义，它可以解释个人是如何规划他们的传播行为的。认知性规划为人们根据特定的目标来构建和利用信息提供了必要的指导（李特约翰等 2009）。

4.2 有关意义的认知、改造与传播

传播者构建和使用信息有不同层面的目标，可以表达情感和引申含义，可以实现某种意图、目标、规划，可以引发回应，可以形成认同和差异，但我们构建信息、加工信息并不仅仅是为了传递信息本身，而是在事实判断的基础上去构建和传播价值判断，即在不同的传播层面上去掌控各种意义。正如路易－让·卡尔维指出的那样，“社会华丽的外衣、社会新闻、照片、广告、服饰系统都是符号，他的目光使读者注意到了意义的问题……他向我们表明，我们生活在一个意义的世界中。”（卡尔维 1997）

奥斯古德认为，意义是内在的，它反映的是某个人对外界刺激的独一无二的体验。当然，相当多的意义并非通过外界刺激的直接体验而习得，而是通过一个符号与另一个符号之间的联系而习得的。这一符号联系的过程就是人们把与刺激物的亲身体验抽象化的过程（Osgood 1969）。伽达默尔的阐释学则强调从文本的审慎而又认真的研究中去解读意义，他认为阐释是日常生活中自然而然的一个组成部分，没有阐释就没有人类。这也为客观主义新闻传播学只呈现事实的悖论向阐释主义新闻传播学过渡提供了理论视角。

在媒介认知的理论视野中，人们不仅要对传播中的事件进行判断，看其符不符合事实；要对其原因、结果进行推论，看其逻辑是否成立；要辨别作者的意图和观点，以及对其产生的政治、经济、历史语境进行认识；还要对信息进行一种价值观上的分析与判断，看看是站在何种立场，代表了何种导向、体现了什么样的价值标准，其核心是对于对与错的认定及对信息的公正性和客观性的判断，并可以进一步上升为对信息所隐含的世界观的透视（蔡骐 2001）。实际上，这种对信息的分析和评判过程，就是人们对信息所包含的意义进行探求的过程。

4.3 对传播过程中与人类认知行为密切相关的诸要素的分析研究

A. 传者与受者、环境、媒介的关系

认知传播学把主体间性引入了传者、受者、环境、媒介的关系

之中，认为在传播活动中既有传者与客观环境的互动，又有传者与受者（人人都是传播者，人人又都是接受者）的互动，也有传者与媒介的互动，客观世界与媒介的互动，媒介与媒介之间的互动……总之，主体间性的引入有助于理解传播活动中人的认知行为的多重互动关系。

B. 从新闻价值到世界价值的判定

人们对世界的认识一部分是通过自已的直接体验，大部分是通过人际交往和传播媒介获得的。媒介作为人与世界的特殊关联物给人们提供了认识世界和建构世界的重要途径。新闻传播通过人工提取有新闻价值的信息进一步转化为编码和符号、包括声音、语言、文字、图画、手势、姿势、表情等范畴，通过特定媒介以及最先进的传播技术，及时提供给人们最能够接近完整性社会及自然宇宙存在的“世界图景”（郝雨 2005）。在认识世界、了解事实的基础上，人们便得以从先验世界中找寻信息背后的意义，完成对事实或世界价值的判断，从而建构各个层面上的意义。

C. 知识传播与传播中的游戏

人类传播中的知识传播值得密切关注。知识的习得与传播和人类的认知行为密切相关。在利奥塔和福柯等人的视域中，知识总是和金钱、权力联结在一起，知识在纷繁复杂的社会关系中，遵循一种什么样的游戏规则，通过哪些路径进行传播,是目前传播学领域中值得关注的对象。

站在后现代哲学的视角，如果把传播视作人们日常生活中的游戏，那么参与性就是第一位的。传播过程既有传播的目的、意图，又强调“活动”，重在参与和对话。传播活动存在多主体、多媒介的互动。游戏必须遵循规则，没有规则游戏就进行不下去，游戏就失去了参与的意义。而这个游戏规则是在传播的过程中不断呈现出来的，即一边进行传播活动，一边了解游戏规则，并使其成为日常生活中的习惯。传播作为一种游戏，是日常的人际活动，是人的基本生活形式。这正如格雷戈里·贝特森所指出的那样“人类不能不传播。人的每一种行为都是一种传播，人们不可能不去传播。”（刘蒙之 2009）

以上只是列举了传播过程中与人类认知行为密切相关的几个要素,还有很多相关领域，如传播者的身份认知、宣传中的說服、谣言的形成机制、传播的互动认知、媒介议程与公众认知等等，都与人类认知行为密不可分，限于篇幅不再一一列举，我们将另文阐述。

五、认知传播学的研究方法

5.1 思辨的研究方法

即分析——综合的传统学术思路，既从认知的角度对人类传播的诸多现象、问题进行具体分析，对信息加工、意义生成、多主体互动、传播效果等传播中的诸多要素发生解构、阐释，又要高度概括研究对象的特点，讲综合，讲整体大于部分之和，总结出具有指导意义的规律和法则。

纪忠慧（2007）在《理论新闻学的范式转变》一文中就具体阐述了刘建明教授的新闻传播学研究取向。刘建明教授强调理论新闻学的逻辑思维和理论演绎过程，重视理论新闻学研究的科学抽象，反对功利化的实用主义研究取向。他指出“没有抽象思维，新闻学就停留在直观、初级的水平上，其理论只能是经验的粗浅概括。”（刘建明 1999）据此，他力求在思辨的基础上确立新闻学的概念体系，建构成熟的理论新闻学的述语模式。

郝雨（2001，2005）也在《建设中国化传播学体系的几个根本性问题》和《“世界图景”——新闻学哲学化研究的一个核心概念》两篇文章中提出了在更为抽象的理论层次上，从描述性研究和现象分析，进一步走向本质和概括性研究，从实践性操作性研究走向学理化科学化研究的相关进路。

5.2 个案分析与实证研究方法

个案分析与实证研究需要大量的事实数据、调查考证，其逻辑实证性很强，要求以具体翔实的材料来构成说服力。如拉斯韦尔对宣传信息的内容分析，他着迷于用表格排列诸如“战争”“国家”“宣传”和“帝国主义”的出现率，由此来分析各国的报纸。他还强调监督日常的编码活动，进而建立编码范畴，解释内容分析的发现，并将结果提供给各种政府机构，以图影响决策。他在实证研究中确立的 5w 传播模式导致了传播学对于宣传效果的重视，为传播学的发展做出了基础性的贡献。（罗杰斯 2005）

在当今大数据时代，采用实验、观察（包括自我观察）和计算机模拟等方法来采集、分析传播活动与人类认知行为的关系，已经受到学术研究机构的普遍重视。中国人民大学建立了传播与认知科学实验室，配备相关设备，用反应时（RT）、生物学特征识别（BIO）、脑电位（EEC）、事件相关电位（ERP）、正电子发射断层扫描技术（PET）、脑磁图（MEC）、功能性磁共振（MRI）和眼动追踪（EMT）等认知科学的实验工具来进行传播现象的多视角阐释，对受众研究、广告效果、营销传播、政治行为、健康传播等交叉领域打开了新的探索之窗。

5.3 文化研究方法

文化研究方法侧重从民族文化、哲学、社会的角度观照和审视认知视角下的传播行为和现象。它强调文化环境对传播主、客体，传播过程、传播效果的影响。一般认为，“文化研究”源于 20 世纪 60、70 年代的英国伯明翰大学当代文化研究所的研究方向和学术成果，它结合了社会学、文学理论、媒体研究与文化人类学来研究工业社会和后工业社会中的文化现象，关注某个社会文化现象是如何与意识形态、种族、社会阶级或性别等议题产生关联。由于传播本质上也是一种文化现象，所以认知传播的相关路径可以借用文化研究的方法。

美籍华裔学者丁允珠（Stella Ting-Toomey）探索了“身份”如何在跨文化语境中与他人的互动中协商产生的问题。她的理论聚焦于文化和种族身份，尤其是在同一文化群体中和不同文化群体之间进行的传播中出现的“协商”过程。她指出身份是在不同的文化语境下进行的传播当中构建起来的，要实现功能性的双重文化主义，成为一个文化变革者，必须具备跨文化能力，即身份认识、觉察力和协商技巧。（李特约翰等 2009）

5.4 跨学科的研究方法

人类进行跨学科的研究已有较长历史，但真正“跨学科”（interdiscplinary）一词的出现是在 20 世纪 90 年代。从此，跨学科研究快速推进，特别是人文与社会学科成为跨学科生发的活跃领域，它们甚至大规模向自然科学和技术学科进行反向渗透。跨学科研究根据视角的不同一般可分为方法交叉、理论借鉴，问题拉动、文化交融等四个大的层次。

认知传播学本身就是跨学科的产物，其核心学科是传播学、认知心理学、认知语言学，其外延学科有后现代哲学、社会学、文化学、计算机科学和神经语言学等。罗伯特·克里格认为，“传播……不是一种能用先前的学科——如心理学、社会学、文化学和经济学可以解释清楚的、从属性的现象；相反，传播本身就是一个构成社会活动的重要过程，它可以被用来解释上述所有学科中存在的问题。”（Graig 1999）从起源、风格和研究方法上看，传播学都具有交叉学科的属性。传播学由于它的开放性和包容性，整合了多学科的理论和方法，克里格进一步描述了用以研究传播学的七种传统的学术立场，即修辞学、符号学、现象学、控制论、社会心理学、社会文化、批判理论（李特约翰等 2009）。我国学者钱钟书认为，“人文学科的各个现象彼此关连，交互映成，不但跨越国界，衔接时代，而且贯穿不同的学科。”（钱钟书 1984)他的皇皇巨著《管锥编》就结合了古今中外 3000 多位作家的作品、言论，考证涉及了语义学、符号学、风格学、心理学、语言学、文化人类学、教育学、心理学、宗教学等多种学科，是国内跨学科研究的里程碑。

需要说明的是，以上研究方法之间的关系经常是交叉的，互相渗透的，而且也不从属于同一层面或范畴的。将它们放在一个静止的平台上分别列举，只是为了分析的方便和阐述的必要。

六、结论

传播学的发展在不同的国家和地区形成了不同的历史进程，美国的传播研究从一开始就采用量化分析的方法，其客观主义再现事实的宗旨十分鲜明，那就是保持可视化和透明性。虽然学界和业界对此从来都存在着争论，但不可否认，在相当长的时间和范围内，定量分析是传播研究的标准方法。而欧洲的传播研究则更多地受到了马克思主义的影响，主要采用批判的或文化研究的方法。当然，这两种不同的学术取向也不是二元对立的，而是双向流动和交叉渗透的。克里格认为，传播作为人类日常体验的中心，是人类生活中必不可少的元素，其具有多样性的特征，传播理论也因此而具备多样性的特征。故而，传播学科就远不会被一种理论或理论体系统一起来，始终会有多种多样的学术研究路径摆在传播学者面前。除非找到一种“超模式”和“超话语”，即对不同理论流派之间的相似和差异的共同理解，在各种理论流派之间建立起联系，理解这个领域内多学科、多视角的研究方法的价值所在(Graig 1999；李特约翰等 2009）。

本文所阐述的认知传播学，不是传播学的二级学科，也不代表传播学的分支学科，而是定位于目前传播学界近年来兴起的一个学派或思潮，可以视作传播学研究的认知转向。它也不是单一的理论，而是代表一种立场范式、一种超学科的研究视角。我们认为，认知传播学的提出,是在体验认知传播观的指导下，聚焦于人类社会传播过程中信息与意义的产生、加工和认知改造，心智与传播现象、各要素的内在关系等等，其核心是要揭示传播与人类认知行为之间密不可分的机制。我们提出这一新的学术取向，力图为传播学研究的目前状态增添活力，找到可以争论的重要话题，为进一步拓宽深化传播理论的学术领域，形成其学科的“超模式”和“超话语”提供新的立场和视角，促进传播学领域的理论和学科整合。

参考文献

[1] Eicher–Catt, D. & Eicher–Catt, I. 2010. *Communicology: The New Science of Embodied Discourse*[M]. Madison: Fairleigh Dickinson University Press.

[2] Grace, D., Zhang Honggang. 2012. *Cognitive Communications: Distributed Artificial Intelligence, Regulatory Policy & Economics*[M]. Hoboken: John Wiley & Sons, Inc.

[3] Graig, Robert. 1999. Communication Theory as a Field[J]. *Communication Theory*(9): 123 .

[4] Lakoff & Johnson. 1980. *Metaphors We Live by*[M]. Chicago and London: University of Chicago Press.

[5] Lakoff & Johnson. 1999. *Philosophy in The Flesh ： The Embodied Mind and It's Challenge to Western Thoughts*[M]. New York: Basic Books.

[6] Lanigan, R. L. 1995. *The Human Science of Communicology: A Phenomenology of Discourse in Foucault and Merleau-Ponty*[M]. Philadelphia: Penn State University Press.

[7] Nannicell, T. & Taberham, P. 2014. *Cognitive Media Theory*[M]. London: Routlrdge.

[8] Newell, A. & Simon, H. A. 1972. *Human Problem Solving*[M]. Englewood Cliffs, New Jersey: Prentice Hall, INC.

[9] Osgood, Charles. 1969. *Semantic Differential Technique in the Comparative Study*

of Cultures[M]. Chicago: Aldine.
[10] Shannon, C. E. & Weaver, W. 1964. *The Mathematical Theory of Communication* [M]. Chicago: University of Illinois Press.
[11] Wyglinski, M. Nekovee, M & Hou, Y. T. 2010. *Cognitive Radio Communications and Networks*[M]. Amsterdam: Elsevier.
[12] 蔡骐. 2001. 论媒介认知能力的建构与发展[J]. 国际新闻界（5）.
[13] 丹尼尔・麦奎尔. 2011. 特新大众传播理论[M]. 陈芸芸、刘慧雯译. 台北：韦伯出版社: 22.
[14] 范国豪. 2013. Gianni Vattimo的后现代传播理论[D]. 硕士论文. 台湾政治大学.
[15] 郭庆光. 1999. 传播学教程[M]. 北京：中国人民大学出版社：8.
[16] 胡正荣. 1997. 传播学总论[M]. 北京：北京广播学院出版社：23.
[17] 郝雨. 2005. “世界图景”——新闻学哲学化研究的一个核心概念[J]. 当代传播（2）.
[18] 罗伯特・F・波特, 保罗・D・博尔斯. 2012. 传播与认知科学：媒介心理生理学测量的理论方法[M]. 支庭荣等译. 北京：清华大学出版社.
[19] 刘建明. 1999. 现代新闻理论[M]. 北京：民族出版社: 8.
[20] 罗杰斯. 2005. 传播学史——一种传记式的方法[M]. 殷晓蓉译. 上海：上海译文出版社：196-198, 433.
[21] 刘蒙之. 2009. 人类不能不传播——格雷戈里·贝特森及其学术思想[J]. 理论界（1）.
[22] 路易－让・卡尔维. 1997. 结构与符号——罗兰・巴特传[M]. 车槿山译. 北京：北京大学出版：267.
[23] 钱钟书. 1984. 诗可以怨[A]. 比较文学论文集[C]. 北京：北京大学出版社.
[24] 让－弗朗索瓦・利奥塔尔. 1997. 后现代状态：关于知识的报告[M]. 车槿山译. 上海：三联书店.
[25] 斯蒂芬・李特约翰, 凯伦・福斯. 2009. 人类传播理论（第九版）[M]. 史安斌译. 北京：清华大学出版社: 19, 6-8, 9, 105-106, 148-149.
[26] 邵培仁. 1997. 传播学导论[M]. 杭州：浙江大学出版社: 63-64.
[27] 王寅. 2006. 认知语法概论[M]. 上海：上海外语教育出版社.
[28] 王寅. 2008. 认知语言学的“体验性概念化”对翻译主客观的解释力——一项基于古诗《枫桥夜泊》40 篇英语译文的研究[J]. 外语教学研究（3）.
[29] 王甦，汪安圣. 2006. 认知心理学[M]. 北京：北京大学出版社:1-3.
[30] 张威. 2003. 比较新闻学：方法与考证[M]. 广州：南方日报出版社.

认知传播学：超学科研究的增长点

刘玉梅

摘　要： 本文以超学科理念为视角，尝试探讨传播学的超学科动力特点，指出认知传播学是超学科动力推动下的学科新增长点，认为认知传播学尚需在学科整合与分离、理论整合与分离中确立自己的理论基础、研究方法、研究目的和主题内容，形成具有自身元结构的自适性，这样它才会有强大的生命力。

关键词： 认知传播学；超学科；研究；增长点

一、引言

学科是按照一定科学领域或学问性质划分的学术分支，是高等学校人才培养、教学科研、文化传播的基础，是实现大学使命的平台，也是大学自身竞争力和综合实力的体现。学科一般要依循科学发展的规律和社会发展的需要形成合理结构。但学科并非一成不变、僵化同质、堡垒森严的封闭结构，否则就会陷入学科本位主义的陷阱中，造成学科割裂的零散局面。本文以超学科理念为视角，尝试探讨传播学的超学科动力特点，指出认知传播学是超学科动力推动下的学科新增长点。

1.1 超学科理念的提出

超学科[①]（transdiciplinarity）概念是20世纪70年代在单学科、多学科、跨学科概念的基础上发展而来的一个新概念，主要关注不同学科领域之间知识的互动与整合，是学科间融合的最高层次。Jantsch（1970）在论及教育或创新系统时首次使用了这个术语，提出用系统理论和新兴认识论模式来研究如何在更大的社会范围内进

① 蒋逸民（2009）“作为一种新的研究形式的超学科研究”专门论及了学科从分化到综合的趋势以及超学科研究的目标、重点、步骤和条件。

行知识重组，使之成为分层目标导向的系统，以解决人类所面临的更加复杂的问题。Funtowicz和Ravetz(1993)的“后常规科学（post-normal science）、Gibbons et al. (1994)的“第二代知识生产模式”等概念都是对超学科理念的进一步阐释和发展。

纵观学科发展史，其大致经历了综合性学科—单学科—多学科—跨学科—超学科的模式，逐渐出现了学科分化到学科综合的大趋势。19世纪末20世纪初，自然科学的经典逻辑观导致了学科的极大分化，学科间的边界意识不断得以强化，即使同一学科内部，因为关注点不同或者存在立场差异、话语纷争所带来的张力，导致既有学科内部各自自设边界、画地为牢，甚至老死不相往来的格局。学者们似乎乐此不疲地用抽象的学科话语和符号构建各自的学科世界。虽然20世纪中叶出现的多学科、跨学科进路试图整合与综合不同学科范式，但目的更多地是为了本身学科发展，未能完全跳出学科本位的壁障，因而出现了表层拼合、简单嫁接、东拼西凑的现象，并未形成深层的、整体的、系统的理论体系和操作方法。

超学科作为一种学科发展的取向（orientation）或进路（approach）有其后现代哲学基础。20世纪70年代兴起的后现代哲学思潮反对经典逻辑的还原论，秉持“1+1≥2”整体论，倡导以“去中心、超基础、多元化”的态度面对现实世界复杂问题，这也极大冲击了一分为二画地为牢的学科分类和发展方式。在此背景下超学科的学科研究进路应运而生，目的在于通过协调和整合不同学科范式来获得对整体现实世界的认识，应对所面临的复杂问题。图1区分了学科间融合的不同模式。

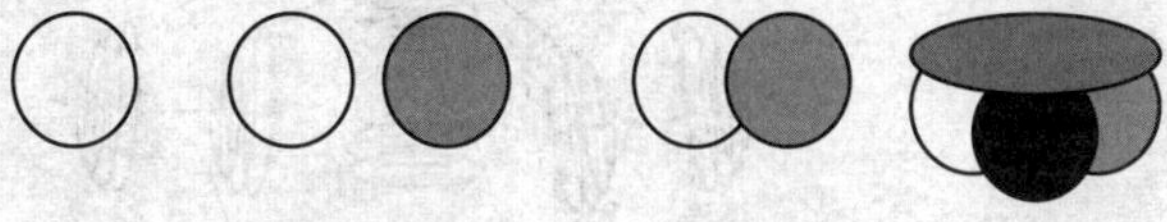

图1　学科间融合模式（修改自Joy de Leo, 2009：23）

图1可见，多学科和跨学科发展对多个学科间的协调和具体合作范式强调不足，“这种合作还比较初步，仅仅限于研究结果的汇总，概念、认识论、方法论和学科之间的融合或整合程度都不高”（蒋逸民 2009），是一种朴素的学科合作关系。然而，超学科倡导协同作用和整体效应，不仅仅是将各个学科的信息进行简单地叠加或混合，也不仅仅是各部分的总和，而是不同学科范式的整合效应，目标在于对真实世界的各种复杂问题提供新视野和创造性的解

决方案。这就需要不同的学科贡献自己的基础知识，并形成深度整合的知识构架。（Somerville 2000：xv，5）譬如，微生物学的发展将免疫学、遗传学、细胞生物等学科连接在一起，贡献自己的知识，形成整合性知识解决面临的共同问题。

学科间的协同整合、交叉集成会形成超学科向量，推动新兴学科的涌现，并对母学科起到反哺作用。日本学者小泉英明（周家仙 2010:139-142）构建了超学科知识发展模型来说明超学科向量推动下新兴学科发展的可能性。如下面图2和图3所示的学科演化过程，成熟学科应该打开知识壁垒，通过一种动态的元结构来促进学科的融合与新的分化。

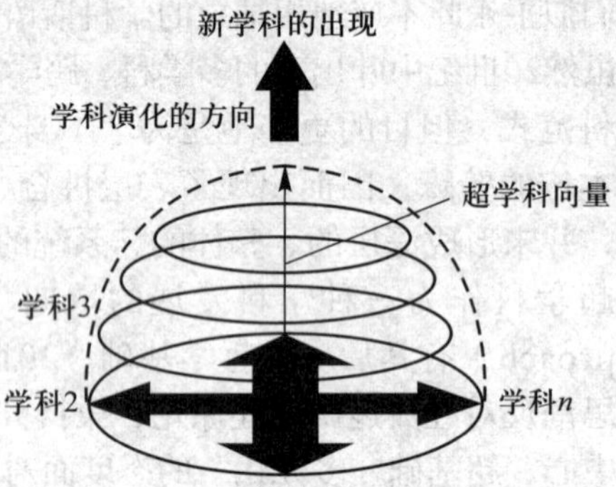

图2 超学科向量的推动作用

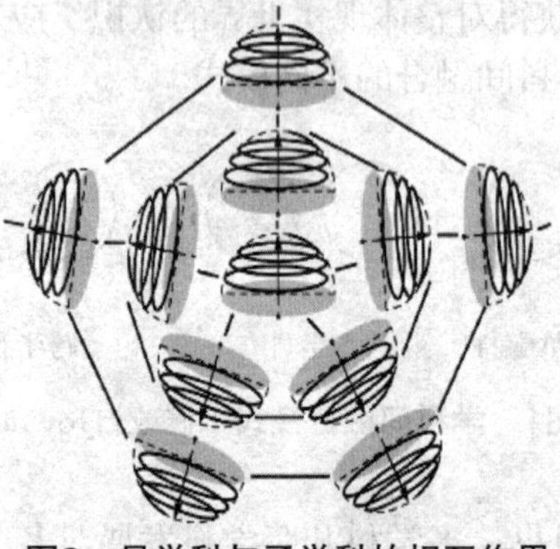

图3 母学科与子学科的相互作用

小泉英明认为，在这种元结构下，不同学科推动着知识发展，但在这种推动力积累到了一定程度而产生适应性时，学科就适应了其自身发展。假如两个已经确立的学科之间的跨学科合作不足以促进学科融合，就需要多种学科作为推手来推动超学科研究领域的出现。相关学科之间桥梁的建立会逐渐推动一门具有独特方法与组织的子学科的产生，这一子学科一旦形成就可进入动态元结构的发展过程，作为一门已经确立的学科来对超学科的进一步发展发挥作用。反之，它还可反哺母学科。这整个过程同时并存于许多学科中，从而创造一种动态知识发展模式。可见，超学科理念主张以超越学科的眼光和胸怀反思原有学科之不足，突破学科知识的边界和壁垒，拓展认知层面，在超学科向量推动下形成开放的知识构架，孕育新学科的产生，是学科发展成为一种可持续性过程，这样更利于人才培养和可持续教育的发展。联合国教科文组织在《联合国教育促进可持续发展十年（2005—2014）国际实施计划》中就指出，可持续发展教育应该“以一种学科间的和整体的方式嵌入到课程中，而不是作为一门单独的学科”，它还呼吁各国政府“反思现有的课程……以一种超学科方式理解社会、经济、环境和文化的可持续发展”。（UESCO IIS 2005:18-22）因此，超学科视阈下的学科建设，不但有利于新知识的创造，还有利于在教育中将不同的知识整合成一个比较完整的知识形态，弥补人才培养中的单一性。

二、传播学的超学科发展

2.1 传播学的超学科动力

传播是人类社会的基本现象，要想对这样一个领域作出总结是非常困难的，因为“它没有只属于它自己的土地。传播是基本的社会过程”（Wilbur Schramm 转引自罗杰斯 2005）。可以说传播无处不在，无处不有。从历史角度看，传播现象的思考可以追溯到古代文化。柏拉图、亚里士都德、孔子等古代智者都试图通过辩论、对话、游说等传播形态探索真知，反映真知，再现真知。

但是，传播学正式作为一门新兴社会学科登场是在20世纪中期。其标志在于传播学之父Wilbur Schramm建立了第一个大学的传播学研究机构，编著了第一本传播学教科书《大众传播学》，授予了第一个传播学博士学位，成为了第一个具有传播学教授头衔的人。在前人研究的基础上，Schramm利用了美国的新闻学、社会学、心理学、政治学等综合学科来开展传播研究，实施博士课程的授课，逐渐创立了传播学。（罗杰斯 2005）

考察传播学发展的源流，无论是欧洲源流还是美国源流，该学科的早期学术思想的孕育无不显示着超学科研究的特点。不难看出，传播学作为一门新兴学科自正式诞生之日起，就带有浓厚的超学科特点，是超学科动力推动下而发展起来的。正是由于这种超学科动力，传播学的发展不仅与新闻学、社会学、政治学、修辞学、心理学、哲学、人类学、语言学等传统学科彼此缠绕，相互影响和渗透，还迅速与信息科学、通信工程学、后现代哲学、认知科学等新兴学科或思想整合，汲取新的养分，不断生发出新的子学科。事实上，可以毫不夸张地说，传播学几乎与所有人文社会学科都可能交融，是人文社会学科领域的超学科动力推动下产生的一门最具生命力的新兴社会学科之一。认知传播学正式在超学科动力下产生的传播学新兴子学科。

传播学的学科发展演化过程可以用图2作出较好的解释。首先，新闻学、社会学、心理学、政治学、修辞学学等诸多学科共同关注传播研究，但是又具有独特的研究方法和话语，使得一个领域在应用另一个领域的知识解决传播问题时极度困难。这就会产生一个动态的元结构促进新闻学、社会学、心理学、政治学、修辞学等已经成熟的不同学科打开知识的疆界，跨越知识的壁垒，通过融合和整合这些学科的知识、技能和方法，形成超学科向量，解决共同关注的问题。超学科向量推动新闻学、社会学、心理学、政治学等相关学科之间桥梁的建立并推动具有自身特点和组织的子学科——传播学的出现。传播学一旦成为一门成熟学科，又会进入动态的元结构发展过程，与人类学、哲学、语言学、信息科学、通信工程学、后现代哲学、认知科学等学科互动整合，从而延伸而产生出新的子学科，认知传播学也就应运而生。

从图3可见，除了对学科交叉的发展继续作出贡献外，新建立的超学科领域也可以反过来对母学科产生影响。伴随着新学科的产生，人类对世界认识的新知识得以创造。传播学的超学科知识发展过程升华了人们对无处不在、无处不有、难以界定的人类传播现象的理解和把握。这也印证了Gibbons et al. (1994)提出的“第二代知识生产模式”的可能性。

也许正是由于超学科动力的推动，传播学在纵向和横向两个维度上迅速发展起其学科构架，该学科的内涵与外延也在不断的拓展与更新。就纵向维度而言，传播学从本体内部所关涉的传播者、信息、谈话、关系、群体、组织、媒介七大主题，勾勒出人内传播、人际传播、群体传播、组织传播、大众传播等五个具有传播学性质的亚学科（我们姑且定义为微观传播学或普通传播学general communications）。就横向维度而言，传播学与其他学科交叉融合发展出跨文化传播、人类传播学、社会传播学、政治传播学、语言传播学、修辞传播学、教育传播学、文艺传播学、体育传播学、视觉传播学、法律传播学、广告传播学、经济传播学等交叉传播学学科（interdisciplinary communications）或宏观传播学。横向发展起来的新兴子学科推动着传播学本体研究的发展，而传播学本体研究为新的子学科的发展积蓄新的力量和可能性。传播学学科体系的发展可用图4表示。

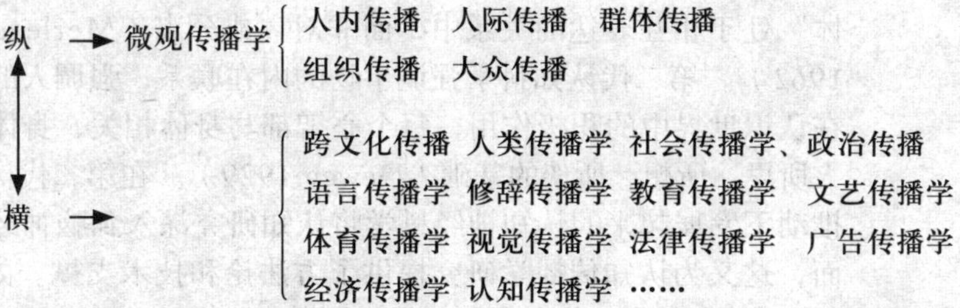

图4　传播学学科图

2.2 新的学科增长点：认知传播学

21世纪以来，迅猛发展的第二代认知科学和认知语言学极大推动了传播学的发展，在新的动态学科元结构中，超学科动力推动着又一门新兴交叉学科——认知传播学的诞生，如前图所示。然而，新诞生的认知传播学要想作为一门学科迅速发展起来，尚需要其他相关学科的继续推动，直到建立独特方法与组织结构。我们认为，这一过程的关键在于以下四个方面：第二代认知科学的支持，体认传播观的纲领性指导，跨域理论概念的应用和创新，研究方法的借用和创新。

（1）第二代认知科学的支持。认知科学是20世纪50年代末期认知革命的产物，本身就是具有强大超学科动力的新兴学科，关涉心理学、哲学、语言学、神经科学、计算机科学、人类学等学科。其发展经历了两个阶段。第一代认知科学从客观主义哲学观出发，坚持身心二元论立场，将认知过程的产生视为与符号操作的特定规则有关，而实现这一操作过程的物质载体——身体，无关。第一代认知科学家Shannon 和Weaver提出的“数学传播模型”便试图解决传播过程的基本模式。其方法论和学术立场主要受到英美分析哲学的影响，以可观察、可测定、可量化、价值无涉的经验观察方法考察社会现象或社会行为，但却忽略了作为传播主体的主观能动性、心智体验性和精神活动。

20世纪70年代以后进入第二代认知科学时期，它在哲学、心理学、语言学界提出了一系列反对客观主义哲学观、信息加工理论、生成语法理论的观点。第二代认知科学从后现代哲学角度出发，力主取消主体与客体、内在与外在、心灵与身体的二元对立，倡导一元论的思想，主张把心灵的根源放在身体之中，放在世界之中，认为肉体（flesh）即有生命的身体，“身体-主体”处于相互表达的关系中，而非对立或分离（Merleau-Ponty 1962）。第二代认知科学强调事物的内在联系，强调人的体验性在认识世界中的积极作用，每个心智都与身体相关，身体经验是人所思、所想、所谈的基础（Dewey 1929）。在第二代认知科学推动下发展起来的认知神经科学将认知研究深入到脑神经科学层面，这又为认知传播学研究提供了方法论和技术支撑。如Potter & Bolls（2012）的*Psychophysiological Measurement and Meaning: Cognitive and Emotional Processing of Media*开篇便提出了大脑的体验性（涉身性）问题，试图以此为出发点探讨媒介心理生理测量的理论与方法。

（2）关于“体认传播观的纲领性指导”，请参见王寅先生在“基于后现代哲学的体认语言学之传播新观”一文中的详细阐释。

（3）跨域理论概念的应用和创新是发展认知传播学的关键之一。Fauconnier & Turner （2002）指出，人类思想史便是一部整合分化史。概念的创新或浮现都涉及跨域应用或创新。例如，“意义体认观”是王寅先生基于体验哲学、认知语言学提出的一个语言学术语，一系列的体认原则完全适用于传播学领域的研究。识解观是Langacker基于格式塔心理学、认知心理学提出的一个语言学术语，其中认知域、背景、视角、突显和详略度等参数可用于解释媒体报道中信息的筛选，角度的选择，焦点的突出等方面。这些概念在认知传播学中的应用请参考赵永峰“认知传播学刍议——以CCTV和CNN索契冬奥会报道为例”。

（4）认知传播学的发展还有赖于研究方法的借用和创新。传播学一般借用哲学、社会学、符号学、心理学的研究方法。在超学科推动下，认知传播学还可借用认知科学、认知神经科学、认知心理学、认知语言学等领域的研究方法，并在发展中创新自己的研究方法。

三、结语

传播学具有强大的超学科动力，在此动力推动下产生的交叉学科——认知传播学，具有学科前沿优势。促进该学科知识增长的关键在于第二代认知科学的支持、体认传播观的纲领性指导、跨域理论概念的应用和创新、研究方法的借用和创新。作为一门新兴学科，认知传播学尚需在学科整合与分离、理论整合与分离中确立自己的理论基础、研究方法、研究目的和主题内容，形成具有自身元结构的自适性，这样它才会有强大的生命力。

参考文献

[1] Dewey, John. 1929. *Experience and Nature* [M]. London: George Allen & Unwin, Ltd..

[2] Fauconnier, G. & M. Turner. 2002. *The Way We Think: Conceptual Blending and the Mind's Hidden Complexities* [M]. New York: Basic Books.

[3] Funtowicz, S. & J.R. Ravetz. 1993. Science for the Post-Normal Age [J]. *Futures* (25), 739-755.

[4] Gibbons et al. 1994. *The New Production of Knowledge: The Dynamics of Science and Research in Contemporary Societies* [M]. 陈洪捷（译）.北京：北京大学出版社.

[5] Jantsch, E. 1970. Inter-and-transdisciplinary University: A System Approach to Education and Innovation [J]. *Policy Sciences* (1): 403-428.

[6] Joy de Leo. *Learning for a Peace and Sustainable Future* [M]. 2009. 陈敏译.《世界教育信息》（6）.

[7] Merleau-Ponty, M. 1962. *Phenomenology of Perception* [M]. Trans. By C. Smith. London: Routledge and Kegan Paul.

[8] Potter, R. F. & P. D. Bolls. 2012. *Psychophysiological Measurement and Meaning: Cognitive and Emotional Processing of Media* [M]. 支庭荣等译。北京：清华大学出版社。

[9] Somerville, M. A. and D. J. Rapport. 2000. *Transdisciplinaryity: Recreating Integrated Knowledge* [M]. Oxford: EOLSS.

[10] UESCO IIS. 2005. International Implementation Scheme for the United Nations Decade of Education for Sustainable Development (2005-2014).

[11] 蒋逸民. 2009. 作为一种新的研究形式的超学科研究[J]. 浙江社会科学（1）：8-16

[12] 罗杰斯. 2005. 传播学史[M]. 殷晓蓉译. 上海：上海译文出版社.
[13] 周家仙（译）. 2010. 理解脑——新的学习科学的诞生[M]. 北京：教育科学出版社.

体认视角下的传播研究

——以CCTV和CNN索契冬奥会报道为例

赵永峰

摘　要：传播学自20世纪30年代正式诞生以来，经历了符号学、现象学、控制论、社会文化、社会心理、批判学派、修辞学七大范式的嬗变。随着认知科学的发展，及其研究成果被广泛应用于其他学科的研究，在国际学术界大有一种认知转向的潮流在涌动。基于这一背景，本文以CCTV和CNN对索契冬奥会的报道为例，提出基于体验认知视角下的传播研究新路径：从认知科学的概念化和范畴化、隐转喻、理想化认知模型、认知参照点和空间融合等维度为切入点，阐述这一新路径的可能发展方向，从而为传统的传播学研究注入新活力。

关键词：传播学；认知；认知语言学；索契冬奥会

一、引言

纵观历史，传播学已经形成了七大范式：符号学、现象学、控制论、社会文化、社会心理、批判学派、修辞学。但自20世纪70年代，随着认知科学突飞猛进的发展，认知科学已经与包括理工科和社会科学在内的学科进行了深度融合发展，实现了人类科学研究认知范式的华丽转身，它们力图从不同的角度出发，通过相关学科的研究与人类认知相结合，揭示人类大脑的奥秘，以推进相关学科的发展。那么，随着传播学的发展与其发展中遇到的瓶颈，传播学与认知科学的结合，为传播学的发展提供了新路径，与此同时，这种结合也必将推进认知科学的发展。本文拟以CCTV和CNN对2014年在俄罗斯索契（Sochi）召开的第22届冬季奥林匹克运动会（以下简称索契冬奥会）的报道为例，探析体验认知视角下的传播研究新路径。

二、新媒体时代学科融合发展

随着科学技术的发展和社会文化的进步，传播已经从刚开始的单一模态发展至多模态传播模式，前者主要是平面媒体，它主要依赖文字传播，后者主要指依赖声音、影像、动画等形成的多模态传播信息。特别是现代互联网的发展，使得远距离传输大量信息成为现实，人类已经摆脱了传统的、单一的文字传播信息的时代。需要指出的是，这种技术的进步是近几十年的事，例如，在当前互联网时代，人类的传播已经从单一模态走向了多模态，并且以现场直播的形式传播到世界各地，例如当索契冬奥会开幕式出现奥运五环打不开时，成为四环时，这一信息通过媒体立刻被传播到了世界各地：

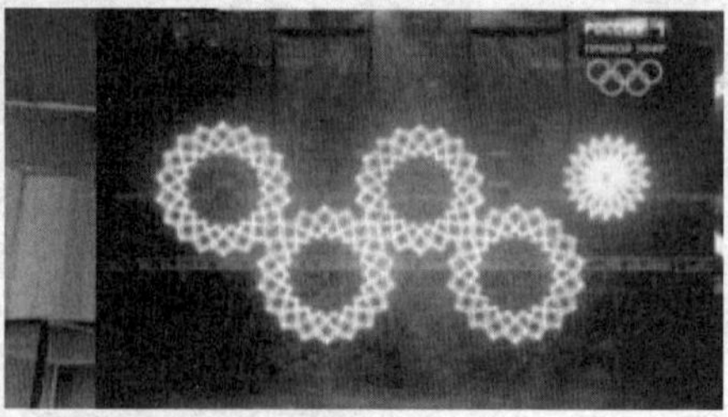

图1 “固执的雪球”（来自CNN）

当时，CNN用“The Stubborn Snowflake”（固执的雪球）为题，将其列为“15个索契冬奥会最为值得记忆时刻”之首进行了放大报道。通过图片、声音和文字等模态，传播者高效率地传播了想要传播的信息。

新媒体的出现也对传播学带来了巨大挑战。新媒体是新的技术支撑体系下出现的媒体形态，如数字杂志、数字报纸、数字广播、手机短信、网络、桌面视窗、数字电视、数字电影、触摸媒体等。相对于报纸、广播、电视、杂志四大传统意义上的媒体，新媒体被形象地称为“第五媒体”。较之于传统媒体，新媒体自然有它自已的特点。新传媒产业联盟秘书长王斌指出：“新媒体是以数字信息技术为基础，以互动传播为特点、具有创新形态的媒体。”事实上，新媒体的出现，使得人人都可能成为新闻的创作者和传播者，例如CCTV同时开通了二维码、博客、微博、微信等互动平台，通过互联网实时更新数据，并提供了网名互动留言平台；而CNN开通了Ireport、Blog、Twitter、Face Book等平台，网民可以进行互动交流。

另一大背景是基于大数据年代，信息量的剧烈增加既为传播学提供了发展条件也提出了巨大挑战。其实早在1980年，著名未来学家阿尔文·托夫勒便在《第三次浪潮》一书中，将大数据热情地赞颂为“第三次浪潮的华彩乐章”。不过，大约从2009年开始，“大数据”才成为互联网信息技术行业的流行词汇。随着移动通信技术、云计算、物联网等技术的发展，数据的积累更加便捷，但一般认为，数据量越大，价值越小（朱天 2014认知传播学会议）。

三、认知视角的传播研究

一个学科的发展需要汲取其他学科的研究成果，特别是社会科学的发展离不开其他学科的研究方法和理论（张耀铭 2011:107）。诚然，认知传播学是传播学与认知科学、认知语言学的交叉学科，即在新媒体、大数据和多模态传播学背景下，致力于吸取认知科学和认知语言学的研究成果，运用它们的研究方法，系统考察传播学研究的范畴，揭示人类传播的认知机制。

自20世纪70年代以来，认知语言学在后现代思潮下，以体验哲学为其哲学基础，力主运用认知科学的研究成果，通过研究语言，揭示人类的认知机制。在这一发展过程中，逐渐探析了范畴化（categorization）、隐转喻（metaphor-metonymy）、意象图式（image schema）、理想化认知模型（idealized cognitive model）、认知参照点（cognitive reference point）、概念融合（conceptual blending）等基本认知方式。

传统传播学片面追求传媒的客观性，跳过了人类中间认知阶段，而在后现代思潮下，特别是体验哲学，坚持认为，我们的一切体验表达和传媒体现都是基于人类的认知加工和互动体验，这也就是说，传播的内容都是经过了人的认知加工，具有人的烙印，具有主观体验性，即传播者通过对新闻事件进行认知加工，形成自己视角的传播信息，然后通过媒体进行传播。本文以CCTV和CNN对索契冬奥会的报道为研究素材，考察这些基本认知方式在新传媒时代发挥的作用。

3.1 概念化和范畴化

认知语言学认为，概念是对现象的抽象，它是一类事物的属性在人们主观上的反映，故概念就是一个类名（class name），所代表的是该类事物的一种或数种共同属性概念，也就是说，概念是用符号或文字表达出来的想法。

从以上定义我们可以推理出以下基本观点：

（1）概念不是现实世界客观存在的客体，它只是人们为了方便存储所接收到的外部信息。

（2）把概念和表达这一概念的术语区分开来。所以概念包括两个部分：术语与定义。术语为一个概念正名，一个概念必然有一个术语加以表达，以方便表述；定义是对概念的内涵或语词的意义所做的简要而准确的描述，认识主体使用判断或命题的语言逻辑形式，确定一个认识对象或事物在有关事物的综合分类系统中的位置和界限，使这个认识对象或事物从有关事物的综合分类系统中彰显出来的认识行为。例如，梁启超在《中国学术思想变迁之大势》第三章第五节中指出，"大抵西人之著述，必先就其主题立一界说，下一定义，然后循定义以纵说之，横说之。"而毛泽东在《延安文艺座谈会上的讲话·结论》中说道，"我们讨论问题，应当从实际出发，不是从定义出发。"

（3）概念一旦形成并有了名词以后，人们就暂时抛开概念化过程的心像而用名词、术语进行沟通。

一般而言，可以将概念划分为三类：

（1）物体概念，此类概念所指的是两种对象：主要包括东西（thing）和东西的属性。例如，男人、小孩、学校；大、小、软、硬。

（2）事件概念，两种对象：主要包括事件（event）和事件的属性。例如，战争（激烈）、唱歌（优美）。

（3）关系概念，所指的东西、事件及属性之间的关系。例如文化、习惯、家庭系统、社会化等。

而范畴化是一种基于体验，以主客体互动为出发点，对外界事物进行主观概括和类属划分的心智过程，是一种赋予世界以一定结构，并使其从无序转向有序的理性活动，使世界由混沌走向清晰，是人类认识世界的一种基本方式。语言反映着我们认知世界的方式。纵观人类研究，主要有自亚里士多德开创的经典范畴观，认为必须以充分必要条件和二元互斥论来界定范畴成员，范畴的边界是明确而清晰的，范畴内的成员地位是平等的，即遵循非此即彼的逻辑关系。而认知科学家发现，一个范畴内的成员是模糊的，有些成员具有典型特征，有些具有边缘特征，例如麻雀和企鹅虽然都属鸟的范畴，但麻雀可以看做是鸟范畴的典型成员，而企鹅被一般人认为属于鸟范畴的边缘成员。

在对索契冬奥会进行报道时，传媒界一般都是尽可能地将其看作体育事件，与政治脱钩，乃至于在西方人眼中看来，这种范畴也受到了挑战，比如美国总统和法国总统就明确表示不出席本次冬奥会的开幕式，乃至于西方国家部分地抵制了第22届冬奥会。另据BBC 2014年2月7日报道，国际奥委会主席托马斯·巴赫在开幕之前，明确告诉俄罗斯总统普京开幕式讲话时不要将体育与政治联系在一起，乃至于普京总统在开幕式中只讲了一句话，宣布第22届冬奥会开幕。

当然各大媒体在报道冬奥会时，还是尽可能地进行范畴化，比如CCTV和CNN都设立了冬奥会特别报道栏目，专门开辟了观众通过新媒体互动平台，而在报道比赛项目时，也是按照冬奥会项目设计进行报道，这也就是遵循了一种范畴化。在具体报道的时间轨道上，也对冬奥会的开幕式、比赛项目和闭幕式进行范畴化，而不是按照一种意识流的方式随意进行报道。认知传播学认为，在对一个事件进行范畴化时，为了达到传播之功效，使接受信息的人能够更好更快地接受传播者要传播的信息，一般要按照时间顺序对一个事件进行范畴化，但是这种范畴化的过程依然存在人的主观加工，也就是永远不可能达到所谓的“客观”。

诚然，从CCTV和CNN的报道来看，不管是媒体人还是普通受众，其实都没有将其列为纯粹的体育事件，比如各个国家的奖牌榜以国家为界（国家本身就是一种政治性极强的组织机构），政治人物出席与否，等等都使得这些事件不可能是纯粹的体育事件，这也是认知语言学和认知诗学在范畴观上的基本观点：范畴之间的界限是模糊的，范畴成员之间的地位具有不平等性。

3.2 隐转喻

隐喻在希腊文中原意“转换”。希腊辞源“μετά meta”（之间）及“φέρω phero”（带有）之意。因此，隐喻在英文中就有其隐喻式的意涵，暗指“将意义由某事物转移至另一事物”。长期以来，隐喻被认为是一种修辞，但Lakoff 和 Johnson（1980）颠覆了这一持续了两千多年的隐喻观，提出隐喻具有体验性，是一种自动的、无意识的思维模式，隐喻推理使得大部分抽象思维成为可能，从这一点出发，隐喻更是一种人类基本思维方式。

在进行新闻传播时，体育赛事中国家奖牌榜常常被隐喻为国家实力和尊严，所以不管是在哪一次比赛中，组织者都要每天发布奖牌榜，并且最后奖牌榜都要由组委会统一发布，这本身就是一种隐喻。

而在具体的语言层面，隐转喻是新闻媒体工作者使用的最为重要的语言策略，一则为了使语言生动，二则为了使语言简练。比如CNN在报道加拿大队时，就用了这样一句表达：

[1] Canada's four-man bobsleigh team, made up of pilot Justin Kripps, pushman Jesse Lumsden, pushman Cody Sorensen and brakeman Ben Coakwell, crashes during a heat Saturday, February 22.

"heat"一词，在英语中长作为名词指，热，热度，高温；热烈，激烈；（身体的）发烧，发热；发情，作为动词指"使温暖，使热；激发……的感情，使兴奋"，而在这里是指"过快的速度"，这也与兴奋有关。而在新闻报道中，我们发现不管是CCTV还是CNN都使用了大量的战争术语报道赛事，比如输赢、战胜、落败等等。

在认知语言学看来，转喻是指用一个概念指称另一个概念，在体育报道中，记者大量要使用转喻机制来进行新闻报道，比如索契在CCTV和CNN都被广泛用来指称在索契举行的第二十二届冬季奥林匹克运动会，并且往往用一个国家的名字代替运动员。例如：

[2] The Canadian team slides down the course upside down after the crash on February 22.

上面例子中，确切的是加拿大的几个队员，而不是加拿大整个队员，那么这里就是整体代部分。再看例句：

[3] The Finnish men's hockey team celebrates a goal during the bronze medal game against the United States on February 22.

上例中，直接用the United States 代表了"美国队队员"，依然是典型的整体代部分。

3.3 理想化认知模型

据王寅（2007：203）之观点，人类的认知过程就是不断认识事体、理解世界的过程，是人类运用诸如推理、概括、演绎、监控和记忆等心理活动的过程，一般说来，这个过程起始于互动式的感知体验、意象图式、范畴化和概念化。我们在与现实世界互动体验的基础上，形成了意象图式，建立了认知模型（Cognitive Model），多个认知模型可构成一个理想化的认知模型。

在认知传播学看来，不管是传播者还是被传播者都有一个基于自己知识系统和认知方式的理想化认知模型，例如关于一起新闻事件的报道就要完成陈望道在1932年提出的“六何”：何人、何物、何时、何地、何故和如何。当然，从传播者的角度出发，他们在选择报道事件时，在何人上面主要考虑是不是属于同一个国家，这是选择报道对象时的首要意识形态，例如CCTV报道基本上是选择报道有中国运动员参加的，并且当同时有几个运动员参加比赛时，主要精力用来报道在报道者看来更可能获得金牌或者获胜的比赛选手，而CNN的报道主要集中于报道美国选手的比赛。而作为被传播者的观众，其实在接受传播信息时，也会有自己的理想化认知模型，比如正在转播的比赛是不是有自己国家队员参加，自己国家队员是否获得金牌的可能等等认知模型。

3.4 认知参照点

认知科学认为，运用参照点是人类的基本认知能力之一。据笔者现有文献，最早提出认知参照点思想的是格式塔心理学（Gestalt Psychology）创始人[①]之一的Max Wertheimer，他首次使用了“感知中的固定点（Anchoring Points in Perception）”这一概念，认为有些“理想的种类”会充当感知中的固定点。后来，认知心理学接受并发展了这一理论，特别是自Rosch （1973）在《认知心理学》期刊发表“自然范畴（Natural Categories）”一文提出原型范畴理论之后，她于1975年又在《认知心理学》期刊上发表“认知参照点（Cognitive Reference Points）”一文，她通过一系列心理学实验（主要包括颜色、线条方向和数字），运用认知参照点理论进行非对称比较，发现原型范畴往往起“固定维度（Anchoring Dimensions）”之作用，用于判断非原型成员，正式提出了“认知参照点理论”，为认知心理学的发展提供了新视角，注入了新活力，极大地推动了相关研究。自此之后，

① 其他两位创始人是Kurt Koffka 和 Wolfgang Köhler。

该理论被广泛应用于认知心理学、社会心理学、行为经济学、营销学和管理学等领域的研究。但遗憾的是，该理论没有受到语言学家的关注，直到1987年Langacker将其正式运用到语言研究，特别是1993年，Langacker运用该理论研究语法，系统研究了所有格构式（Possessive Constructions）、代词-前指关系（Pronoun Antecedent Relationships）、主题和类主题构式（Topic and Topic-like Constructions）。它们的共性是这些构式中由一个突显实体充当认知参照点，为认知其他非突显的相关实体提供认知的心智入口，正式将认知参照点运用于研究语言构式，提出了语言研究的认知参照点理论（Langacker 1993：1）。该理论的工作机制可以图示如下：

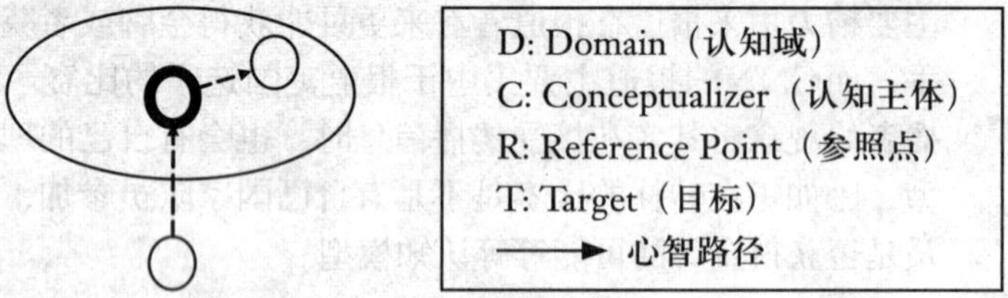

图2

其工作机理是：作为认知主体的人（Conceptualizer），在认知社会现实的时候，在特定的认知辖域（Dominion）内，会选取一个特定的概念作为认知目标事体（Target）的认知参照点（Cognitive Reference Point），这样就会从C到R，再到T形成一条心智路径，如图2虚线所示。

而事实上，人类在认知任何一个事体时都要使用认知参照点，例如索契冬奥会的组织者，以将历届冬奥会场地建设、管理，特别是第21届加拿大温哥华冬奥会为认知参照点，并试图超越以前，争取向历史上最好而努力。而新闻媒体在报道时，每一场比赛都会有自己的认知参照点，比如一起比赛的，往往会将最有可能得第一的队员作为参照点，将自己要支持的（往往是本国队员）作为认知目标。

3.5 概念融合

自Fauconnier 1984年发表法文版《心智空间》（1985出版英

文版）以来，Fauconnier和Turner（2002）等学者已将心智空间理论发展为概念融合理论。他们认为，概念融合涉及四个空间：两个输入空间（Input Space），一个类属空间（Generic Space），一个融合空间（Blended Space）。各空间之间通过跨空间映射（Cross-space Mapping）进行对应连接。在概念融合中，类属空间包含两个输入空间共有的、抽象的、普遍的结构，合成空间除了包含类属空间的普遍结构外，还包含两个输入空间选择性映射的特定结构，以及合成空间本身通过组合、完善、扩展而合成的新创结构（Emergent Structure），如图3所示。

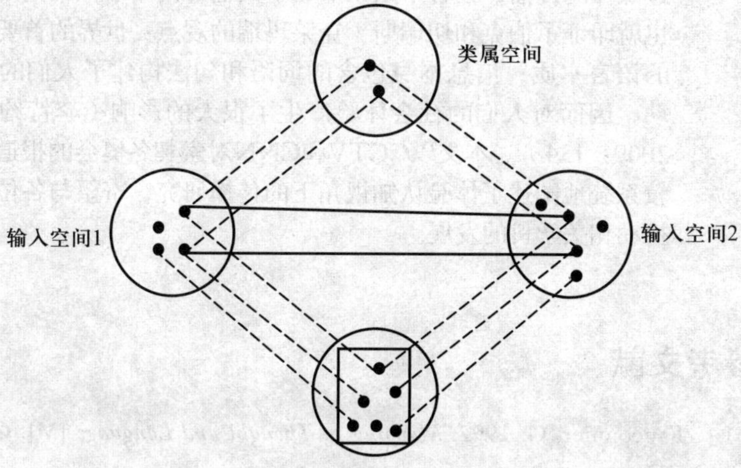

图3

在新闻传播中，传播者基于自己的意识形态和社会责任，往往会从自己的视角对一起新闻事件进行加工，并且在加工过程中，输入空间不是单一的，而是多样的，因此，输入空间进行融合的时候，往往会产生新创空间，达至更好的传播效果。例如CCTV在报道索契冬奥会时使用了这样的标题：“索契冬奥会开幕式：艺术诠释俄罗斯”，这一报道横跨艺术和体育两个输入空间，将冬奥会一次体育盛事与艺术进行了概念融合，使得人们对俄罗斯艺术文化、体育等有了更加清晰的认识。而CNN在2014年2月10日以“你在索契没有看到的”（What you didn’t see in Sochi）为题对俄罗斯的政治、同性恋、人权、普京等进行了激烈的批评，这也就是CNN将体育空间和其他空间进行融合，基于传播者的意识形态出发，对俄罗斯进行了批评。CNN在2014年2月14日以“索契冬奥会是……寓言般的！”（Sochi Olympics are ... fabulous!）为例对索契又进行了报道，读者乍一看，好像是在赞扬索契冬奥会，但该文将索契和俄罗斯通过的“反同性恋法”进行了整合，犀利地批评了俄罗斯的同性恋政策。

四、结语

从以上论证可以看出，语言通过传播建构了人的世界，比如俄罗斯人、美国人和中国人对索契冬奥会的认知存在差异，并且通过媒体的传播，在各个国家形成了人们对同一事件不同的认知，这也就印证了伯克和切瑞斯·克莱玛瑞的观点：世界的首要特征是它的语言本质；信息本身包含的词语和句法构建了人们的思维和互动，因而对人们的社会体验产生了很大的影响（李特约翰、福斯 2009：134）。本文以CCTV和CNN对索契冬奥会的报道为例，比较系统地阐述了体验认知视角下的传播研究，寄望与各位同仁一道推动相关学科的发展。

参考文献

[1] Fauconnier, G. 1997. *Mapping in Thought and Language* [M]. Cambridge: CUP.

[2] Fauconnier, G. 1996. *Spaces, Worlds, and Grammar*[C]. Chicago and London: The University of Chicago Press.

[3] Fauconnier, G. 2008. *Mental Spaces* [M]. 北京：世界图书出版公司/剑桥大学出版社。

[4] Fauconnier, Gilles & Turner, Mark. 2002. *The Way We Think: Conceptual Blending and the Mind's Hidden Complexities* [M]. Basic Books.

[5] Lakoff, G. & M. Johnson. 1980. *Metaphors We Live By* [M]. Chicago: The University of Chicago Press.

[6] Lakoff, G. & Johnson, M. 1999. *Philosophy in the Flesh: The Embodied Mind and its Challenge to Western Thought* [M]. New York: Basic Books.

[7] Lambalgen, M. V. & F. Hamm. 2005. *The Proper Treatment of Events* [M]. Carlton, Oxford: Blackwell.

[8] Langacker, R. W. 1987. *Foundations of Cognitive Grammar vol. I: Theoretical Prerequisites* [M]. Stanford, California: Stanford University Press.

[9] Langacker, R. W. 1991. *Foundations of Cognitive Grammar vol. II: Descriptive*

Application [M]. Stanford, California: Stanford University Press .
[10] Langacker, R. W. 1993. Reference-point Constructions[J]. *Cognitive Linguistics*（1）: 1-38.
[11] 陈力丹. 2007. 传播学是什么[M]. 北京：北京大学出版社.
[12] 戴元光. 2012. 传播学研究理论与方法[M]. 上海：复旦大学出版社.
[13] 段鹏. 2013. 传播学基础：历史、框架与外延[M].北京：中国传媒大学出版社.
[14] 胡正荣. 1997. 传播学总论[M]. 北京：中国传媒大学出版社.
[15] 李特约翰，斯蒂芬和凯伦・福斯. 2009. 人类传播理论（第九版）[M]. 史安斌译. 北京：清华大学出版社.
[16] 麦克卢汉，马歇尔. 理解媒介：论文的延伸[M]. 何道宽译. 南京：凤凰出版传媒集团，译林出版社.
[17] 施拉姆，威尔伯和威廉·波特. 2010. 传播学概论[M]. 何道宽译. 北京：中国人民大学出版社.
[18] 孙翔飞. 2013. 新闻传播学考研核心热点专题80讲 [M]. 北京：人民日报出版社.
[19] 王寅. 2006. 解读语言形成的认知过程——七论语言的体验性：详解基于体验的认知过程[J]. 四川外语学院学报（6）：53-59.
[20] 王寅. 2007. 认知语言学[M].上海：上海外语教育出版社.
[21] 张耀铭. 2011. 学术创新的几个问题[J]. 澳门理工学报（4）：107-117.
[22] 赵晶，徐喆. 2013.大数据时代：媒体的发展现状及其趋势 [J]. 今传媒（9）.
[23] 赵永峰. 2013. 认知社会语言学视域下的认知参照点与概念融合理论研究[J]. 外语与外语教学（1）：5-9.

隐喻多样性原则与隐喻研究的生态语言学视角[①]

朱长河

（原载《山东外语教学》2009年）

摘　要：隐喻认知既有积极的一面，也有消极的一面。一方面，作为人类几千年来在与世界的互动过程中积累起来的经验解释手段和结果，隐喻不仅是人类思维的宝贵财富，也是人类赖以生存的方式；另一方面，隐喻认知具有一定程度的不可靠性和局限性，从而可能对人类的生存构成威胁。然而，由于人类认知能力的局限，隐喻认知不可避免。因此，只有保持隐喻的多样性，我们才有可能不断接近解决所面临的问题的非隐喻性方法，从而最大程度地避免人类的无意识自杀，提高人类的生存几率。就生态语言学而言，保持隐喻多样性不仅要求对现行环境隐喻进行生态批评，积极建构新型环境隐喻，而且要加强对其他社会的语言尤其是异域社会语言中环境隐喻的研究。

关键词：生态语言学；认知语言学；隐喻；多样性

一、引言

当代认知语言学和体验哲学在隐喻问题上突破了传统的修辞观，将其提高到认知的高度，认为隐喻不仅是一种语言现象，而且是一种认知现象，是人类的认知手段和结果。Lakoff & Johnson（1980）更是将隐喻视为人类赖以生存的手段，以强调其在人类认知活动中的重要作用。然而，隐喻认知既有积极的一面，也有消极的一面。无论是认知手段还是认知结果，都会对人们的社会实践和生产实践起到指导作用，从理论上讲，隐喻在成为人类赖以生存的手段的同时，也可能给人类的生存带来一定的威胁，甚至是灾难。

不难理解，那些对人类生存具有潜在威胁的隐喻主要为环境隐喻，即以环境要素为本体的隐喻。这些隐喻体现了人类对自身与环

① 感谢朱永生教授对本文的悉心指导。

境之间关系的认知，因而成为生态语言学关注的焦点之一，该范式的主要任务就是“研究语言在生态和环境问题的产生中所扮演的角色，以及运用语言解决这些问题的可能途径”（http://www. –gewi. kfunigraz.ac.at/ed/projct/ecoling/-2k）。然而，当前生态语言学的隐喻研究仍缺乏统一的指导原则和方法，从而在一定程度上阻碍了此类研究的进一步发展。为此，本文拟基于隐喻认知的两面性提出隐喻的多样性原则，并探讨这一原则对生态语言学研究的启示。

二、隐喻认知的两面性与隐喻多样性原则

所谓隐喻的多样性原则，就是要尽可能保持隐喻性思维模式的多样性，以提高人类认知的能力，进而提高人类的生存几率。这一原则的理据在于隐喻认知的两面性：即隐喻认知既有积极的一面，又有消极的一面。

2.1 隐喻认知的积极面与隐喻多样性原则

20世纪70年代末起，随着“认知隐喻说”的提出，隐喻在认知方面的积极功能得到不断重视。这种积极的认知功能主要源自隐喻认知的本质和机制。从本质上讲，隐喻认知系“通过一类事物理解和体验另一类事物”（Lakoff & Johnson 1980: 5）。隐喻认知的本质其实也蕴含了隐喻认知的机制，即通过两个概念域之间的映射或互动，达到对其中一个概念的认识。Lakoff & Johnson（1980）将这两个概念域分别称作源域（source domain）和目标域（target domain）。其中源域所标示的通常为人们较熟知的概念，一般比较具体；相对于源域而言，目标域所标示的概念一般更为抽象，认知的难度更大。从源域中映射而来的概念结构和特征与目标域中的概念映合，目标域中较抽象的概念因而获得较具体的结构和特征，从而使得对这些概念的认知成为可能或更加容易。

由于隐喻认知的上述本质和机制，人类得以通过已知认识未知、通过具体认识抽象。隐喻的这种积极认知功能的重要性可从其普遍性中窥见一斑。Lakoff & Johnson（1980; 1999）的研究表明，大多数抽象概念和主观经验都是通过隐喻得到概念化的。不仅如此，隐喻往往还是这些抽象概念的一个基本组成部分。如果没有

隐喻，这些概念只是“一个没有血无肉的骨架，并失去几乎所有的概念结构和推理结构”（Lakoff & Johnson 1999: 73）。

隐喻不仅普遍存在于日常思维，而且具有理论建构功能。Boyd（1993）、Kuhn（1993）等人的研究表明，隐喻在科学中也是无处不在，许多自然科学理论是通过隐喻建构出来的。事实上，在这些科学理论中，隐喻不仅使一个抽象的概念变得更加具有可触知性，而且“似乎构成了这一抽象概念”（Ungerer & Schmid 2006: 147）。李醒民（2004）则从本体论、认识论、方法论、以及语言学和语言哲学等角度，指出隐喻在科学中不可或缺的地位，是“科学概念变革的助产士”。Lakoff & Johnson（1999: 543）甚至断言，作为科学之科学的哲学，没有了隐喻也将不复存在。

由此可见，作为人类几千年来在与世界的互动过程中积累起来的经验的释解手段和结果，隐喻不仅是人类思维的宝贵财富，也是人类赖以生存的方式。在这一意义上，隐喻之于人类，有如基因之于物种。“如果某一物种想要在多种环境中生存，就必须保持其基因库的多样性”（Lakoff 1987: 337）。同理，人类如果要提高自己的生存几率，就必须保持隐喻的多样性。

2.2 隐喻认知的消极面与隐喻多样性原则

然而，在辨证的眼光来看，任何事物都是一个矛盾统一体，事物的所有属性都是以其对立面的存在为前提而存在的。隐喻作为一种认知手段，同样也是一个矛盾统一体。因此，从理论上讲，隐喻认知的积极功能势必伴随有消极功能存在，从而有可能成为一把双刃剑。这种消极功能同样可以通过隐喻认知的本质和机制得到论证。

首先，就其本质而言，隐喻认知是通过甲概念来认识乙概念。然而，这里的甲显然不可能是乙，因为如果两个概念完全同一，也就无所谓隐喻了。这意味着，隐喻终究只是隐喻，通过隐喻认知事物最终只能算是一种权宜之计，所获得的只能是具有一定想象性质的认识，而非纯粹的、客观的知识，难免与事物的本来面目存在某些偏差，因而具有一定的不可靠性。以“辩论-战争”为例。虽然我们可以通过较熟悉的概念“战争”认知较抽象的“辩论”，但“辩论”终究不是“战争”。隐喻认知的消极性来源之一，便是由隐喻的性质所导致的这种潜在的不可靠性。

其次，从隐喻认知的机制来看，对目标域的隐喻性认知源于从源域中映射而来的概念结构或特征与目标域中概念的映合。这种映射是有选择性的，只能突显目标概念的某些方面，从而“势必掩盖了这一概念的其他方面”（Lakoff & Johnson 1980: 10）。同样以“辩论-战争”为例。这一隐喻通过突显辩论的斗争面，使我们得以理解辩论中论辩双方互为对手的关系。然而，这种对斗争面的突显同时也掩盖了辩论的其他方面，如辩论双方相互合作的一面。在辩论过程中，辩论双方为达到相互理解，需要牺牲各自宝贵的时间和精力。一味从斗争的角度去理解，往往会阻碍我们对辩论中的这种合作关系的认识。由此可见，隐喻认知的机制决定了隐喻认知所能提供的只是对某一概念的特定方面的认知，因而势必具有一定的局限性。这种局限性成为隐喻认知的消极性的另一来源。Lakoff & Johnson（1980: 10-13）最初提出认知隐喻说的时候便已经注意到了这一潜在问题，并反复强调认识到这种局限性的重要性。

基于隐喻的认知，无论是具有局限性的，还是不可靠的，都可能导致不恰当的实践活动，并进而对人类的生存构成威胁。那些以环境要素为本体的隐喻更是如此。然而，人类自身认知能力的局限使得隐喻成为我们认知世界的必经途径。一味地抱怨造物的作弄显然不具任何的建设性。因此，为了避免隐喻认知可能导致的无意识自杀，我们唯一的出路就在于像Hardin（1974）所指出的那样，使隐喻之间相互竞争。而使隐喻间相互竞争的前提便是保持隐喻的多样性。唯有如此，我们方能不断接近解决所面临的问题的非隐喻性方法。换言之，从隐喻认知的消极面来看，要达到降低源自隐喻认知的威胁、提高人类的生存几率的目的，同样要求我们尽可能保持隐喻的多样性。

三、隐喻多样性原则与隐喻研究的生态语言学视角

语言是思维的重要物质外壳，也是思维最主要的表达形式。虽然思维属于抽象的实体，本身既看不见也听不着，但通过语言却可以转变为听得着（口头表达）或看得见（书面表达）的物体实体。此外，语言与认知之间是一个互动的关系，即语言不仅是认知的结果、反映了认知，而且反过来影响认知，“具有塑造我们意识的威力”（Halliday 1990）。由此，保持隐喻多样性可以简化为保持语言中的隐喻多样性。对于生态语言学而言，则进一步具体为保持语言中环境隐喻的多样性，因为这些隐喻在很大程度上反映了相应语言共同体“在环境问题上的意识形态立场”（Mühlhaüsler 2003:

131）。保持这类隐喻的多样性主要包括三种途径：环境隐喻的生态批评、新型环境隐喻的建构以及环境隐喻的跨文化研究。

3.1 隐喻多样性原则与环境隐喻的生态批评

保持环境隐喻多样性的途径之一，是对语言中的现存环境隐喻进行生态视角的批评性分析。这类分析一方面可以使我们认识到这些认知只是隐喻性的，未必是对客观环境现象和规律的真实反映；另一方面可以使我们认识到这些认知对生态环境健康发展的利与弊，尤其是那些不利的方面。因此，对环境隐喻的生态批评可以避免个别或少数隐喻性思维模式长期占据统治性地位、排斥其他思维模式的存在，从而达到保持隐喻多样性的目的。

环境隐喻的生态批评可分两个步骤进行。首先是通过语言分析，揭示语言中隐含的有关环境问题的隐喻性认知。例如，我们发现英语中存在大量类似“the rape of land”“virgin forest”“penetrating the wilderness”“penetrating Mother Earth”“Mother Nature”等表达，以及用“she”或“her”指代自然界的情况。由此我们可以得出结论：以英语为母语的民族在一定程度上存在“自然界-女性”或“自然界-母亲”的隐喻思维模式。

其次是从生态视角分析这一隐喻思维模式对生态环境健康发展的利与弊，重点分析那些不利的方面。例如就“自然界-女性”或“自然界-母亲”隐喻而言，由于女性具有相对柔弱、需要更多关爱等特点，因此，将自然界比作女性可以使我们认识到自然界中生态系统的脆弱性，极易遭到破坏，因此我们应该更多地加以呵护。此外，由于我们的生命系母亲所赐予，将自然界比作母亲可以进一步加强我们对环境的保护意识。这些属于这一隐喻有利于生态环境健康发展的一面。然而，由于西方社会有着男权的传统，女性往往处于被支配的地位，“自然界-女性”或“自然界-母亲”隐喻有可能“加强征服女性和自然的男权主义二元论和等级论传统，固化人类相互之间及人类与非人类世界之间的割裂”（Berman 1994）。此外，由于母亲往往是人们索取的对象，且一般会原谅自己孩子的过错，将自然界比作母亲可能会使人们认为对自然界进行掠夺性的商业利用是理所当然的。即便严重地破坏了环境，也不会招致自然界的无情报复。从这一意义上说，这一隐喻同时也具有不利于生态环境健康发展的一面。

目前，西方生态语言学和环境伦理学在环境隐喻的生态批评方面已经做出了许多卓有成效的努力。Meisner（1995）、Harré et al.（1999）、Mühlhaüsler（2003）对此有所总结。虽然语言中所隐含的这些隐喻思维模式大多已经得到一定程度的固化或俗成化，但是想要彻底克服或改变具有很大的难度，有时甚至根本就不可能。然而对其进行批评性分析可以提高我们的环保意识，我们应该尽可能在社会实践和生产实践中克服偏见。这又如社会语言学中的女权主义运动，虽然在语言改革方面取得的成就非常有限，但使人们意识到语言中存在性别歧视，从而为在社会领域全面实现男女平等作出了自己的贡献。

需要指出的是，生态批评不是以科学性为其主要立足点，即并非评价某一环境隐喻的正确与否，而是要揭示该隐喻在保持生态平衡、培养人们的生态环境意识方面的利与弊。也就是说，“生态批评主要是语言伦理性质的”（朱长河 2008）。这是因为，尽管人类社会的发展已有相当长的历史，但“关于世界的、无可争议的知识却极其有限，尤以对生态问题的认识为甚”（Jung 2001）。此外，即便是符合科学的东西也未必就是对环境有利的东西，如核聚变理论、原子弹的制造原理等。

3.2 隐喻多样性原则与新型环境隐喻的建构

保持环境隐喻多样性的另一途径是积极建构新型环境隐喻。这是因为，通过语言手段建构新型环境隐喻，可以引导新型的隐喻认知模式，从而可以同样起到保持环境隐喻多样性的目的。这一建构过程同样可分为两个步骤进行。

首先是对现行环境隐喻进行生态批评，重点指出其不利于生态环境健康发展的方面。这意味着，新型环境隐喻的建构需要以对环境隐喻的生态批评为基础。其次是针对现行隐喻的缺陷提出新型隐喻，并重点分析其有利于生态环境健康发展的方面。例如，在分析了“自然界–女性”或“自然界–母亲”隐喻的不利之处后，我们可以像Lovelock（1979；1988；1992）那样，提出“地球–该亚”隐喻。该亚是希腊神话中的大地女神，宙斯的祖母。这位女神的特别之处在于其火爆的脾气，如果被激怒到一定程度甚至可能彻底清除人类。因此，将地球比作该亚，留给我们的印象是一个威力无比的地球，一个可以自我调节和自我生存的生态系统，“更像一位生性凶猛的少女，而非一位仁慈的母亲”（Lovelock 1992）。在地球面前，人类只是随时可以被抖落的寄生物或刺激物，根本不具有调节地球的能力，充其量只能节制自己的行为，以防招致被“抖落”的厄运。显然，相对于“自然界-女性”或“自然界-母亲”隐喻而言，“地球-该亚”隐喻更能激发我们对自然界的敬畏之情，从而自觉抑制对自然界的破坏行为。

目前，西方生态语言学和环境伦理学在新型环境隐喻的建构方面同样取得了许多成就，如Boulding（1966）、Hardin（1974）的“地球-救生艇”隐喻、Jung（1986）的“自然界-音乐”隐喻、Fox (1990) 的“自然界-树”隐喻、Harré et al.（1999）的“环境-地毯”隐喻等。较之环境隐喻的生态批评，新型环境隐喻的建构对环境论理学知识的要求更高。对于大多数语言研究者来说，从传统神话和浪漫主义诗歌或散文中获取灵感，或许是更为切实可行的途径。从上述该亚说，以及Goatly（2002）的研究不难发现，自然界在这些体裁中的形象，与在日常语言、新闻语言等体裁中的形象往往具有显著的差别。

需要注意的是，我们在建构新型环境隐喻的同时，切忌将其作用绝对化。因为是凡隐喻总是具有一定的不可靠性和局限性，“新型隐喻只是提供了一个新的框架或视角，而非解决问题的全部方法”（Harré et al. 1999: 102）。此外，新型隐喻的建构最终需要超越修辞隐喻的范围，从而融入语言系统之中，达到概念隐喻的高度。只有这样，这些隐喻才能通过语言媒介成为人类无意识的认知模式，即Lakoff & Johnson（1980）所说的我们“赖以生存的隐喻”。从这一意义上讲，保持隐喻多样性成为生态语言学对语言规划提出的一个新课题。

3.3 隐喻多样性原则与环境隐喻的跨文化研究

保持隐喻多样性的另外一个途径是加强环境隐喻的跨文化研究。不容否认，各民族的隐喻认知模式以相通为主流。各民族之间的成功交际便是佐证。然而，同样不容否认的是，不同的民族所处的自然环境和文化传统的差异，难免形成隐喻认知模式上的一定差异，并体现在各自的语言表达中。也就是说，隐喻认知具有一定的民族性。因此，通过跨文化研究，发掘其他民族的隐喻认知模式，同样可以达到保持隐喻多样性的目的。

通常，认知差异的大小与社会文明程度差异的大小成正比。文明社会之间的认知差异一般要明显小于文明社会与异域社会之间的差异。因此，相对于其他文明社会而言，异域社会的语言中隐含的人类与自然界之间关系的隐喻性认知模式更为新异，因而更具有研究价值。有鉴于此，许多旨在排除西方语言中不利于生态环境健康发展的研究者，如Mühlhaüsler（1995; 1996）等，往往试图“从异域社会，如澳大利亚土著人、美洲印第安人的话语中寻求灵感”（Mühlhaüsler 2003: 140）。

环境隐喻的跨文化研究一般以对本民族语言中所隐含的环境隐喻的批评性分析为基础，进而向其他社会尤其是异域社会的语言需寻求矫正手段。例如Mühlhaüsler（2003: 47）指出，在英语中我们可以将“my car”与“my land”这两个构式合并为“my car and land”，但一般不可以将“my car”与“my wife”合并为“my car and wife”。由于只有语法上相同的结构才可以合并，上述现象表明，在我们的思维定式中，“汽车”和“土地”对“我”而言具有等同的关系：为我所拥有或控制。而“妻子”与“我”之间则处于一种不同的关系：人际关系。这种所有格或领属构式的不对称现象隐含了英语民族这样的隐喻性认知模式：“自然界-财产”。这一隐喻认知一方面将人类与自然界释解为处于相互分离的关系，另一方面给予人类任意处置自然界的权力，因而不利于生态环境的健康发展。而Olson（1979）的研究却表明，在巴布亚新几内亚语言里，所有格分为三种，分别表示表示自治关系、同一整体中的要素关系以及相互依存关系。其中，描写人类与自然界之间关系时所使用的，是表示相互依存关系的所有格。这里隐含了该民族这样的隐喻思维模式：“自然界-伙伴”。显然，这一隐喻所包含的世界整体观更利于人与自然的和谐相处。

异域社会的这些环境隐喻同样是人类思维的宝贵财富，对其进行研究和发掘可以为隐喻的“基因库”提供更多的“物种”，达到保持隐喻多样性、提高人类生存几率的目的。而这类研究的前提是语言的多样性。从这一意义上讲，隐喻多样性原则在强调隐喻的跨文化研究的同时，还为保持语言多样性提供了认知高度的理论支撑。这也对语言政策的制定提出了新的课题。

需要指出的是，任何隐喻都是利弊并存的，“其他社会赖以生存的隐喻未必比现代西方社会中的隐喻更有利于环境健康”（Mühlhaüsler, 2003: 140）。因此，异域社会的环境隐喻只宜用作对我们传统隐喻认知模式的一种矫正，而非典范。

四、结语

隐喻认知既有积极的一面，也有消极的一面。一方面，作为人类几千年来在与世界的互动过程中积累起来的经验的释解手段和结果，隐喻不仅是人类思维的宝贵财富，也是人类赖以生存的方式；另一方面，隐喻认知具有一定程度的不可靠性和局限性，从而可能对人类的生存构成威胁。然而，由于人类认知能力的局限，隐喻认知不可避免。因此，只有保持隐喻的多样性，我们才有可能不断接近解决所面临的问题的非隐喻性方法，从而最大程度地避免人类的无意识自杀，提高人类的生存几率。就生态语言学而言，保持隐喻多样性不仅要求对现行环境隐喻进行生态批评，积极建构新型环境隐喻，而且要加强对其他社会的语言尤其是异域社会语言中环境隐喻的研究。由此可见，认知隐喻说不仅可以促使我们对西方哲学传统进行反思，而且“对我们生活的方方面面都具有启发意义，包括……我们的生活环境”（Lakoff & Johnson 2003: 246）。

参考文献

［1］ Berman, T. 1994. The Rape of Mother Nature: Women in the Language of Environmental Discourse [J]. *Trumpeter* (4): 173-178.

［2］ Boulding, K. 1966. The Economics of Spaceship Earth [A]. In H. Jarret (ed.). *Environmental Quality in a Growing Economy* [C]. Baltimore: Johns Hopkins University Press: 3-14.

［3］ Boyd, R. 1993. Metaphor and Theory Change [A]. In A. Ortony (ed.). *Metaphor and Thought* (Second Edition) [C]. Cambridge: Cambridge University Press: 481-532.

［4］ Fox, W. 1990. *Toward a Transpersonal Ecology: Developing New Foundations for Environmentalism* [M]. Boston: Shambhala.

［5］ Goatly, A. 2002. The Representation of Nature in the BBC World Service [J]. *Text* (1): 1-27.

［6］ Halliday, M. A. K. 1990. New Ways of Meaning: The Challenge to Applied Linguistics [J]. *Journal of Applied Linguistics* (6): 7-36.

［7］ Hardin, G. 1974. Living in a Lifeboat [J]. *Bio Science* (10): 561-568.

［8］ Harré, R., J. Brockmeier & P. Mühlhaüsler. 1999. *Greenspeak: A Study of Environmental Discourse* [M]. London: SAGE Publications Ltd.

［9］ Jung, H. Y. 1986. The Harmony of Man and Nature: A Philosophic

Manifesto [J]. *Philosophical Inquiry* (1-2): 32-49.
[10] Jung, M. 2001. Ecological Criticism of Language [A]. In A. Fill and P. Mühlhaüsler (eds.). *The Ecolinguistics Reader: Language, Ecology and Environment* [C]. London and New York: Continuum: 270-285.
[11] Kuhn, T. S. 1993. Metaphor in Science [A]. In A. Ortony (ed.). *Metaphor and Thought* (Second Edition) [C]. Cambridge: Cambridge University Press: 533-542.
[12] Lakoff, G. 1987. *Women, Fire, and Dangerous Things: What Categories Reveal about the Mind* [M]. Chicago and London: The University of Chicago Press.
[13] Lakoff, G. & M. Johnson. 1980. *Metaphors We Live By* [M]. Chicago: University of Chicago Press.
[14] Lakoff, G. & M. Johnson. 1999. *Philosophy in the Flesh: The Embodied Mind and Its Challenge to Western Thought* [M]. New York: Basic Books.
[15] Lakoff, G. & M. Johnson. 2003. *Metaphors We Live By* (Second Edition) [M]. Chicago: University of Chicago Press.
[16] Lovelock, J. E. 1979. *Gaia: A New Look at Life on Earth* [M]. Oxford: Oxford University Press.
[17] Lovelock, J. E. 1988. *The Ages of Gaia: A Biography of Our Living Earth* [M]. Oxford: Oxford University Press.
[18] Lovelock, J. E. 1992. The Earth Is Not Fragile [A]. In B. Cartledge (ed.). *Monitoring the Environment* [C]. Oxford: Oxford University Press.
[19] Meisner, M. 1995. Metaphors of Nature: Old Vinegar in New Bottles? [J]. *Trumpeter* (1): 11-18.
[20] Mühlhaüsler, P. 1995. Metaphors Others Live By [J]. *Language and Communication* (3): 281-288.
[21] Mühlhaüsler, P. 1996. *Linguistic Ecology: Language Changes and Linguistic Imperialism in the Pacific Region* [M]. London: Routledge.
[22] Mühlhaüsler, P. 2003. *Language of Environment: Environment of Language: A Course in Ecolinguistics* [M]. London: Battlebridge.
[23] Olson, M. 1979. The Sociolinguistic Significance of Barai Possessive Markers [A]. In S. A. Wurm (ed.). *New Guinea and Neighbouring Areas: A Sociolinguistic Laboratory* [C]. The Hague: Mouton: 115-128.
[24] Ungerer, F. & H. J. Schmid. 2006. *An Introduction to Cognitive Linguistics* (Second edition) [M]. Harlow: Pearson Education Limited.
[25] 李醒民. 2004. 隐喻：科学概念变革的助产士 [J]. 自然辩证法通讯（1）：22-28.
[26] 朱长河. 2008. 认知语言学与生态语言学的结合——以词汇系统为例的可行性分析 [J]. 四川外语学院学报（2）：18-22.

认知生态语言学

——体验哲学视野下的语言研究新范式

朱长河

（原载《外国语文》2015第5期）

摘　要：认知生态语言学以体验哲学为哲学基础，以语言与生态环境间的互动为前提，旨在研究“语言在生态环境问题的产生中所扮演的角色，以及运用语言解决这些问题的可能途径”。其中，微观认知生态语言学立足语言的局部，在对现行语言进行生态伦理视角的批评性分析的同时，对语言进行生态型语型规划，建构生态友好型语言。宏观认知生态语言学则立足语言整体，在探索语言多样性的生态价值的同时，对语言进行生态型地位规划，尽可能保持语言的多样性。

关键词：语言；生态；认知；体验哲学

一、引言

生态语言学（Ecolinguistics）旨在“研究语言在生态环境问题的产生中所扮演的角色，以及运用语言解决这些问题的可能途径”（Fill 2014）。这一宗旨得以成立的前提也是生态语言学的语言观，即：语言与生态环境之间存在互动关系。本文拟基于体验哲学论证这一语言观，并探讨生态语言学的主要研究路径。由于体验哲学为认知语言学的哲学基础（王寅 2002），本文中的生态语言学因而属于认知语言学“运动”或“事业”的一部分，故称之为认知生态语言学（Cognitive Ecolinguistics）。

二、体验哲学

体验哲学（Embodied Philosophy）由Lakoff和Johnson创立，为后现代主义思潮的产物（王寅 2012）。该思想源自Lakoff & Johnson（1980）对语言中隐喻的分析，在Lakoff（1987）对范畴问题的研究中得到进一步发展，并最终成型于Lakoff & Johnson

（1999）对先前各主要哲学流派的反思和对哲学基本问题的重新思考。两位学者将先前主要哲学流派分为两大阵营：客观主义（objectivism）和主观主义（subjectivism）。体验哲学是作为哲学的第三条道理提出的，其核心思想可总结为体验实在论（embodied realism）。其中，“实在论”为其世界观，“体验论”为其认知观。

2.1 世界观上的实在论

在世界观上，体验哲学持积极的实在论（realism）思想，“相信物质世界的存在，并解释我们如何在其中发挥作用”（Lakoff & Johnson 1999：96）。就这点而言，比之主观主义哲学，客观主义哲学更接近体验哲学。客观主义哲学在世界观上大多同样持实在论思想。Lakoff & Johnson（1999：94-95）因而将客观主义哲学分为三类：“直接实在论”（direct realism）、“表征实在论”（representational realism）和“符号-系统实在论”（symbol-system realism）。不过，在这三类中，只有直接实在论与体验哲学的世界观完全一致——不仅确信物质世界的存在，而且认为这一存在“独立于心智”（Lakoff & Johnson 1999：233）。另两类虽然承认物质世界的存在，但将这一存在视为心智的结果，即认为世界因“思”而“在”。

与体验哲学和客观主义哲学相反，主观主义哲学在世界观上大多持消极的非实在论思想，否认物质世界的存在。Lakoff & Johnson（1999：95）认为，这是由于非实在论者大多“适应能力较差、脱离现实世界、无法与现实世界和谐共处”。他们在现实面前往往表现出一种遁世的态度，并因而企图构建出一个非现实的世界作为其生存的家园，如诗性的语言世界等。

2.2 认知观上的体验论

在认知观上，体验哲学持体验论（embodism）思想。体验实在论也因此而得名：“The embodiment of mind thus leads us to a philosophy of embodied realism”（Lakoff & Johnson 1999：44）。体验论认为，心智为体内之心智，不可能脱离身体而存在，也不可能自行认识世界，而是通过身体接触世界，进而认识世界。

这种接触首先形成直接体知概念，如“基本层次概念、空间关系概念、事件结构概念等”（Lakoff & Johnson 1999：96）。在此基础上，隐喻等思维能力“将这些体知概念扩展至抽象的理论域”。因此，认知不是对现实的镜像反映，而是感性认知、理性认知和隐喻性认知相结合的创造性反映。

认知的体验性也决定了认知的相对性，即我们对世界的认知只能“相对于我们的身体和心智的本性，以及我们与环境之间的互动”（同上）。因此，“不存在对世界唯一正确的描述”。不过，体验哲学并未因此否定人类对现实获得相对正确认知的能力。在体验哲学看来，“无论是在科学中，还是在日常世界中，真实而稳定的知识仍然是可能的”。

认知观上的体验论是体验哲学与主观主义哲学和客观主义哲学的根本区别。客观主义哲学为科学主义传统的产物，在认知观上反对想象和直觉，信奉理性和绝对真理，认为我们可以获得关于世界的“绝对正确的、客观的知识”（同上）。主观主义哲学则是浪漫主义传统的产物，在认知问题上信奉想象和直觉，反对绝对真理说，并进而导致了认知上的“极端人本观”（王寅 2012）。这种极端人本观甚至否定了人类对现实获得相对正确认知的能力。

三、认知生态语言学的语言观

尽管体验哲学主要为关于认知的科学，但由于源自对语言的分析，因而包含了一个较完整的语言观。这便是“语言-认知-现实”三元互动观。这一语言观使得认知生态语言学的“语言-生态环境互动”观得以成立。体验哲学也因而成为认知生态语言学的哲学基础。

3.1 “语言–认知”互动观

体验哲学视野下，语言与认知为互动关系。一方面，体验哲学认为，语言是对认知的反映，认知因而决定语言。在体验哲学看来，凝结在语言中的正是“人们对经验进行概念化的方法”（Lakoff 1987：337）。“语言表达中的隐喻之所以可能，正是由于人们的概念系统中存在隐喻”（Lakoff & Johnson 1980：6）。认知语言学的“认知承诺”反映的便是这一思想（Lakoff 1990）：

语言和语言的组织反映了一般认知原则，因此，有关语言结构的原则应反映其他学科所发现的人类认知规律。

另一方面，体验哲学认为，语言对认知具有反作用。在体验哲学看来，经过语法化的概念不仅是思维的对象，而且会“不由自主地、自动地、无意识地、毫不费力地为我们的思维所使用”（Lakoff 1987：335）。与那些需要我们仔细思考的概念相比，语法化了的概念“对我们理解日常生活的影响更大”。

3.2 “认知–现实”互动观

体验哲学视野下，认知与现实之间同样为互动关系。一方面，体验哲学将认知视为对现实的理解与形成概念。在体验哲学看来，理解是认知主体“与物理环境及他人之间互动和协商的结果”（Lakoff & Johnson 1980：230）。凝结在语言中的对经验进行概念化的方法则是语言使用者“与当地环境互动的结果”（Lakoff, 1987：337）。这里所说的“物理环境”“他人”“当地环境”等便是现实，包括社会环境和物理环境；“互动”“协商”等便是对现实的体验，包括社会实践和生产实践。因此，现实是认知的客体，对认知具有决定作用。认知主体的体知能力、理解能力和概念化能力为认知提供了智力基础。认知主体的身体和认知客体共同具备的实在性是认知的物质基础。智力基础和物质基础的存在使认知具备了可能性。认知主体的实践活动则将这一可能最终转化为现实。

另一方面，体验哲学认为，认知中的概念系统“显著地影响着人们的行为”（同上）。而人们的行为又“势必会改变环境”（Lakoff & Johnson 1980：230）。由此可见，在体验哲学看来，认知的结果通过影响认知主体在现实中的实践活动而对现实具有反作用。Lakoff（1987：337）因而指出，拒绝探索我们的行为如何依赖于我们的概念系统，换言之，拒绝探索认知对现实的反作用，“就是拒绝对我们的许多行为承担责任”。

3.3 “语言–生态环境”互动观

体验哲学视野下，语言与认知互动，认知又与现实互动。因此，在认知的中介下，语言与现实之间同样为互动关系。一方面，语言反映了人类对现实的认知。现实和认知因而分别构成了语言的物质基础和认知基础。另一方面，语言中的语法、概念在一定程度上左右着人类的思维，进而左右人类对现实的实践，并在此过程中改变现实。语言因而对现实具有反作用。

由于体验哲学在世界观上持实在论思想，这一哲学视野下的现实为客观存在着的现实世界，可大致分为人的世界和非人的世界。前者主要表现为社会文化环境，后者则主要表现为物理环境或生态环境。认知生态语言学中的现实专指后者，即生态环境。因此，从体验哲学的“语言-认知-现实”互动观可以推导出生态语言学得以成立的前提——“语言-生态环境”互动观。

四、认知生态语言学的研究路径

对“生态”一词的不同理解形成了形形色色的“生态”语言学，其间的共同之处有时“仅在于‘生态’一词”（Gerbig, 2003）。“语言-生态环境”互动观表明，认知生态语言学中的“生态”系人类所处物理环境之生态。由此，以语言手段促进生态环境健康发展则是认知生态语言学的宗旨。以这一宗旨为线索，认知生态语言学的研究大致沿两条路径展开，可分别称作微观和宏观认知生态语言学。两者各有侧重，但总体目标一致。

4.1 微观研究

微观认知生态语言学又称语言的生态批评或生态批评语言学。该路径立足语言的局部，在对现行语言各层面进行生态伦理视角的批评性分析的同时，对语言进行生态型语型规划(corpus planning)，建构生态友好型语言，即绿色语言。由此形成微观认知生态语言学的两个核心课题。其中，批评是规划的基础，属理论研究；规划是批评的目的，属应用研究。

认知生态语言学的这一路径源自Halliday在第九届国际应用语言学大会（*AILA*）上的主旨发言。Halliday（1990）在报告中指出，语法是一个隐藏着的、关于经验的理论。这一理论促使我们以某种方式去释解世界，从而指导着我们的行为和生存策略。遗憾的是，由于语言的发展总是滞后于时代的发展，现行语法为我们提供的释解世界的方式已不利于人类作为一个物种的健康发展，是造成生态环境退化的一个重要原因，有必要建构新型表意法。因此，生态问题的解决“不仅属于生物学家和物理学家，也属于应用语言学界”（Halliday, 1990）。Halliday在报告中分析了现代英语中四种这样的语法现象。一是将以整体形式出现的实体释解为以无限量存在；二是将“大”或“多”等释解为积极，而将“小”或“少”等释解为消极；三是将人类释解为物质过程中最积极、最能成为施事的参与者，而将无生命的实体释解为最消极、最不可能成为施事的参与者；四是将“人”与“非人”的区别释解为有意识与无意识之间的区分。

此后，“语言与生态”或“语言与环境”被列为每届国际应用语言学大会的议题之一。1993年，Fill的德文版《生态语言学》问世。2001年起，德国应用语言学（*GAL*）年会开设生态语言学议题或工作坊。同年，Fill和Mühlhaüsler合编的《生态语言学读本》出版。2003年，Mühlhaüsler的英文版《生态语言学教程》问世。在这些活动的推动下，生态伦理视角的语言批评性分析受到语言学界日益关注。目前所揭示的隐藏在语言各层面不利于生态环境健康发展的思想包括人类中心主义（anthropocentrism）、增长主义（growthism）、等级主义（classism）、分离主义（separationism）、商业主义（commercialism）、消费主义（consumerism）等。除专题研讨会文集和期刊论文外，目前这一领域代表性著作和文集主要有Harré, Brockmeier and Mühlhäusler（1999）、Benton & Rennie（1999）、Döring, Penz and Trampe (2008)等。

与批评性分析相比，生态型语型规划方面的研究较少。目前这一领域的研究主要集中在词汇层面，尤其是生态环境术语的建构，如Trampe（2001）、Gibbs（2001）等。语法和话语方面的建构则更少。前者如Goatly（2001）等；后者如Pritchard（2004）等。造成这一现象的原因之一是，语言系在人类历史长河中逐步形成的。无论是约定还是俗成，都需要经历时间的考验。建构新型语言，或Halliday（1990）所说的“新型表意法”，同样不可能一蹴而就。此外，语型规划是一项社会运动，仅靠语言学界的努力远远不够，需要借助社会和机构的力量方能成功。

4.2 宏观研究

宏观认知生态语言学立足语言整体，在研究语言多样性的生态价值的同时，对语言进行生态型地位规划（status planning），尽可能保持语言的多样性。由此形成宏观认知生态语言学的两个核心课题。其中，价值研究是规划的基础，属理论研究；规划是价值研究的目的，属应用研究。

语言多样性的生态价值主要体现在维持生物多样性方面的作用。这方面较早的研究主要有Mühlhäusler（1995; 1996）、Harmon（1995）等。Mühlhäusler在研究了澳大利亚、新西兰及其他太平洋地区殖民化过程中语言和环境的变迁后指出，殖民化往往伴随着环境的急剧退化，“直至语言和知识的结构与环境结构之间取得协调”（Mühlhäusler 1995）。Mühlhäusler认为，这是由于不同语言是对生物多样性不同程度的描述。殖民化过程中语言变迁造成语言表达资源的短缺，从而导致了环境的退化。例如，殖民化前，大洋洲大陆原本生活着大量小型有袋哺乳动物。殖民化过程中，由于英语缺乏对应的词汇，这些动物被叫作“灌木鼠”（bush rat）、“土著鼠”（native rat）等。此后，等待这些动物的便是与英国的老鼠相似的命运——往好处看最多不过是些无用的东西；往坏处看则是危险而有害的东西，有必要根除。结果是，现在这些物种大多已绝迹。类似的遭遇同样发生在植物身上。为解释这一现象，Mühlhäusler提出语言适应说，认为“语言多样性反映了数千年来人类对复杂的环境条件的适应”（Mühlhäusler 1996：270）。

Harmon（1995）对本土语言（endemic languages）种类最多的25个国家和本土脊椎动物（endemic vertebrates）种类最多的25个国家进行了对比研究。结果显示，其中16个（约64%）本土语言种类最多的国家同时也是本土脊椎动物种类最多的国家。Harmon（1995）认为，语言多样性与生物多样性的这种对应“不太可能出于巧合”。Oviedo & Maffi（2000）、Harmon（2002）、Skutnabb-Kangas, Maffi and Harmon（2003）的研究进一步证明了语言多样性与生物多样性之间的对应关系。为此，Posey（1999）、Maffi（2000a; 2000b; 2001; 2005）、Maffi & Woodley（2010）等提出生物文化多样说，又称语言-生物共演说。该理论认为，语言多样性与生物多样性“相互支持，甚至可能共同演化”（Maffi 2000a）。因此，“在全球范围内保持语言多样性的活力就有可能防止生物多样性损失，从而为我们维持我们这个星球的健康和生存提供最佳机会”（Maffi 2000b）。

语言多样性的生态意义为保语言多样性提供了理论支持。而保持语言多样性的关键是保护少数人语言，尤其是土著语言。一方面，这些语言因拥有的语言资源，即使用者的数量过少而处于灭迹边缘，成为濒危语言（endangered languages）。另一方面，相对于多数人语言而言，土著语言对维持生物多样性更为重要。这是因为，现代工业和现代生活方式是环境退化的主要根源，而凝结在土著语言中的认知模式有如Hazel Henderson所说的“文化基因”（Cultural DNA），“可以帮助我们在这个、也是我们唯一拥有的星球上，在健康的生态系统中，创造出可持续的经济模式”（Gell-Mann 1994：292）。Maffi (1994)、Skutnabb-Kangas, Maffi and Harmon（2003）、Maffi & Woodley（2010）等则将这种认知模式称作“传统生态知识”（TEK, Traditional Ecological Knowledge），即“为土著或传统社团所掌握、发展、并世代传承的，关于动植物物种及其相互之间的关系、以及当地生态系统的深层知识”（Skutnabb-Kangas, Maffi and Harmon 2003：56）。这类知识不仅可以“促进可持续使用土地和自然资源”（Nations 2001），而且有助于我们对濒危物种的“识别、管理、保护和恢复其栖息地”（Nabhan 2001）。Skutnabb-Kangas & Philipson（2007）的研究证明了这一点。两位学者的调查表明，“生物多样性退化程度最低的地区，往往是只有土著人定居的地区”。可见，那些未被殖民的土著民族“一直都是、而且仍然是维持生物多样性的重要代理人”。

对此，体验哲学也表达了类似的思想。Lakoff（1987：337）就曾指出，如果说保持基因库的多样性是某一物种在多样的生物环境下得以生存的保证，那么，保持理解经验的方法的多样性便是人类作为一个物种得以生存的保证。因此，语言多样性的存在是人类的福音，我们有必要“像保护濒危物种一样，保护濒危文化和语言”。

由此可见，在认知生态语言学看来，特定的语言孕育了特定的文化，特定的文化又孕育了由特定物种构成的区域生态环境。因此，对一种语言的保护有助于保护该区域特有的物种。尽管在一定范围内，语言多样性高的地区，其生物多样性未必高于语言多样性不如它的另一地区，但就全球范围而言，保持语言的多样性势必有助保持地球上总的生物多样性。

与语言多样性的生态价值相比，生态型语言地位规划方面的研究较少。Fill & Penz（2007）为目前较具代表性的成果。造成这一现象的原因之一是，语言地位规划是一项“社会工程”，“属于委派性任务，由权力机构实施”（Edward 2009：228）。此外，尽管Weinrich（2001）认为“不具生态性的经济性是不可能的”，语言多样性至少表面上与短期经济利益之间存在冲突。而“不具经济性的语言生态性是不可能的”（Denison 2001）。在Denison看来，保持语言的多样性不仅要付出经济代价，而且即便给我们带来什么利益，这种利益也将会“收之桑榆，失之东隅”。

尽管生态型语言地位规划尚不多见，其他角度的语言地位规划，尤其是社会型语言地位规划却成果卓著。社会型语言规划属于Haugen传统的语言生态学范畴。与生态型语言规划不同，社会型语言规划以语言的社会价值为出发点，如语言的人权价值（Skutnabb-Kangas, Philipson and Rannut 1994; Skutnabb-Kangas 2000; Skutnabb-Kangas et. al 2009）、团体认同价值（Edwards 2009; 2010）等。然而，两者却有着共同的目标，即最大程度保持语言的多样性。就这一点而言，两者可谓殊途同归。

社会型语言地位规划不仅成果卓著，而且获得了较高的社会认可。在后者的推动下，不少国家通过了旨在保护少数人语言的立法。联合国教科文组织也于2005 年通过了《文化多样性国际公约》，旨在保护和促进文化表达的多样性，尤其是语言多样性。

然而，社会型语言地位规划在实施过程中同样遇到了来自各界的阻力。此外，立法也未必是保持语言多样性的唯一途径。因此，认知生态语言学不应满足于坐享受后者的成果，而应借鉴后者的成功经验，从保持生态环境角度宣传保持语言多样性的意义，并探索各种行之有效的途径。

五、结语

体验哲学为认知生态语言学提供了哲学层面的理论支持，使其更具发展前景。生态问题是一个“关系到人类生死存亡的问题”（Trampe 1991）。在生态环境日益退化的今天，这一以解决生态环境问题为宗旨的语言研究范式具有重要的现实意义。有鉴于此，Matthiessen（2009）将该范式中的语言的生态批评列为系统功能语言学今后发展的新方向之一。

参考文献

[1] Benton, L. & J. S. Rennie. 2000. *Environmental Discourse and Practice*[M]. Oxford: Blackwell.

[2] Denison, N. 2001. A Linguistic Ecology for Europe?[A]. In A. Fill & P. Mühlhaüsler (eds.). *The Ecolinguistics Reader: Language, Ecology and*

Environment[C]. London and New York: Continuum, 75-83.

[3] Döring, M, H. Penz and W. Trampe (eds.). *Language, Signs and Nature: Ecolinguistic Dimensions of Environmental Discourse*[C]. Tűbingen: Stauffenburg Verlag.

[4] Edwards, J. 2009. *Language and Identity*[M]. Cambridge: Cambridge University Press.

[5] Edwards, J. 2010. *Minority Languages and Group Identity: Cases and Categories*[M]. Amsterdam: John Benjamins, Fill, A. Ecolinguistics [EB/OL]. http://www.gewi.uni-graz.at/ecoling/, 2014-08-26.

[6] Fill, A. & H. Penz . 2007. *Sustaining Language*[C]. Berlin: LIT Verlag.

[7] Gell-Mann, M. 1994. *The Quark and the Jaguar*[M]. New York: W. H. Freeman.

[8] Gerbig, A. 2003. Review of *The Ecolinguistics Reader: Language, Ecology and Environment*[J]. *Current Issues in Language Planning* (1): 91-93.

[9] Gibbs, J. 2001. The Terminations of Species[J]. *Scientific American* (5): 28-37.

[10] Goatly, A. 2001. Green Grammar and Grammatical Metaphor of Language and Myth of Power, or Metaphors We Die By[A]. In A. Fill & P. Mühlhaüsler (eds.). *The Ecolinguistics Reader: Language, Ecology and Environment*[C]. London and New York: Continuum, 203-225.

[11] Halliday, M. A. K. 1990. New Ways of Meaning: The Challenge to Applied Linguistics[J]. *Journal of Applied Linguistics*(6): 7-36.

[12] Harmon, D. 1995. The Status of the World's Languages as Reported in the 'Ethnologue' [J]. *Southwest Journal of Linguistics* (1&2): 1-28.

[13] Harmon. D. *In Light of Our Differences: How Diversity in Nature and Culture Makes Us Human*[M]. Washington, D.C.:The Smithsonian Institute Press.

[14] Harré, R. And J. Brockmeier. 1999. *Greenspeak: A Study of Environmental Discourse*[M]. Thousand Oaks, London and New Delhi: Sage.

[15] Lakoff, G. 1987. *Women, Fire, and Dangerous Things*[M]. Chicago: University of Chicago Press.

[16] Lakoff, G. 1990. The Invariance Hypothesis: Is Abstract Reason Based on Image-schemas?[J]. *Cognitive Linguistics* (1): 39-74.

[17] Lakoff, G. & M. Johnson. 1980. *Metaphors We Live By*[M]. Chicago: University of Chicago Press.

[18] Lakoff, G. & M. Johnson. 1999. *Philosophy in the Flesh: The Embodied Mind and its Challenge to Western Thought*[M]. New York: Basic Books.

[19] Maffi, L. 1994. *A Linguistic analysis of Tzeltal Maya ethnosymptomatology*[D]. Berkeley: University of California.

[20] Maffi, L. 2000. Language Preservation vs. Language Maintenance and Revitalization: Assessing Concepts, Approaches and Implications for the Language Sciences[J]. *International Journal of Sociology of Language* (142): 175-190.

[21] Maffi, L. 2000. Linguistic and Biological Diversity: The Inextricable Link[A]. In R. Philipson (ed.). *Rights to Language: Equity, Power and Education*[C]. Mahwah, NJ: Lawrence Erlbaum, 38-56.

[22] Maffi, L. 2001. *On Biocultural Diversity: Linking Language, Knowledge and the Environment*[C]. Washington: Smithsonian Institute Press.

[23] Maffi, L. & E. Woodley. 2010. *Biocultural Diversity Conversation: A Global Sourcebook*[M]. Washington and London: Smithsonian Institution Press.

[24] Matthiessen, C. 2009. M. I. M. Ideas and New Directions[A]. In Halliday, M. A. K. & J. J. Webster (eds.). *Continuum Companion to Systemic Functional Linguistics*[C]. London: Continuum, 12-58.

[25] Mühlhäusler, P. 1995. The Interdependence of Linguistic and Biological Diversity[A]. In D. Myers (ed.). *The Politics of Multiculturalism in the Asia/Pacific*[C]. Darwin, Aust.: North Territory University Press, 154–161.

[26] Mühlhäusler, P. 1996. *Linguistic Ecology; Language Change and Linguistic Imperialism in the Pacific Region*[M]. London: Routledge.

[27] Nabhan, G. P. 2001. Cultural Perceptions of Ecological Interactions: An "Endangered People's" Contribution to the Conservation of Biological and Linguistic Diversity[A]. In L. Maffi (ed.). On *Biocultural Diversity: Linking Language, Knowledge, and the Environment*[C]. Washington & London: Smithsonian Institution Press, 145-156.

[28] Nations, J. D. 2001. Indigenous Peoples and Conservation: Misguided Myths in the Maya Tropical Forest[A]. In L. Maffi (ed.). *Biocultural Diversity: Linking Language, Knowledge, and the Environment*[C]. Washington & London: Smithsonian Institution Press, 462-471.

[29] Oviedo, G. and L. Maffi. 2000. *Indigenous and Traditional Peoples of the World and Ecoregional Conservation: An Integrated Approach to Conserving the World's Biological and Cultural Diversity*[M]. Gland, Switzerland: WWF International and Terralingua.

[30] Posey, D. 1999. *Cultural and Spiritual Values of Biodiversity. A Complementary Contribution to the Global Biodiversity Assessment*[C]. London: Intermediate Technology Publications.

[31] Pritchard, G. R. 2004. *Econstruction: The Nature/Culture Opposition in Texts about Whales and Whaling*[D]. Melbourne: Deakin University.

[32] Skutnabb-Kangas, T. 2000. *Linguistic Genocide in Education – Or Worldwide Diversity and Human Rights?*[M]. Mahwah and London: Lawrence Erlbaum.

[33] Skutnabb-Kangas, T. and L. Maffi. 2003. *Sharing a World of Difference. The Earth's Linguistic,Cultural, and Biological Diversity*[M]. Paris: UNESCO Publishing.

[34] Skutnabb-Kangas, T. and R. Phillipson. 2007. Language Ecology [A]. In J. Östman & J. Verschueren (eds.). *Handbook of Pragmatics*[C]. Amsterdam: John Benjamins.

[35] Skutnabb-Kangas T, R. and Philipson, A. K. 2009. *Social Justice Through Multilingual Education*[C]. Bristol, Buffalo and Toronto: Multilingual Matters.

[36] Skutnabb-Kangas, T, R. Philipson and M. Rannut (eds.). 1994. *Linguistic Human Rights: Overcoming Linguistic Discrimination*[C]. Berlin and New York: Mouton de Gruyter.

[37] Trampe, W. 2001. Language and Ecological Crisis: Extracts from a Dictionary of Industrial Agriculture[A]. In A. Fill & P. Mühlhaüsler (eds.). *The Ecolinguistics Reader: Language, Ecology and Environment*[C]. London and New York: Continuum, 232-240.

[38] Weinrich, H. 2001. Economy and Ecology in Language[A]. In A. Fill & P. Mühlhaüsler (eds.). *The Ecolinguistics Reader: Language, Ecology and Environment*[C]. London and New York: Continuum, 91-100.

[39] 王寅. 2012. 后现代哲学视野下的语言学前沿——体验人本观与认知语言学[J]. 外国语（6）：17-26.

[40] 王寅. 2002. 认知语言学的哲学基础：体验哲学[J]. 外语教学与研究（2）：82-89.

语言与认知的互动：论语言系统生态批评的理论基础

朱长河

（原载《西南政法大学学报》2007第6期）

摘　要：语言与认知处于互动的关系。一方面，语言符号的形义结合是有理据的，是人类认知的结果。另一方面，影响着人类的认知语言，对认知具有反作用。语言的认知性表明，语言势必反映了人类对现实的认知，包括对人类自身与自然之间、以及自然界内部诸要素之间关系的认知，即对生态问题的认知，从而使得对语言系统进行生态批评具有了理论上的可行性。而语言对认知的反作用则使得这一批评具有了存在的必要性。由此可见，语言与认知的互动为语言系统生态批评提供了坚实的理论基础。

关键词：语言系统；认知；生态语言学

人们通常把“第一位生态语言学家”的称号授予美国人Einar Haugen。他在1970年所作的题为“The Ecology of Language”的讲座（1972重刊）“在许多方面都是具有创新性的。”如果从那时算起，生态语言学（ecolinguistics）已有30多年历史，其间出版和发表了一大批论文、专著和文集，可谓硕果累累。

作为一门研究“语言与其所处环境之间的互动关系的学科”，当今生态语言学研究的问题可概括为两个领域：语言自身的生态问题和语言中的环境问题。对这两大领域的研究产生了生态语言学的两大分支：语言生态学（language ecology）和生态批评语言学（critical ecolinguistics）。其中生态批评语言学又可进一步分为生态话语批评和语言系统生态批评。

然而，对于这一新兴研究范式，人们不禁要问：该范式有其理论基础吗？这一疑问不仅会影响其进一步发展及研究成果的推广，甚至还关系到其存在的理据，因而不容回避。由于生态语言学被视为语言学的一个分支，侧重的是语言研究，本文拟从语言学角度探讨作为该范式的分支之一的语言系统生态批评的理论基础。

一、语言系统的生态批评：理论基础解析

生态批评语言学形成于20世纪90年代，以Halliday在1990年希腊Thessaloniki召开的第10届国际应用语言学大会（AILA）上的主题发言为标志，是当今西方生态语言学的最新发展。该研究范式以生态环境为视角，研究语言系统和话语与生态环境之间的关系，以及运用语言解决这些问题的可能途径。

从研究对象来看，生态批评语言学大致可分为两个部分：“生态话语批评与语言系统的生态批评。”生态话语批评（Ecocritical Discourse Analysis）继承了批评语言学的传统，以话语的社会建构性为理论基础，对环境话语进行批评性分析，不同之处仅在于以生态意识形态视角取代了政治意识形态。语言系统的生态批评（Ecocriticism of Language System）致力于揭示语言系统（主要指词汇系统和语法系统等）中所隐含的、不利于生态环境健康发展的认知思想，如人类中心主义（Anthropocentrism）、增长主义（Growthism）等，并以此作为语言规划和制定语言政策的依据。因此，相对于生态话语批评而言，语言系统的生态批评更加年轻、更为新颖。

对语言系统进行生态视角的批评是以语言与生态意识之间的互动作为理论基础。这一基础包含了两个前提。一是语言系统中包含了人们对生态环境问题的认知思想；二是语言系统中的这一认知思想影响语言使用者的生态环境意识。前者为该研究范式成立的前提，是先决条件。这是因为，如果语言系统中不包含人们对生态环境问题的认知思想，对其进行生态角度的批评性分析也就无从谈起。后者为该范式存在的必要性所在，使其具有存在的价值。因为如果语言系统中的这一认知思想对语言使用者的生态环境意识不产生任何影响，对其进行批评性分析的意义就会大大降低。而语言系统中包含人们对生态环境问题的认知又必须以语言的理据性为大前提，即语言必须是非任意的、至少非完全任意的。这是因为，如果语言是一种无理据的、任意的符号系统，就不可能包含人类的认知思想，包括对生态环境问题的认知。

语言系统与生态意识的互动属于语言与认知互动的一部分，可以从当今认知语言学理论和语言相对论中获得佐证。语言的理据性则属于语言符号的属性问题，可以通过符号学角度的解析加以认证。

二、语言的理据性：符号学角度解析

2.1 语言符号的“他指性”

“符号为指称现实世界中同样事体的所有可被感官感知的信号。”这里的“可被感官感知”表明，物质性是符号的一个基本属性。由此，从符号学角度看，语言首先表现为某种物质材料，或为可被听觉捕捉的语音，或为可被视觉所捕捉的文字。可以说，语言符号的这一物质性是其成为符号的一个基本要求。在这一点上，Saussure将符号界定为“声音模式+概念”构成的“心理实体”，显然有欠妥当，在此基础上提出的语言符号任意说受到广泛质疑也在所难免。因为使用这样的“符号”，人们既无法通过听觉也无法通过视觉进行交流，而只能通过类似心灵感应之类的途径。虽然我们不能排除地球人在遥远的未来或许能使用这样的“符号”，但就目前而言，这显然不符合事实。

然而，具备物质性只是成为符号的必要条件，而非充分条件。也就是说，符号必须是物质的，但物质的东西未必就是符号，因为物质的东西要成为符号还必须具有“指称事体”的功能。而这里所谓的“指称”又必须是他指，而非自指。正如Chandler说的那样，“任何事物都可以成为符号——只要有人把它理解为指称了或代表了某物，但符号所指称或代表的某物不可以是符号本身。”以钥匙为例，如果我们用它来代表其他某种概念，如权力，那么它便成为一个符号；而如果我们仅视其为钥匙，那么它就只是它自身而已，而不能称其为符号。所以，作为符号的类型之一的语言也必须具有他指性，这是语言成其为符号的另一基本要求。

2.2 他指的人为性

那么，符号是如何实现他指的呢？是通过被赋予的意义。Peirce指出，“任何事物都不能成其为符号，除非它被理解为符号。”这里所谓“被理解为”其实就是被赋予意义，“被理解为符号”就是指在符号与事体之间建立起单向性质的他指关系。作为听觉材料的语音、或作为视觉材料的文字，通过被赋予意义，实现了形与义的结合，具备了他指功能，于是便成为了语言符号。

那么，是谁赋予语言符号以意义的呢？这涉及语言的起源问题。语言的起源不外乎两种可能：神授或人造。接受了科学世界观的现代语言学家自然无法容忍语言神授说，因而普遍接受语言人造说，即“语言是人类凭自觉创造出来的符号。”（着重号为笔者所加）而接受语言人造说意味着承认语言符号的意义是人赋予的，语言符号也就具有了人为性。

2.3 语言的理据性

虽然语言学家大多承认语言符号的意义是人类赋予的，但在人类如何赋予语言符号以意义的问题上却存在重大分歧。这一分歧导致在对语言性质认识上的两种截然相反的理论：任意说和象似说或理据说。

20世纪初，现代语言学的奠基人Saussure提出语言符号是任意的，并将任意性确立为语言的第一原则。然而，“语言是人类凭自觉创造出来的符号。”（着重号为笔者所加）作为理性动物，人类的自觉行为必然也是理性行为。所以，作为人类凭自觉创造出来的符号，语言势必包含了人的理性因素，从而决定了语言符号本质上的理据性。这正如赫尔德所言，“人类心灵对每一种行为都要了解他的起因，哪怕只是部分的起因，所以，认为一种语言未经任何选择，就从人脑中任意地发明了出来，这种说法对于心灵来说，不啻于肉体被死神的手抚摸所遭受的折磨。”因此，“一种根据肤浅空洞的任意性创造出来的语言是与他（自然人）的整个善于类推的本性相背的；一种完全任意地构想出来的语言，事实上也同一切人类心灵力量的类推原则格格不入。”

其实，语言的任意性与理据性是一种相互依存、相辅相成的关系。我们既可以说语言在具有理据性的同时也具有任意性，也可以说语言在具有任意性的同时具有理据性。语言符号在形式面所受到的限制，以及确立形义结合的过程中约定性等因素，决定了语言符号必然具有一定程度的任意性。而语言符号创造过程中人类的理性因素则决定了语言的理据性。

三、语言与认知的互动与生态语言系统批评

3.1 语言的认知性：语言系统生态批评的可行性所在

语言的理据性表明，语言符号的形义结合是有理可据的。那么，理据何来？当代认知语言学的研究表明，形义结合的理据来自人类对现实的认知。即语言反映了人类的认知，或语言具有认知性。

20世纪80年代初，Lakoff & Johnson通过对隐喻的研究发现，隐喻并不仅仅是一种语言现象，而且反映了人类的一种认知方式。“语言中之所以存在隐喻表达，是因为我们的概念体系中存在概念隐喻。”这表明，语言符号的形义结合以人类对现实的认知为基础，即《文心雕龙》中所说的“心生而言立”。此后，Taylor的语言范畴研究表明，不仅语言符号所表示的意义与人类对外部世界的范畴化、即认知范畴密切相关，而且语言范畴本身，如时态、词性等，与认知范畴之间同样存在着很强的相似性。Langacker的认知语法则从词至小句及小句的组合等层面，较为系统地探讨了语法系统所体现的认知模型。

所有这些研究向人们展示了一个与结构主义截然相反的语言世界观：语言并非封闭自足的系统，而是与人类的认知有着密切的关系。王寅、李弘（2003）将这一语言世界观总结为“现实→认知→语言”的三元互动模式，即语言符号的形式与意义的结合不是固有的，也不是语言社团任意性的集体行为，而是人们在对现实认知的基础上逐步形成的，是具有主观性的认知与具有客观性的现实互动的结果。随着这一语言世界观的确立，一个新型的语言研究范式——认知语言学迅速发展起来，并日益壮大。该范式的两项承诺之一便是Lakoff提出的认知承诺。该承诺指出，“语言和语言的组织反映了一般认知原则，因此，有关语言结构的原则应反映其他学科所发现的人类的认知规律。”这是因为，“人们通常将关于世界的共同经验储存于日常语言，因此可以通过人们表达思想的方法来采集这些经验。”可以说，认知承诺是认知语言学成其为“认知”语言学的关键，其中心思想便是：语言是认知的结果。

语言的认知性表明，语言不仅可以指称现实，而且语言本身就包含了人类对现实的认知。Lakoff甚至以此提出要像保护濒临灭绝的物种那样保护濒临灭绝的文化和语言，因为“如果一个物种想要

在多种环境下生存下去，就必须保持其基因库的多样性；同样，理解经验的手段的多样性对于我们人类作为一个物种的生存也是必不可少的。”这一语言观反映了保持语言多样性的重要性，而这正是当今生态语言学的主要思想之一。语言所体现的认知自然包括对人类与自然之间、自然界内部诸要素之间关系的认知，即对生态问题的认知。由此可见，认知语言学理论使得对语言系统进行生态视角的批评性分析具有了理论上的可行性。

3.2 语言的相对性：语言系统生态批评的必要性所在

语言相对论源于洪堡特的语言观。洪堡特在研究了爪哇岛上的卡维语后指出，“语言结构的规律与自然界的规律相似，语言通过其结构激发人的最高级、最合乎人性的力量投入活动”。因此，“每一语言都包含着一种独特的世界观，个人更多地通过语言形成世界观。”也就是说，“每一具体语言都是源出于人，反过来又作用于人，制约着人的思维和行动。”

萨丕尔及其弟子沃尔夫继承了洪堡特这一带有语言决定论性质的语言观。萨丕尔的研究表明，“语言不仅所指是经验，而且规定经验。”沃尔夫则基于对英语与印第安人的霍皮语等语言的对比研究，正式提出语言相对论，又称萨丕尔－沃尔夫假设：“使用明显不同的语法的人，会因其使用的语法不同而有不同的观察行为，对相似的外在观察行为也会有不同的评价；因此，作为观察者他们是不对等的，也势必会产生某种程度上不同的世界观。”在他看来，现代科学的世界观便是根据西方印欧语言的基本语法特征概括而成的。

实践唯物主义的语言观同样认识到语言对认知的反作用。马克思和恩格斯指出，“‘精神’从一开始就很倒霉，注定要受到物质的‘纠缠’，物质在这里表现为震动着的空气层、声音，即语言。”这里所谓物质对精神的纠缠，指的就是语言对认知的反作用。

功能主义语言学进一步发展了语言相对论的思想。在Halliday看来，“语言使人类构筑起一幅关于现实世界的心理图画，从而得以认识其周围世界及内心世界。”也就是说，“现实”并不是一个现成的、等待我们去表达的东西，而是需要我们积极地去建构。语言就是在这一建构过程中作为建构工具而产生和发展起来的。它不是建立在某一基础上的上层建筑，而是相互独立、同时又相互影响着的意识和物质的产物。因此“语言具有塑造意识的力量”。

语言的相对性表明，语言既非意义的被动储藏所，亦非仅为说话人和听话人之间传递意义的工具，而是“作为建构我们对现实的认知的参项之一，积极地参与了意义的创造过程。”语言对认知的反作用自然包括对人类与自然之间、以及自然界内部诸要素之间关系的认知的反作用，即对生态问题的认知的反作用。由此可见，语言的相对性使得语言系统的生态批评也就具有了存在的必要性。

3.3 语言系统生态批评举隅

Halliday在第10届国际应用语言学大会上的报告堪称语言系统生态批评的先驱之作。Halliday指出，“在语法的内层，小句与小句逐渐合成为一种世界观。这是一个隐藏着的、关于经验的理论，我们无意识地以此指导我们的行为和生存策略。语法的各个特点综合起来，促成我们以某种方式去释解世界。”不幸的是，语法给我们提供的这一释解方式现在已不再有利于我们作为一种物种的健康发展。他列举了英语语法中四种这样的特点。

一是通过可数名词和不可数名词，对以单位形式和以整体形式出现的实体进行区分。“这样的语法使得空气、水、土壤、以及煤、铁、石油等资源被释解为无界的东西，即无限地存在。”而事实并非如此，它们都是有限存在的。在这样的语法的诱导下，人类对这些资源进行无节制的开发利用，从而部分导致了当前所面临的资源短缺的局面。

二是被语法释解为可分等级的属性大多具有积极和消极两个极端。例如在“好”与“坏”这一对属性中，“好”被释解为积极的，“坏”则是消极的。有趣的是，英语语法对“量”的范畴往往同样也作出“质”的释解。如在“大”和“小”中，“大”是积极的，“小”是消极的。在“多”和“少”中，“多”是积极的，“少”是消极的。“Look at the size of it!”，一般意味着“这块头真大呀！”询问数量时一般只会说“how many”或“how much”，而不会说“how few”或“how little”。英语中的这种不对称现象比比皆是。因此，关于“大”的语法其实就是关于“好”的语法，关于“小”的语法其实就是关于“不好”的语法。于是，“通过‘大’和‘好’在语法中的并置，‘bigger and better’这一主题便被刻入到我们的意识之中。”在这样的语法诱发是一种“增长主义”（growthism）思想，如我们都希望住房越大越好，GDP越多越好。这一思想同样部分导致了当前所面临的资源短缺的局面。

第三是语法的及物性部分将参与物质过程的实体以一个连续统的形式、按其发动这一过程的潜能排列。人类自然处于这一连续统的最为积极、最能成为施事的一端，另一端则是那些无生命的物体。“这样的语言让我们很难将无生命的自然界当作事件的积极参与者来认真看待。”

最后，在这个连续统的某一点上，语法将这些实体断然地一分为二。人们常常将这一区分看作是人与非人的二分法，Halliday认为其实不然。在他看来，这是有意识与无意识之间的区分。英语中这一二分法最明显的体现就是其代词系统。有意识的实体代以“he/she”，无意识的实体代以“it”。更重要的是，在关于精神过程的语法中，感觉者总是有意识的实体。这就将我们人类与自然界割裂开来，而且完全排除了盖亚说，从而使我们很难将地球看作一个有生命的实体。而事实上，“她不仅有呼吸，而且有感觉，甚至能思维：尽管她从太阳那接受到的热量发生了巨大的变化，她却仍在维持着自己的体温；随着构成她的物种逐一遭到毁灭，她正缓慢地但却无法挽回地死去。”

继Halliday之后，Goatly、Trampe等都从生态角度对语言系统进行过批评。虽然语言学家在一些具体问题上仍存在分歧，但这些研究无疑为语言系统的生态批评开拓了思路。例如Trampe批评了语言系统中所体现出的“人类中心主义”和“商业化主义”，认为“我们的语言在表征世界时不仅采取了人类的角度，而且采取的是自然界对人类的有用性和人类的商业活动的角度。”Goatly则对系统功能语法将过程分为施事、参加者和环境等要素进行了批评，认为这样做暗示了宇宙的破碎性，不符合当今赞成世界整体观的科学的（生态的）思维方式。不仅如此，就连语法中的一致式也不过是约定俗成的隐喻而已。尽管这些所谓的一致式符合牛顿的力学理论，但却“代表了一种以人类为中心的、更不用说是幼稚的本体论或意识形态。”

四、结语

语言相对观与语言认知观的结合形成了生态语言学的互动原则，即语言不仅是认知的结果，而且反过来影响认知。语言与认知之间的互动关系使得语言系统的生态批评不仅成为可能，而且具有必要性。因此，Halliday在第10届国际应用语言学大会上明确提出：“生态问题的解决不仅属于生物学家和物理学家，也属于应用语言学界。”此后，“语言与生态”或“语言与环境”被列为每届大会的议题之一。如2005年美国麦迪逊大会的27个议题之一便是“Language and Ecology”，并举行了专题研讨：“New Horizons in Applied Linguistics: Language in its Full Social and Ecological Context”。国内目前生态语言学方面的研究尚未形成气候，而且现有研究主要集中于语言生态问题的研究。鉴于2011年第16届国际应用语言学大会在我国举行，生态批评语言学的研究亟待加强。

参考文献

[1] Bussman, H. 1996. *Routledge Dictionary of Language and Linguistics*[Z]. London: Loutledge.

[2] Chandler, D. 2002. *Semiotics: The Basics*[M]. New York: Routledge.

[3] Fill, A. & P. Mühlhaüsler. 2001. Introduction[A]. In Fill, A. & P. Mühlhaüsler (eds.). *The Ecolinguistics Reader: Language, Ecology and Environment*[C]. London and New York: Continuum, 1-9.

[4] Goatly, A. 1996. Green Grammar and Grammatical Metaphor of Language and Myth of Power, or Metaphors We Die By [A]. In Fill, A. and P. Mühlhaüsler (eds.). *The Ecolinguistics Reader: Language, Ecology and Environment* [C]. London and New York: Continuum, 2001. 203-225.

[5] Haugen, E. 2001. The Ecology of Language [A]. In Fill, A. and P. Mühlhaüsler (eds.). *The Ecolinguistics Reader: Language, Ecology and Environment* [C]. London and New York: Continuum, 57-66.

[6] Halliday, M. A. K. 1990. New Ways of Meaning: The Challenge to Applied Linguistics[J]. *Journal of Applied Linguistics*. (06): 07-36.

[7] Halliday, M. A. K. 1994. *An Introduction to Functional Grammar* [M]. New Edition. London: Edward and Arnold.

[8] Lakoff, G. 1987. *Women, Fire, and Dangerous Things*[M]. Chicago: University of Chicago Press.

[9] Lakoff, G. 1990. The Invariance Hypothesis: Is Abstract Reason Based on Image-schemas? [J]. *Cognitive Linguistics* (01). 39-74.

[10] Mühlhaüsler, P. 2003. *Language of Environment: Environment of Language: A Course in Ecolinguistics*[M]. London: Battlebridge.

[11] Sapir, E. 1921. *Language*[M]. New York: Harcourt.

[12] Saussure, F. D. 1972. *Course in General Linguistics*[M]. London: Gerald Duckworth & Co. Ltd.

[13] Trampe, W. 2001. Language and Ecological Crisis: Extracts from a Dictionary of Industrial Agricualture [A]. In Fill, A. and P. Mühlhaüsler (eds.). *The Ecolinguistics Reader: Language, Ecology and Environment* [C]. London and New York: Continuum.
[14] Ungerer, F. & H. J. Schmid. 1996. *An Introduction to Cognitive Linguistics*[M]. London: Longman.
[15] 洪堡特. 1997. 论人类语言结构的差异及其对人类精神发展的影响[M]. 姚小平译. 北京: 商务印书馆.
[16] 蓝纯. 2005. 认知语言学与隐喻研究[M]. 北京：外语教学与研究出版社.
[17] 赫尔德. 1998. 论语言的起源[M]. 姚小平译. 北京：商务印书馆.
[18] 马克思、恩格斯. 1972. 马克思恩格斯选集（第1卷）[C]. 中共中央马恩列斯著作编译局译. 北京：人民出版社.
[19] 沃尔夫. 2001. 论语言、思维和现实——沃尔夫文集[C]. 高一虹等译. 长沙：湖南教育出版社.
[20] 王寅、李弘. 2003. 体验哲学和认知语言学对句法成因的解释[J]. 外语学刊（1）：20-25.
[21] 洪堡特. 1997. 论人类语言结构的差异及其对人类精神发展的影响[M]. 姚小平，译. 北京：商务印书馆.
[22] 赵世开. 1989. 美国语言学简史[M]. 上海：上海外语教育出版社.

认知语言学与生态语言学的结合

——以词汇系统为例的可行性分析

朱长河

（原载《四川外语学院学报》2008年第2期）

摘　要：体验哲学和认知语言学认为，语言是基于体验和认知的结果，与人类的认知密不可分，必然具有人本性特征。据此，语言必然要打上生态语言学所批评的“人类中心主义”烙印。本文将认知语言学和生态语言学的有关观点有机结合起来，一方面，前者可使后者的理论基础更为完善，促使其反思自身，且使该范式获得了方法论上的指导意义；另一方面，后者的研究成果可为前者提供更加丰富的事实依据，并使前者的自身价值得以进一步实现。对英汉语言词汇系统的考察表明，（人本性）人类中心主义思想/人本性所导致的人类中心主义思想在词汇结构、形态及词义中都有体现。由于语言会反过来制约人类对世界的认知，对其进行分析有助于克服语言使用者思想上的偏见。

关键词：认知语言学；生态语言学；人本性；人类中心主义

一、引言

认知语言学和体验哲学认为，语言是基于体验和认知的结果，与人类的认知密不可分，因而必然具有人本性。据此，语言又必然要打上生态语言学所批评的“人类中心主义”烙印。由此可见，认知语言学与生态语言学具有较高的互补性，它们的有机结合具有可行性。本文拟探讨这两个研究范式相结合的可行性，并进一步从两者的主要思想出发，以英汉语言词汇系统为重点考察对象，探讨语言中的（人本性）人类中心主义思想/人本性所导致的人类中心主义思想，剖析其对生态环境健康发展的影响。

二、认知语言学、生态语言学与（语言人本性）语言的人类中心性

2.1 认知语言学与（语言人本性）语言的人类中心性

20世纪80年代初，Lakoff & Johnson（1980）通过对隐喻的研究发现，隐喻并非仅为语言现象，而是人类的一种认知方式，这已作为体验哲学和认知语言学的一条基本原则。体验哲学和认知语言学还进一步指出，语言符号的形义结合，都是以人类对现实的认知为基础的，即《文心雕龙》中所说的“心生而言立，言立则文明”。这一理论向人们展示了一个与结构主义语言学截然相反的语言世界观：语言并非封闭自足的系统，而是与人类的一般认知能力密切相关。王寅、李弘（2003）将这一语言世界观总结为“现实→认知→语言”的三元互动模式，即语言符号的形式与意义的结合不是固有的，也不是语言社团的任意性集体行为，而是人们在对现实进行感知体验的基础上通过认知加工逐步形成的，是具有主观性的认知与具有客观性的现实互动的结果。随着这一语言世界观的确立，一个新型的语言研究范式——认知语言学迅速发展起来，并日益壮大成为主流语言学派之一。其主要创始人之一Lakoff（1990）为该范式提出的认知承诺指出：“语言和语言的组织反映了一般认知原则，因此，有关语言结构的原则应反映其他学科所发现的人类的认知规律。”也就是说，语言具有认知性。

人类的认知方式多种多样，如原型、意象图式、隐喻、转喻等。Lakoff（1987）、Johnson（1987）的研究表明，人类的这些认知方式都是以体验为基础的。在此基础上，两位学者（Lakoff & Johnson 1999）提出了著名的体验哲学，从而奠定了认知语言学的哲学基础。该理论的三个基本观点之首便是“心智的体验性”（王寅 2007：57）。这一观点认为，“人类的概念、范畴、推理和心智的最基本形式是在对身体部位、空间关系、力量运动的认识的基础上逐步形成的”（王寅、李弘 2004）。国内学者沈家煊（1995）也曾指出，人从刚出生就体验到自己的身体是一个有边界的容器，又按“有界”与“无界”的对立来认识外界的事物、动作和性状。沈先生的这一观点可以说与体验哲学的基本观点如出一辙，即：心智以体验为基础。

语言的认知承诺和心智的体验观表明，语言是基于体验的认知

的结果，与人类的认知密不可分。可以说，在认知语言学家看来，语言在本质上是（人类中心性）人本性的，体现的是人类的一般认知。正如Jung（2001）所说，从绝对意义上讲，“语言总是以人类为中心的。”即使我们像Fill（1993：109）所提出的那样，从动物和植物的角度进行以自然界为中心的重新命名，语言仍然是人类意识的投射。因为除此之外，我们难道还有其他什么方法来再现动物和植物的“意识”吗？由此可见，生态语言学的所谓人类中心性，其实就是认知语言学所讲的语言人本性的代名词。认知语言学研究的目的之一就是要探究语言所体现的这种人本性，与人类中心论有相通之处（参看王寅 2007：289）。

2.2 生态语言学与语言的人类中心性

Smith（2006）指出，许多人都有这样一种态度，这种态度制约了他们理解或进入人类以外的动物和其他生命形式的情感世界的能力，并对我们这个星球上的所有生命产生了严重的后果。这种态度便是“人类中心主义”，即“将人类视为宇宙的中心，或宇宙的最终目的”。其实质就是“一切以人为中心，或一切以人为尺度，为人的利益服务”（余谋昌 1994）。可见，本文所要讨论的人类中心主义并非哲学家们建构出的某种哲学模式，而是人类为摆脱大自然的困扰而形成的对人与自然之间、自然界内部诸要素之间关系的认识。但是这一立场倘若走向了极端，一切均以人为中心，就可能导致人与自然的分离和对立，无视自然界其他生命的存在价值，把人类的发展建立在对自然资源的掠夺性开发利用基础上。曹明德（2002）指出：“这种价值观具有明显的‘反自然’性质，已将人与自然的关系引入绝境。”正因为如此，在全球性生态危机日益加剧的今天，人类中心主义被认为是导致这一危机的“意识形态祸首”，是当代生态危机的“祸源”（王彩云 2003）。

20世纪90年代兴起的生态批评语言学（Critical Ecolinguistics）又称语言的生态批评（Ecocriticism of Language），虽然只是生态语言学（Ecolinguistics）的最新发展，但当前狭义的生态语言学指的正是生态批评语言学。当今生态语言学两位领军人物之一Alwin Fill，在其主页（http: //www. –gewi.kfunigraz.ac.at/ed/projct/ecoling/-2k）上就是将生态语言学定义为：“语言学的一个新的分支，研究语言在生态和环境问题的产生中所扮演的角色，以及运用语言解决这些问题的可能途径。”另一位领军人物Peter

Mühlhaüsler，在其《生态语言学教程》中所讨论的也主要为语言的生态批评。该范式主要从生态视角对语言系统及话语进行批评性分析，旨在通过揭示现实语言中不利于生态环境健康发展的思想，培养人们的生态环境意识。人类中心主义思想由于具有上述危害性，自然也就成了生态语言学的主要批评对象之一。

虽然英语中的“人类中心主义”（anthropocentricism）一词与“人类中心性”（anthropocentricity）源于同一单词“anthropocentric”，却是两个完全不同的概念。前者为人类所持有的一种思想意识，后者为某一事物所具有的性质。然而两者又有着密切的联系。如前所述，就语言而言，从认知语言学和体验哲学的角度来看，人本性或人类中心性为语言的内在属性，本身无所谓有害或有益。然而它却蕴涵了排他的可能，从而导致语言仅着眼人类自身的利益、但无视其他生命形式。这种思想推崇一切自然之物服从人类利益，在行为上表现为对自然界无节制的商业利用，由此导致生态环境的破坏，从而成为生态语言学的主要批评对象之一。人类中心性与人类中心主义的这种联系为认知语言学与生态语言学的结合提供了可行性支点。

2.3 认知语言学与生态语言学的有机结合

生态批评语言学始于Halliday（1990）在第10届国际应用语言学大会（AILA）上的主题发言，他基于语言相对论指出：“语言具有塑造我们意识的威力。”（Language has the power to shape our consciousness.）他并进一步提出：“生态问题也是语言的问题，生态问题的解决不仅属于生物学家和物理学家，也属于应用语言学界。”

然而，语言相对论只是使语言的生态批评具有了现实意义，却不能解决该范式的理论基础和研究方法。例如，由于语言具有塑造我们意识的威力，若使语言人本性走向极端，其人类中心主义势必导致不利于环境健康发展的思想，因此有必要对其进行揭示和批评。但为什么语言中会存在这样的思想？如何去揭示语言中的这些思想？语言相对论显然无法回答这些问题，而认知语言学和体验哲学却可为此提供答案。

首先，认知语言学和体验哲学认为，语言是认知的结果，因此语言中必然包含人类的经验和认知，包括对人类与自然之间、自然界内部诸要素之间关系的认识，即对生态问题的认识。体验哲学则进一步指出，人类的认知是以体验为基础的，以人类自身为视角，这些经验势必具有人本性，难免包含不利于环境健康发展的人类中心主义思想。可见，认知语言学和体验哲学可以使生态语言学的理论基础得以完善。

其次，认知语言学指出，“人们通常将关于世界的共同经验储存于日常语言，因此可以通过人们表达思想的方法来探索这些经验”（Ungerer & Schmid 1996：F38）。因此人类对生态问题的认识同样可通过分析语言各层面形义结合的规律来揭示。这样，认知语言学便为生态语言学提供了方法论上的指导。而且，认知语言学的研究目的之一就是要探究语言的人本性，其研究方法和成果可直接为生态语言学所运用。

由此可见，与认知语言学相结合，可使生态语言学的理论基础更加完善，研究方法更加科学有效。另一方面，由于生态语言学对语言中人类中心主义的批评可在认知语言学的理论框架指导下的进行，其研究成果不仅可为认知语言学提供更加丰富的事实依据，而且也是认知语言学自身价值的进一步实现。

下面我们尝试将这两种研究范式有机结合起来，从体验哲学、认知语言学和生态语言学出发，考察语言的词汇系统中的人本性和人类中心主义思想，剖析其对环境健康发展的影响。需要说明的是，对语言中人类中心主义思想的生态批评主要是语言伦理性质的，重在指出其潜在的危害性，而不是评价其正确与否。这是因为在后现代主义的今天，人们越来越意识到绝对真理只是一种奢求，因为判断某一观点是否正确需要依赖如哈贝马斯所说的共识真理。然而，尽管人类的发展有着相当长的历史，“有关世界的、无可争议的知识却极其有限，尤以对生态问题的认识为甚”（Jung 2001）。此外，某一观点是否正确与该观点是否有害属于两个不同的范畴。前者属于科学范畴，后者属于伦理范畴，二者并不直接相关。科学上正确的不一定就是符合伦理的，反之亦然。例如运用核聚变原理能制造出原子弹的观点在科学上是正确的，但大多数人会认为这有害于人类的生存和自然环境的健康发展，因而不符合伦理。

三、人类中心性与词汇系统中的人类中心主义

王寅、李弘（2004）指出，“词汇最初来自对自身和空间（包括地点、方向、运动等）的理解，然后通过丰富的想象力，运用隐喻等认知策略扩展开来，逐步形成了人类的概念系统。”也就是

说，词汇系统同样是基于体验和认知的结果，具有人本性，从而难免包含人类中心主义思想。

3.1 人类中心性与词汇结构中的人类中心主义

Sapir（1912）指出，“某一语言的完整的词库（如果有这样的一个词库的话），可以看作受到这一共同体关注的所有思想、兴趣和职业的综合清单。”由此可见，词汇结构反映的是人类以自身为视点的认知经验，与现实结构之间并非一一对应关系。人本性和人类中心主义思想则在词汇结构与现实结构之间这种非一一对应关系中得到体现。一方面，部分事物因被认为对人类无足轻重而不能获得命名，表现为语言中的词汇空缺现象；另一方面，部分事物因被认为对人类尤为重要而获得多个名称，表现为语言中的相对同义现象。

我们认为，对生态意识影响更大的是词汇空缺现象。这是因为，根据Saussure（1972：119）的观点，“思维所区分的任何概念上的差别都将需求用不同的语言信号来表达；而思维不再区分的两个概念往往会用同一信号来表达。”之所以会出现词汇空缺，是因为人们觉得没有必要在概念上作进一步区分。从心智的体验性出发，所谓“有没有必要”是以人类自身的情感和利益为转移的。人类将认为重要的概念与其他概念区分开来，并在语言中给予专门的指称符号；而那些被认为不重要的概念将寄存于其他概念之中，并归属于相应的语言符号之下。

Gibbs（2001）对英语中的物种名称调查证实了这一点。他的调查表明，那些更易发现、从文化角度来说更加重要的物种获得命名的概率，远远高于那些不易发现、从文化角度来说不怎么重要的物种。具体如下表所示：

表1　部分物种获得命名率统计

文化分类	物种分类	现存种类数	获得命名数	命名率（%）
不易发现、不太重要	昆虫	8, 750, 000	1, 025, 000	11.7
	真菌	1, 500, 000	72, 000	4.8
	细菌	1, 000, 000	4, 000	0.4
	病毒	400, 000	1, 550	0.4

（续表）

文化分类	物种分类	现存种类数	获得命名数	命名率（%）
更易发现、更重要	两栖类	4, 780	4, 700	98.3
	哺乳类	4, 809	4, 650	96.7
	鸟类	9, 881	9, 700	98.2

（根据Gibbs（2001）的数据绘制）

在语言使用过程中，词汇空缺表现出的这一以人类为中心的认知思想，往往使语言使用者认为自然界中的某些事物是不重要的，从而可以肆意毁坏。此外，即使将没有获得命名的事物归入现存的某一符号之下，同样可能产生严重后果。例如，当英语和汉语都缺乏专门的词语指称，这被Mühlhaüsler（1983）称之为“一种不具经济效用、不具营销性、无法用于园艺、但却有益于生态平衡的植物”时，这样的植物往往只能归入英语的“weed”或汉语的“杂草”之下，对其进行铲除或也就不被视为对生态平衡的破坏行为。自然界因此而失去的物种不在少数，对生态平衡造成的破坏无法估量。不妨让我们再回到乡村的田野小径，看看我们儿时所熟悉的那些绚丽多姿的所谓“野花野草”，如今尚存几许。有鉴于此，对于生物家们来说，为那些尚无名的动植物命名成为一个重要而紧迫的工作。

3.2 人类中心性与词汇形态中的人类中心主义①

一般认为，形素是语言中最小或最基本的意义单位。也就是说，形素不再由其他有意义的单位构成。因此，单纯词由于其形态仅由一个形素构成，往往更多表现出任意性或无理据性，或其理据性已如洪堡特（1997：62）所说的那样，“湮灭在几乎不可能探明的黑暗之中”。相对而言，合成词由于其形态由多个形素构成，意味着概念的整合，即通过几个概念的组合形成新的概念，因而更具理据性。就连将任意性置于语言符号的第一原则的索绪尔也承认这一点。由于语言是基于体验和认知的结果，合成词的理据性其实就是指合成词的形态与意义的结合反映了人类基于自身对外界的认知

① 本部分中的部分例词由Alwin Fill教授在与笔者的电子邮件交往中提供。

经验，因而必然包含了人本性和人类中心主义思想。

词汇的形态所反映出的人类中心主义思想主要表现为“语言是从自然物对人类的功用这一角度给它们命名的”（Fill1 1993：104）。英语和汉语中的许多词语都包含了这种通过形态反映出的人类中心主义思想。例如英语中称某种蠕虫为“silkworm”，因为它们可以吐出供人们织绸用的“silk”（丝）；称某种蜂为“honeybee”，因为它们可以产出供人们饮用的“honey”（蜜）。有些植物被称作“firewood”，因为它们可以供人们生“fire”（火）；有些动物则被称作“livestock”，因为它们仅仅是为人们所拥有的、供未来使用的、活的“stock”（储存物）。汉语中也存在许多类似的例子。如有些动物被称作“猎物”，因为它们可以供人们狩“猎”；另一些动物被称作“宠物”，因为这些动物被人“宠”爱。有些林地被称作“经济林”，因为它们可以成为人们的“经济”来源；有些则被称作“防护林”，因为它们为人们的家园提供“防护”。

通过从自然物对人类的作用这一角度给它们命名，词汇的形态向人们传递了这样的思想：自然之物本来就是供人类使用、为人类服务的。语言中这一隐含的人类中心主义思想在语言使用过程中得到进一步加强，从商业利益出发向自然界索取有用之物便逐渐获得了合伦理性，对环境和生态的破坏便在所难免。有鉴于此，我们在给自然界的生物进行命名时应该减少以人类功用为唯一视角的思路，不妨多采用其他视角，如外形、性情等，或采取生态功用的视角，表现这些生物的生态功能，从而逐步淡化语言使用者的人类中心观，以求形成人与自然和谐相处的局面。

3.3 人类中心性与词义中的人类中心主义②

词语是词形与词义的结合体。认知语言学认为，“某一语言中词语的意义，以及如何进行组合使用，取决于我们对周围真实世界的感知和范畴化”（Ungerer & Schmid，1996：278）。根据心智的体验性，人们是基于自己的身体和自身的感受对世界进行感知和范畴化的。因此，词义同样反映以人类自身为视点的认知经验，从而必然包含人类中心主义思想。词义中的人类中心主义思想主要表

② 本部分中例词的词义全部引自中国社科院语言研究所词典编辑室编写的《现代汉语词典》。

现在以下两个方面。

首先，词义中对事物利害性质的判断多以对人类的利害为标准。例如根据词典上的定义，所谓益虫或益鸟，是指“直接或间接对人（人类）有利（有益）的昆虫或鸟类”。害虫是“对人有害的昆虫，有的传染疾病，有的危害农作物”；害鸟则是“以农作物或果树的果实和种子为主要食物的鸟类”。此外“有些鸟吃鱼苗，也是害鸟”。词典上没有“益兽”一词，却有“害兽”的说法，指的是“损害农作物，破坏森林、草原，危害家畜、家禽或传染病痛的各种兽类”。以此为标准，燕子、啄木鸟等被归为益鸟之列，喜鹊、翠鸟等则属害鸟；青蛙、螳螂等为益虫，苍蝇、蝗虫等则属害虫。在兽类中，被称作害兽的包括鼠、獾、狼、黑熊等。

其次，词义中对生物功能的界定大多以对人类的功用为视角，并显示了人类对自然的剥削性利用。例如猪的“肉供食用，皮可以制革，鬃可以制刷子和做其他工业原料”。牛的“力气大，供拉车或拉农具，有的供乳用或乳肉两用，皮、毛、骨等都有用处”。羊的词义中虽然没有包含功能义素，但其下义词的功能界定同样体现了对人类功用。例如山羊的“肉可以吃，皮可以制革，毛皮可以制衣褥”；绵羊的“肉可以吃，毛是纺织品的重要原料，皮可以制革”；羚羊的“毛皮可以利用”。如果说猪、牛、羊属传统的家养动物，与这样的词义相联系无可厚非，那么那些传统的野生动物又怎样呢？我们的调查表明，指称传统野生动物的词义同样体现了人类对自然的剥削性利用。如大象“可驯养来驮货物，象牙可以制工艺品”，狼的“毛皮可以制衣褥”，狐的“毛皮柔软，可做衣物”。

同样的界定视角也出现在指称植物的词义中。例如虽然树和草的词义中没有包含功能义素，但它们的下义词的功能义素却反映出人类对自然剥削性的利用。如树类中，桑树的“叶子是蚕的饲料，嫩枝的韧皮纤维可造纸，木材可以制器具，果穗可以吃，嫩枝、根的白皮、叶和果实均可入药”；杉的“木材供建筑和制器具用”；槐树的“木材可以做建筑材料，花和果实可以制黄色染料，花、果实以及根上的皮都入中药”。在草类中，香草的“茎和叶子可以提取香茅油，用做香水的原料”，芍药的“花供观赏，根可以入药，能镇痛通经”。

不难发现，相对于词汇结构和形态而言，词义中的人类中心主义更为直接和显现。词义中所包含的这一意识又潜移默化地指导着人类的社会实践，自然而然地导致了对自然界进行商业使用的思想。狼、喜鹊之类的害兽或害鸟自当灭之；树木花草、益兽益鸟等则自当取而用之。面对这样的意识形态，环境退化、生态失衡也就在所难免了。从科学意义上说，这些词义本身或许并不存在什么错误，问题在于它们只考虑了自然物对人类的利害关系，而忽视了人类与自然界之间、自然界内部诸要素之间的相互依赖关系。为此，在编撰词典尤其是普及性词典的过程中，对自然物的功能界定同样应更多地采取生态视角，如果一定要界定它们对人类的功用，则应更多地突出它们在“有生命”的状态下的功用。只有这样，语言使用者才更有可能以生态的眼光看待自然界中的万物，形成自觉保护生态环境的意识。

四、结语

语言是基于感知体验并经过认知加工的结果，“惟人参之”必将导致语言具有“人本性”这一特征，这与生态语言学所说的“人类中心（性）主义”必有相通之处。因此，借助认知语言学的理论和方法，对语言中的人类中心主义思想进行生态语言学角度的研究，不仅具有可行性，而且具有必要性。通过这两种研究范式的结合可发现，人类中心主义思想在词汇结构、词汇形态及词义中都有体现。由于语言会反过来制约人类对世界的认知，对其进行批评性分析势必“有助于人们克服自己思想上的偏见”（Mühlhaüsler 2003：64）。

参考文献

[1] Fill, A. 1993. *Ökolinguistik. Eine Einführung* [M]. Tübingen: Gunter Narr.

[2] Gibbs, J. 2001. The Terminations of Species[J]. *Scientific American* (5): 28-37.

[3] Halliday, M. A. K. 1990. New Ways of Meaning: The Challenge to Applied Linguistics [J]. *Journal of Applied Linguistics*(6): 07-36.

[4] Johnson, M. 1987. *The Body in the Mind*[M]. Chicago: University of Chicago Press.

[5] Jung, M. 2001. Ecological Criticism of Language[A]. In Fill, A. and P. Mühlhaüsler (eds.). *The Ecolinguistics Reader: Language, Ecology and Environment*[C]. London and New York: Continuum, 270-285.

[6] Lakoff, G. 1987. *Women, Fire, and Dangerous Things*[M]. Chicago: University

of Chicago Press.
[7] Lakoff, G. 1990. The Invariance Hypothesis: Is Abstract Reason Based on Image-schemas?[J]. *Cognitive Linguistics*(1): 39-74.
[8] Lakoff, G. & M. Johnson. 1980. *Metaphors We Live By*[M]. Chicago: University of Chicago Press.
[9] Lakoff, G. & M. Johnson. 1999. *Philosophy in the Flesh: The Embodied Mind and its Challenge to Western Thought*[M]. New York: Basic Books.
[10] Mühlhaüsler, P. 1983. Talking about Environmental Issues[A]. In Harris, R. (ed.). *Language and Communication*[C]. Oxford: Peramon Press, : 71-82.
[11] Mühlhaüsler, P. 2003. *Language of Environment: Environment of Language: A Course in Ecolinguistics*[M]. London: Battlebridge.
[12] Saussure, F. D. 1972. *Course in General Linguistics*[M]. London: Gerald Duckworth & Co. Ltd.
[13] Sapir, E. 1912. Language and Environment[J]. *American Anthropologist* (14): 226-242.
[14] Smith, P. Anthropocentrism[EB/OL]. 2006-07-31. http: //animalliberty.com/animalliberty/articles/Penelope/pene-2,hml,
[15] Ungerer, F. and H. J. Schmid. 1996. *An Introduction to Cognitive Linguistics*[M]. London: Longman.
[16] 曹明德. 2002. 从人类中心主义到生态中心主义伦理观的转变——兼论道德共同体范围的扩展[J]. 中国人民大学学报（3）：41-46.
[17] 洪堡特. 1997.论人类语言结构的差异及其对人类精神发展的影响[M]. 姚小平，译. 北京：商务印书馆.
[18] 沈家煊. 1995. “有界”与“无界”[J]. 中国语文（5）：367-380.
[19] 王彩云. 2003. 走出“人类中心主义”是否可能？[J]. 人文杂志（5）：11-16.
[20] 王寅，李弘. 2003. 体验哲学和认知语言学对句法成因的解释[J]. 外语学刊（1）：20-25.
[21] 王寅，李弘. 2004. 体验哲学和认知语言学对词汇和词法成因的解释[J]. 外语学刊（2）：1-6.
[22] 王寅. 2007. 认知语言学[M]. 上海：上海外语教育出版社.
[23] 余谋昌. 1994. 走出人类中心主义[J]. 自然辩证法研究（7）：8-14.

WH-问答构式的对话句法学分析(之一)

王　寅　曾国才

（原载《外语与外语教学》2016年第1期）

摘　要： 本文基于当前国外认知语言学研究前沿课题之一“对话句法学”的研究思路，从理论上和实践上探讨了WH-问答构式的对话句法特征。在理论上，笔者将认知语言学中的事件域认知模型（ECM）、突显原则（Prominence Principle）、图式-例示观（Schema-Instance View）整合为“EP模型”，并据此重点分析了该构式的对话句法共振；它可细分为：结构层面的共振（如：语音层、词语层、单句层、句群层等）和关联程度的共振（包括：全部共振、部分共振、零共振）；且弥补了Grice将“合作”仅定位于语义层而忽视句法层之不足。在实践上，以美国COCA语料库为基础穷尽性收集到约26,260条该构式，采用每5条任选一例的方法共得5,252例，为本文的语料分析提供了坚实而又可靠的例证基础。

关键词： WH-问答构式；EP模型；对话句法；句法共振

一、序言

国际认知语言学协会的权威期刊“Cognitive Linguistics”2014年第3—4期上连续刊登了8篇“对话句法学（Dialogic Syntax）”的专题论文，这一全新研究方向立即引起国内外学者的广泛关注，这不期与我们2012年开始研究英语中以“WH-词开头的问句及其答话”所构成的语对构式似有不谋而合之处。

1.1 什么是WH-语对构式

“问句-答话”语对形式，本文称其为“Q-A问答语对构式（Question-Answer Pair Construction）”，是人们通过日常对话活动获取信息的最重要渠道，是信息传递的最基本形式，古希腊哲学家柏拉图就在《对话录》中就曾以“对话形式”呈现了哲人的深邃思想。

英语中问句主要分：特殊疑问句、一般疑问句、选择问句和反意问句。特殊疑问句是以WH-疑问词开头，它作为该类构式的着落点（anchor），其后接疑问助动词或情态助动词，再加其他成分，在句法上形成了：

[1] WH-word + auxiliary + remainder?

的WH-疑问构式。答话人则根据该问话所提供的事件域范围来提供具体的信息，两者就形成了一组“语对构式（pair construction）”。传统语用学中称其为“语对（pair）”，一问一答形成一个“话轮（turn）”，现我们将其置于认知语言学和构式语法的视野中加以分析，这就是本文所说的“WH-语对构式”。例如：

[2] Q：What do you make of that?
A：I think it's two guys that want to make fun at Obama's expense. I think that – listen, this - Senator Obama.

1.2 对话句法学的研究动态及其重要意义

传统句法学过分注重句层面的语法现象，忽视了言语，特别是日常对话中的交际实况，更无视交际中话语与话语之间的本质联系。而“对话句法学”将其拓展到语对层面，寻找问答对话中的句法、语义、语用等特征，特别是答话如何（部分）复用问句的词语和结构，甚至形成平行结构，产生配对感知，出现了句法和意义上的共振（Du Bois 2014:359），这是对世界语言学研究的一大发展。

正是由于Q与A建立了对话共振关系，两者在语言上出现了“亲缘性（affinities）”，发话人与答话人之间才出现了某种语用合作，涌现出语用意义。因此，该学科大力倡导从语言的“认知”和“功能”这两个视角来较为全面地分析问句与答话之间的照应现象、平行特征、映射关系与共振效应，可望更为深入地揭示语言交际过程中语用意义涌现的规律，较为全面地探析对话中“基于语言建构语言（It takes language to make language）”的话语形成认知机制，进一步拓展了巴赫金对话理论的内容，推进了认知-功能视角下的语用研究，代表着当前认知语言学理论的前沿动态。

1.3 本研究所基于的语料

我们穷尽性地收集了美国COCA语料库中以WH-词在句首所构成特殊疑问句及其答话约26, 260对，再按每隔5个任抽1个的原则，共获5,252例。本文将以其为语料基础分析此类问答语对的对话句法特征。

二、理论框架

2.1 事件域认知模型（ECM）

我们（2005）曾基于国外许多学者所建构的认知模型之不足，提出了事件域认知模型（Event-domain Cognitive Model，简称ECM）"，以作弥补。

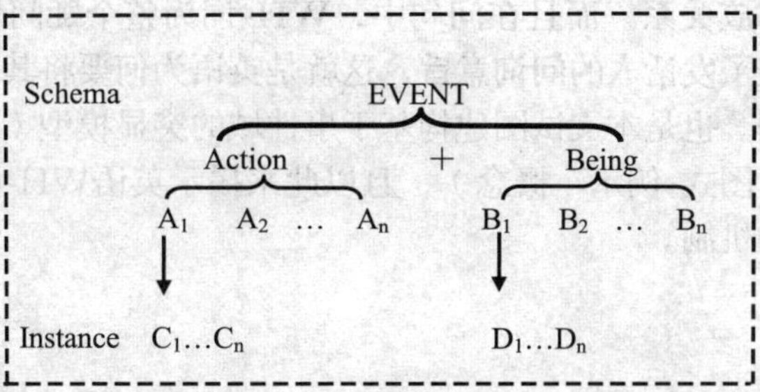

图1 事件域认知模型（ECM）

ECM认为，人们主要以事件域为单位来体认世界，形成记忆模块，储存于心智中。该模型的一个最大特色在于体现出了事件域"抽象-具体"的层次性，最上层为一个总体性事件，它内含两大核心要素，行为A和参与事体B；A下有很多子行为，它们还能带若干状语性特征；B下可含若干子事体，也可有若干定语性特征。语句表达也是如此，一方面可基于两大核心要素建构基本句型，如一个B和一个A就可形成一个主谓构式，BAB为主谓宾构式等。而且基于ECM的层级性形成了语言表达的层级性，上下层面之间形成了“图式-例示”关系。

2.2 突显、图式–例示与EP模型

根据人们的感知能力，在一个事件域中必有某些成分（如动态性、较小的、更被关注的）更具突显性，而另一些（如静态性、较大的、不很感兴趣的）相对来说则常具有背景性。在基于事件域组织起来的信息结构中，有的成分就成为语句中的突显信息，而另一些则为背景信息。就信息结构的详略度来说，处于事件域上层的，常为较简略、较抽象的信息，它们可呈现为结构性“图式（schema，scheme）”；处于事件域下层的，常提供了较为详细、具体的信息，成为“例示（instance）”，参见图1左边的标示。

在WH-问答语对构式中，问句常提供事件域中有关框架性结构，供答话填入具体的例示性信息。因此，正常的Q-A（question-answer）同处一个事件域之中，两者间形成了一个“图式-例示”对应关系。而且在问句中，WH-词为整个疑问句的焦点所在，突显了发话人的问询意旨，这就是英语为何要将其至于句首的认知理据。也是本文试图建构基于事件域的突显模型（EP，其中的E蕴含“图式-例示”概念），且以此来揭示英语WH-问答语对构式的认知机制。

三、WH–语对的对话句法研究

3.1 WH–词语出现频率

语料表明，在英语常用的9个WH-词语（what、how、when、why、who、where、which、whose、whom）中，前两者使用频率最高，各出现了2,826次和1,338次，分别占语料总量的52.86%和26.90%，两者相加达80%，其他依次递减。这正好对应于ECM中的两大核心要素B（事体）和A（行为）：即what作为疑问焦点所讯问的是有关B的情况；how讯问的是有关A的情

况。这也说明运用ECM分析WH-语对构式的事件域认知机制是可行的，一个WH-语对构式中的疑问焦点就是一个事件域的主要索引信息。

3.2 突显与图式-例示

Langacker（1991）认为，英语句子多以“图形（figure）-背景（ground）”这一顺序认知机制组织起来的，句首成分多为一个表达式的突显性图形信息。处于特殊疑问句开头的WH-词突显了整个句子的疑问目的；它与其他成分一起，为答话人提供了一个认知图式，标示着一个事件域中框架性信息，答话人则可围绕该事件框架，将具体内容填入到WH-疑问词中。如例[2]中答话人主要针对由问句中what所引导的疑问图式，填入了具体的例示内容。本文在例句中用黑体表示WH-疑问焦点词，也用黑体标示对WH-词所提供的例示性信息。

3.3 助动词表示事件时间

一个事件必定存在于某既定的时间域中，不存在与时间范畴无关的事件。在WH-问句中，时间属性主要体现在助动词上，通过它来表明事件的时间属性（Langacker 2008: 219-258），如用was、were、did、had等表示过去时间。情态助动词主要表示发话人心理态度，对现实事件做出判断与推理，或揭示其非现实性，可表明事件可发生在未来（用can, may, must, will, shall等）或过去（用could, might, should等）；也可能表示虚拟事件（用need, should+现在完成体）。因此，疑问和情态助动词为事件域提供了一个时间参照点，表明了WH-语对构式的时间域。

本文封闭语料表明，助词be和do使用最多，分别占45.07%和41.67%；情态词不常用于该构式中，仅占语料总量的10.09%；而助词have的使用量仅占2.36%，这表明完成体很少用于WH-语对构式之中，最常用四类疑问助动词大多用一般现在时，这表明此类构式所描写的事件域主要针对与发话人时间相一致的事件。

3.4 对话句法

3.4.1 问答之间的多元关系

我们知道，“Q与A”之间存在多种关系，也反映出“发话人vs答话人”之间有多种合作关系。鉴于答话A的开放性，它会有多种呈现方式。现主要从以下几个角度来分类Q-A关系。

（1）从数量上说，可有：一问一答、一问多答、多问一答、问而不答；

（2）从内容上说，可有：直接相关、部分相关、不相关；

（3）从图式-例示角度可分：直接例示、间接例示和无例示；

（4）在语用角度可分：完全合作、部分合作、不合作；

（5）从结构的不同层次可分：零句法（语音）、词语层、单句层、句群层；

（6）从问与答的关联度可分：完全共振、局部共振，零共振。

3.4.2 对话句法的共振性

最后两小类属于本文所说的“对话句法”，主要探讨“Q与A”之间在句法上的对应性共振关系。所谓“句法共振（syntactic resonance）”，是指“Q与A”之间在句法结构上所具有相同或相似的特征，即答话重复使用了问句中的语词、短语或整个句子结构，使得Q与A出现了句法结构上的对应性，从而使得它们之间产生了句法共振现象。一般说来，平行特征是对话共振的主要外显特征。

对话句法学（Du Bois 2014：372，375）认为，共振起到了激活话语在心智表征上产生亲缘性的作用，答话人选择性再用词语或结构时，并不是简单地模仿（mimicry）、响应（echo）或盲从性重复（slavish repetition）先前已用过的类似成分，而是表征了答话人有意识或无意识地做出了认知回应，确定了如何使用先前词语或结构来建构新话语，同时也突显了“基础话语（base）”和“目标话语（target）”之间的映射关系，并使得Q-A构式中的对应要素产生了“亲缘性（affinities）”，话语在词语和结构上出现了照应性或对称性，这就是“语用合作原则”在语言句法层面上的具体体现。同时，这也表明问答双方在“话轮进展过程（turn processing）”中采用了相似或相同的句法结构，共享了部分认知背景。通过发话人和答话人之间在语言句法层面上的合作，各对称要素给予事件域语境一种互为参照的关系，得以保证“对话共振（dialogic resonance）”顺利进行。

据此，Du Bois（2014:359）认为对话共振揭示了“用语言建构语言（It takes language to make language.）”的话语产生机制。如在WH-对话中，一个话语首先激活了一个事件域认知图式，即与ECM相关的框架结构；紧随其后的答话则为该图式提供了具体的例示内容，从而满足或部分满足了问话人的询问，此时Q与A形成了“图式-例示”范畴化关系。随着话轮的进展，句法不断引起共振，促发了对话构式产生共振循环，这也为语用合作原则提供了另一全新的认知研究方向。

我们认为句法共振可分为两大类：（1）结构共振；（2）关联共振。前者即上文分类中的第（5）点；后者即为上文的第（6）点。

（1）句法结构层面的共振 包括语言结构中诸如“语音、词语、单句、句群”等不同层面，且还包括：词性、时体、结构等方面的句法现象，它们都可能成为引起结构共振的句法资源。它们一旦出现在问句之中，相关信息就会在事件域场景中被激活，以供答话人选择使用，从而常引发了对话构式中（部分或完全）的平行结构，此类结构可使得语言各层面出现“耦合（coupling）”现象。

（A）语音层面，又可称之为“零句法”，是指发话人仅发出一个感叹性声音，未提供具体的、透明的信息，缺乏句法结构，例如：

[3] Q: **Where** did this guy, Shakespeare, come from?
A: **Hmm.**

A仅发出了感叹音，突显了对问句焦点图式结构的非原型例示情形，此类答语比例不高，仅占总量的0.32%。

（B）词语层面，指答话人仅用一个或数个词，非完整句作为答话，如：

[4] Q: **How**'s that turkey?
A: **Delicious.**

[5] Q: **Where** do they come from?
A: **From Hokkaido.**

此类回答倒也言简意赅、一词中的或数词中的，直接用一个词或短语具体例示了WH-疑问词所示图式。此类答语占总量的6.92%。

（C）单句层面，指用一个句法上完整的句子（包括简单句、并列句、复合句等）作答，例如：

[6] Q: **What** was Jennifer afraid of?
A: Jennifer was afraid **that he was going to hurt her or kill her**.

这类答语用一个句法完整句来例示了问句中的焦点图式结构，该类情形占15.38%。

（D）句群层面，指用一个以上的句子（句群）来回答问话，为WH-疑问词提供了较为充实的信息量，例如：

[7] Q: **What** was that all about?
A: That is **a conversation that's been going on for a long time in Pakistan. And, as Mosharraf Zaidi, one of the people you may be referring to, a writer, journalist and development expert in Pakistan, was saying, this is a profoundly difficult time. It is an insurgency that has gone on for years. Things have been blowing up all over that country for years. And it is extremely difficult for people. And they're not getting answers...**

该类答语以句群的方式做出了较为详细的回答，其中出现了两个以上的句子，它们一起来例示和充实了问句中的疑问焦点词What。在我们的语料中此类答语共占72.50%，且以由3个句子构成的句群为最多，占此类答语总数的32.32%。

（2）句法关联程度的共振，主要是从答话与问句之间在句法对应性的程度上做出的分类，可分为：（A）完全共振；（B）部分共振；（C）零共振。

（A）完全共振，是指答话中的每个成分几乎都能在问句的句法结构上找到相对应的成分，包括代词、时体、语气词等，例如：

[8] Q: **Where** are you calling from, please?
A: Yes, I'm calling **from Binghampton, New York**.

该问答构式中存在一一对应关系的结构关系，答语较为全面地映射了问句的句法结构，现详析如下：

（1）答语中'Yes'对应问句中祈使语气词"please"；
（2）人称代词"I"对应问句中"you"；

（3）答语的进行体“am calling from”对应问句的进行体“are calling from”；

（4）答语中黑体部分所表示的一个具体地点“Binghampton, New York”，对应于问句中疑问焦点（也用黑体表示）“where”。

答语以问句的句法结构形式为基础，具体例示了问句的图式框架，两者之间产生了完整的句法共振现象，现图示如下：

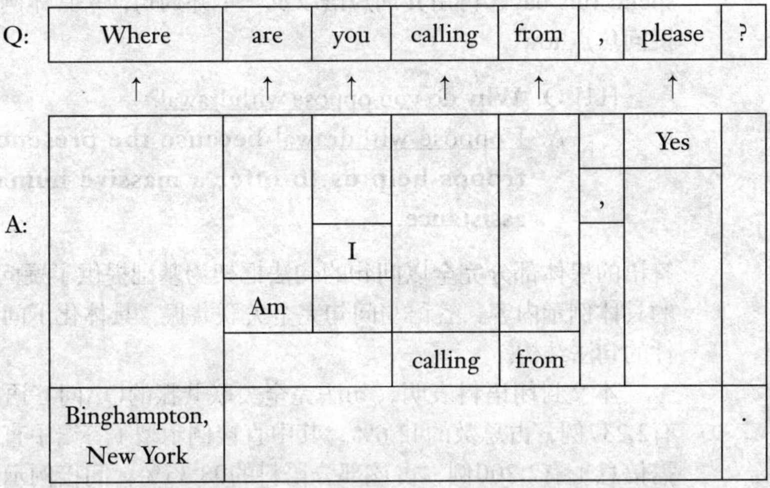

图2 例[8] QA问答构式的完全关联共振

又例：

[9] Q: What's **it** like?
A: What's **what** like?

这一问一答之间也存在完全关联共振现象，现图示如下：

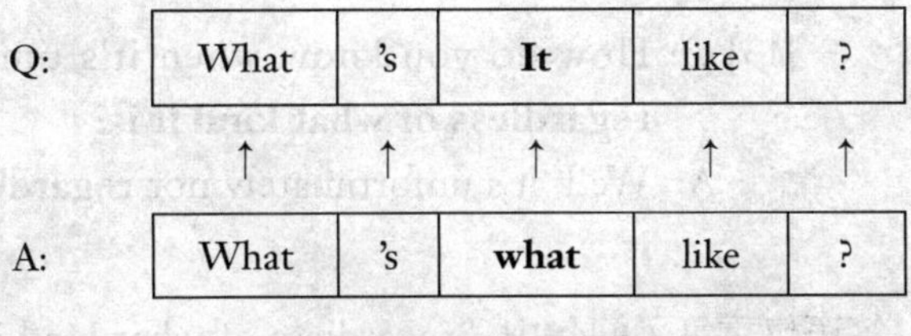

图3 例[9] QA问答构式的完全关联共振

注意，该答语与问句虽在句法结构上存在完全关联共振，但答语并未直接回答WH-词语所需的语义信息，即未具体例示WH-词的图式结构，而仅就问句焦点进行了同语反复。再例：

[10] Q: **How** do you plan to spend this day?
A: Well, I — I plan to spend this day **with my family. We're planning a memorial service and later we're going to visit the cemetery as a family.**

答话先用I plan to spend this day来关联共振于问句中的you plan to spend this day，再用介词短语以及一个并列句，来具体例示问句的疑问焦点how。

[11] Q: **Why** do you oppose withdrawal?
A: I oppose withdrawal **because the presence of the troops help us to offer a massive humanitarian assistance....**

答语的黑体部分完全以问句的句法框架为基础提供了疑问焦点why的具体例示内容，答语与问句完全关联共振，具体化了问句图式事件的句法结构。

本文封闭语料表明，句法完全关联共振的QA问答语对构式共有2,237例，占总数的42.6%，其中直接例示型（答语中直接明示所需信息）有2,200例，占该部分语料的98.35%；间接例示型（虽完全共振，但尚需推理）仅有37例，占1.65%。

（B）部分共振，指答话仅在部分结构上与问句形成对应性，例如：

[12] Q: **When will you be able to** surf again?
A: **When will I be able to?**

答语仅重述了发话人的部分结构，未对WH-词的图式提供具体信息。

[13] Q: How do you know when it's time to water a plant, **regardless of what kind it is?**
A: Well, it's unfortunately not **regardless of what kind it is... .**

答语仅重复了问句中"regardless of what kind it is"这一部分句法结构；但与问句不同的是：答语前面用了否定语词"not"，问句的疑问焦点"how"未能在答语中被具体例示，因此问答之间仅出现了部分句法关联共振的现象。

[14] Q: Who **was arrested?**

A: Hi, Madeleine. **The arrests** today **are** part of what's being hailed as the biggest manhunt in British history. Thousands of police officers and MI5 security agents are involved in daily operations. They've been going through footage from hundreds of closed-circuit television camera footage in London, analyzing forensic information from the bombs that failed to explode last week. They're following up on leads from members of the public as well. Also armed officers have been involved in raids searching for suspects.

问句中用的是动词 arrest，可在答语中变换为名词，两者也仅具有部分关联共振；又如：问句中的系词is在答语中变换为are；问句所讯问的信息是who，而答语并没有为其提供具体的例示性信息，两者之间仅存在部分句法关联的共振效应。

[15] Q: Where is **your morals and values**?

A: **I** ha — I have plenty of moria — **morals and values**. What I do for a living...

通过对比Q与A可见，答语未给where这个图式框架直接提供具体信息，即未在语义上形成完全共振，仅是在句法框架层面出现了部分关联共振：两者都包含名词短语结构morals and values，答话中的I共振于问句中的your。

部分共振共有2,421例，占总数的46.1%。

（C）无共振，指答语中没有重复使用问句中的相关词语和结构形式，即问句的图式结构未被具体例示，问答之间也缺乏句法平行特征，因此它们在句法层面上未能产生关联共振。例如：

[16] Q: **What** <u>could I do to help him</u>?

A: Good question, even now. Even now. Coming up... .

答语好像是在回答，但似乎在“答所非问”，因为它与问句在遣词造句和句法结构上没有映射关系，缺少共振现象。A充其量只回应了答话人的提问，未能解决他的信息需要，因为未能实现正常问答必须具有的“图式-例示”关系，

[17] Q: **How** <u>could they keep such a monstrous thing a secret?</u>

A: We wouldn't tell our parents, we wouldn't tell my sister Deanna, we wouldn't tell anybody.

答句A似乎在打圈圈，绕着道地玩文字游戏，对于发话人来说，A于事无补，因为A未能与Q形成对话句法共振，不仅未用到Q中的任何词语，与How的图式需求也相差甚远，两者难寻“图式-例示”的踪迹。当这一话轮结束后，问句的概念化事件域仍为一个图式结构。再例：

[18] Q: **Why** <u>would anyone do that</u>?

A: (Off-camera): These are not words that I think jurors are going to think most people would be searching for.

同样，这一问一答难以构成一个连贯事件域，因为它们并未形成句法关联共振，这又是一例答所非问的样本。

[19] Q: **Which** <u>is it</u>?

A: Oh, good lord. Let's—let's—let me give you another fact to chew on, OK?

答语A没有使用问句的句法结构，同时把对话焦点引向另一个新的事实（another fact），A的信息不能用来充实或例示which所需求的具体内容，一句话，问-答之间无句法共振关系。

句法无共振现象是WH-语对构式的句法特征之一，答与问在句法结构上未能形成“图式-例示”关系，理当是问答对话中的非原型样本。之所以两者之间无句法共振，其间的认知因素众多，有待另文分析。

在本文的封闭语料中，WH-语对构式的无句法共振现象约有594例，占总量的11.3%。这三类句法关联共振形成一个蕴含等级，参见下文。

四、结语

本文基于体认语言学中的ECM、PP、Schema-Instance View建构了EP模型，重点分析了WH-问答语对中的对话共振，它可进一步细分为：

- 对话共振
  - 1．句法共振
    - 结构层面的共振：音、词、单句、句群
    - 关联程度的共振：完全、部分、零
  - 2．语义共振
  - 3．语用共振

图4 对话共振分析图

笔者重点论述了此类构式的句法共振，且基于美国COCA语料库中的5,252例进行了较为细致的分析，获得了具体数据和百分比，且基于此做出了初步的论述。

（1）首先在9个WH-词中，最高频率的两个词为what和how，它们正好对应于ECM中的行为A和事体B，说明英民族更为关注事件中的这两大核心要素。

（2）事件的时间属性由紧接WH-词后的疑问和情态助动词来体现，疑问助词be和do频率最高，分别占45.07%和41.67%，两者高达87%。情态词不常用于WH-问句中，仅占10.09%，这说明WH-疑问构式较少涉及人的主观假设和推理。助动词have比例更低，仅有2.36%，说明完成体很少用于WH-疑问构式之中，从而可以推论：该疑问构式主要用一般现在时，描写事件域中与发话人相一致的时间。

（3）在句法结构层面的共振中，语音层面频率很低，仅占0.32%；词语层面频率稍高，占6.92%；单句层面更高，占15.38%；而句群层面最高，占72.50%。由此形成了一个等级蕴含（implicational hierarchy）：

> 句群层（72.50%）> 单句层（15.38%）> 词语层（6.92%）> 语音层（0.32%）

且在句群层面中，3个以上的单句构成的句群为最多，可达32.32%。

（4）在句法关联程度的共振中，完全共振的有共有2,237例，占42.6%；部分共振为2421例，占46.1%；零共振为594例，占11.3 %。

> 部分共振（46.1%）> 完全共振（42.6%）> 零共振（11.3%）

被当今学界誉为20世纪最重要的思想家之一、苏联著名文艺理论家、（语言）哲学家巴赫金（Bakhtin, M, M 1895—1975）早在20世纪30—40年代就基于人本主义立场，深刻反对索绪尔"关门打语言"的研究思路，强调语言运用中的社会情景因素，提出了著名的"对话理论（Dialogism，又译：对话主义、对话性）"，认为语篇中存在着两个以上相互作用的声音，它们会形成“同意vs反对”“肯定vs补充”“询问vs答话”等关系，因此“对话”才是人类生存的基本方式，因为任何人的存在都是以另一人为基础的，对话才是一切话语与语篇的基本特征（Bakhtin 1981,1998）。即使一个非对话体的本文也隐藏着“作者—读者”之间的对话机制。格莱斯（Grice 1975）提出的“合作原则（Cooperative Principle）”主要从语义信息角度提出了合作的4条准则，为语用分析提供了一个很好的分析思路。哈贝马斯（Habermas 1979，1981）所提出的“交往行动理论（Theory of Communication Act）”认为，“对话”是人类的一种基本交往行为，且基于行为主义和社会批判理论分析了对话得以达成理解的条件，当遵守“命题真实性、态度真诚性、行为规范性”的有效性要求，在主体间达成共识的基础上便可实现理想的对话。

我们认为，本文所分析的显性对话句法（WH-问答对话语对）对于揭示隐藏于文本中的对话机制定会有诸多启发；也是对哈氏交往行动理论的一个回应和发展；同时也弥补了格莱斯仅注重语义层面的合作而忽视句法层面合作之不遗憾。对话句法学进一步证明了语言理解须诉诸于对话的介入，人类交际和话语理解实现于对话之中。对话句法学既拓展了对话理论的研究内容，也弥补了主体间性忽视客观话语、主客主多元互动之不足，也将合作原则拓展到句法学层面，这为新认知语用学（王寅 2013）又增添了新内容，从句法和语义等层面来拓展研究符号与解释者之间关系的新思路。因此，无论从语言学（含句法学、语义学、语用学），还是从哲学和语言哲学角度上说，“对话句法学”都具有一定的前沿性和价值性。

参考文献

[1] Bakhtin, M.M. 1981. *The Dialogic Imagination: Four Essays*[M]. Austin and London: University of Texas Press: 279.

[2] Du Bois, John W. 2014. Towards a Dialogic Syntax[J]. *Cognitive Linguistics* 25(3):359-410.

[3] Grice, H. P. 1975. Logic and Conversation[A]. In Cole, P. & J. L. Morgan (Eds.). *Speech Acts* (Syntax and Semantics, Vol. 3.)[C]. London: Academic Press.

[4] Habermas, J. 1979. What is Universal Pragmatics? [A]. In *Communicative and*

the Evolution of Society [C]. Boston: Beacon Press.
[5] Habermas, J. 1981. *Theorie des Kommunikativen Hanlelns*: *Band 1 Handlungsrationalitat und Gesellschaftliche Rationalisierung* [M]. 洪佩郁、蔺菁译，交往行动理论（第一卷）—— 行为的合理性和社会合理化[M]. 重庆: 重庆出版社, 1994.
[6] Habermas, J. 1981. *Theorie des Kommunikativen Handelns: Band II Zur Kritik der Funktionalistischen Vernunft*. 洪佩郁、蔺菁译. 交往行为理论（第二卷）——论功能主义理性批判[M]. 重庆: 重庆出版社, 1994.
[7] Langacker, R. W. 1987. *Foundations of Cognitive Grammar vol. I: Theoretical Prerequisites*[M]. Stanford, California：Stanford University Press.
[8] Langacker, R. W. 1991. *Foundations of Cognitive Grammar, Vol. 2: Descriptive Application* [M]. Stanford: Stanford University Press.
[9] Langacker, R. W. 2008. *Cognitive Grammar:A Basic Introduction*[M]. Oxford: OUP.
[10] 巴赫金. 巴赫金全集（第五卷）[M]. 1998. 石家庄：河北教育出版社.
[11] 王寅. 2005. 事件域模型的认知分析及其解释力[J]. 现代外语（1）.
[12] 王寅. 2013. 新认知语用学——语言的认知-社会研究取向[J]. 外语与外语教学（1）
[13] 曾国才. 2015. 认知语言学前沿动态：对话句法学初探[J]. 现代外语（6）.

英语WH–问答对话构式的语义分析（之二）①

王 寅 曾国才

（原载《外语教学》2016年第2期）

摘 要：“对话构式”已成为当今认知语言学最前沿研究课题之一，本文基于心理学中的记忆原理和认知构式语法中的传承观建构了“语义共振（Semantic Resonance）”分析方法，以揭示“英语WH-问答对话构式”背后的认知机制。问话者Q为答话者A给出一个语义图式，后者则为前者提供例示性信息，两者形成了图式-例示关系。美国COCA语料表明A有多种方法例示Q形成两者间不同的语义共振类型：（1）完全共振；（2）冗余共振；（3）局部共振；（4）零位共振（包括：语气共振、否问共振、否已共振、复问共振、模糊共振、转移共振等）；（5）多元共振。本文据此还对Grice的合作原则提出了点滴补充。

关键词：WH-问答构式；语义共振；疑问焦点；背景义域

一、序言

构式语法的常见研究方法是先选定一个构式（常为较怪异的表达），然后分别从“句法、语义、语用”这三个维度逐一分析，以能较为全面地揭示语言表达式在各个层面的具体特征，可望有效纠正乔姆斯基早期纯句法研究之不足。我们（2016）已在分析该构式的首篇论文中论述了英语WH-问答构式的对话句法学特征，本文主要分析该构式的语义特征。

英语特殊疑问构式的结构为（若为系词，助动词与表示动作的动词合并）：

[1] WH-词 + 助动词 + 参与者 + 动作 + 其他成分？

特殊疑问词置于句首，以能引起答话人的高度重视，突显了这类问句的疑问主旨，使其成为语义焦点。其后紧跟“一般疑问句”

① 本文为国家社科基金项目“修辞的认知构式语法研究”（项目编号为14BYY152）的阶段性成果。

的结构，因此英语的特殊疑问句实际上是“特殊疑问词 + 一般疑问句”的复合品，是在一般疑问的基础上再加上一个特殊疑问词而形成的，以能突显Q所询问的语义聚点。

一般疑问句的结构是在陈述句基础上形成的，提前“be”或“助动词”，句后再配用问号。若陈述句为“系-表”结构，就直接将“be”提到句首，将表语留在主语后面（这就是上文所述的将助动词与表示动作的动词合并）；若谓语为“助动词 + 实意动词”，则将助动词（包括情态动词）置于句首；如谓语部分没有助动词，只有实意动词，英民族想到了用“do”这个代动词（pro-verb）来充当谓语部分的助动概念，将其置于主语前面。就这样，英语将be、助动词和do等提到主语之前，并借助于句末问号的作用形成了一般疑问句。将这三类词置于句首，意在突显它们的疑问之义，追问“是否”“能否”“可否”“做否”等信息。

而特殊问句是在一般疑问句所提供的背景义域基础上，进一步突显其中的某一特殊性疑问焦点，从而出现了特殊疑问构式。可见，英民族利用“句首”位置，做足了“突显”的文章，将依靠句首位置来突显语句信息的“突显—句首”认知方式呈现于世。这对于我们的语言教学十分有用。

二、语义共振的基础：记忆与传承

2.1 记忆

人们每经历一件行为（亲为、间接、阅读）便增长一个见识，由行为所建构起来的ECM（参见第一篇论文）能在人们心智中留下短暂或长久的痕迹，形成了信息滞留，这就是心理学中所说的“短期记忆”和“长期记忆”，前者仅滞留在心智中几秒或几小时；后者可长期被保存，这便成为我们的知识。通过逐年累月的积聚，形成了知识储备，渐成人类今日的知识大厦。

心理学告诉我们，人们通过感知获得的记忆（Memory）可分为：视角记忆、听觉记忆、动觉记忆、嗅觉记忆、味觉记忆等。当我们听到一句问话，会或短或长地记住其中的有关信息，包括句法结构和语义内容，便激活了一个相关的ECM，它们就成为A

回答时的认知基础，此处就涉及到认知构式语法所论述的“传承（Inheritance）”问题。

2.2 传承

Goldberg（1995, 2006）所创立的认知构式语法认为，任何构式都不是孤立地存在于语言系统之中的，它们相互关联，互为交织，盘根错节地组织为一个网络体系。特别是在结构层面，一个上位构式常会传给其下位构式很多信息，或者说一个下位构式会从其上位构式中传承到若干信息。在传承过程中，上位构式的全部特征可能全部传承到下位构式之中，它们共享全部特征，可图示为（C1表示上位构式，C2表示下位构式，I为其间的传承）：

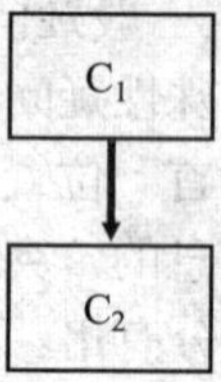

图1　完全传承模式

在传承过程中也可能发生点变故，两者在某些地方出现了特征冲突，下位构式仅从上位构式中传承了部分信息，有些信息被阻断了，可图示如下（两个构式之间的传承关系用虚线表示）：

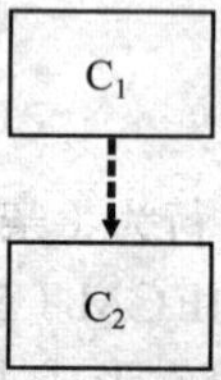

图2　部分传承模式

一个下位构式也可能会面对多个上位构式，同时从它们那里传承到若干部分特征信息，同时也阻断了它们的部分信息。当然，所传承下来的信息应具有兼容性，它们才能和平共处，共现于同一构式之中，可图示如下：

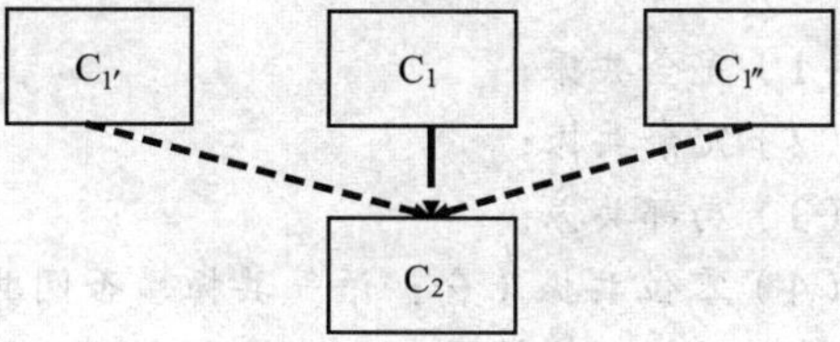

图3　多重传承模式

这一传承分析方法也适用于语义层面，即A在与Q进行合作性对话中，总要传承问句中部分（或全部）语义信息；同时这也与上文所说的“记忆”原理相同，即A总会“记住”问句中的部分（或全部）信息；再者，这也完全符合Grice（1975）的“合作原则（Cooperative Principle），只要交际双方进行问答对话，A就应与Q合作，前者传承后者的各类信息（包括句法、语义、语用等层面）来建构对话语篇。我们已在第一篇论文中论述了A如何在句法层面上与Q合作，传承或部分传承了Q的句法结构，即我们所说的“句法共振”，主要包括结构层面的共振（如语音、词语、单句、句群）和关联程度的共振（完全共振、部分共振、不共振）。本文继续从语义层面探讨Q-A之间的语义传承或共振情况。

2.3 语义共振

“共振（Resonance）”是杜布瓦（Du Bois 2014）提出来用于描写答话与问句之间在形式和语义上出现对应的术语，现笔者据此直接提出“语义共振”，用以描写A对Q问句信息的记忆和传承，前者在内容上回应了问句，他可以“完全、超量、部分、拒绝”等方式来提供所需信息。当A听到Q的问句后，便会记住并传承其中的句法结构和语义内容，此时他一方面会传承问句的句法学特征（参见前一篇论文），同时也须掌握其语义内容，然后依据合作原则向Q提供信息，以能满足他的询问。此时，A主要根据他与Q所共享的ECM，通过复用问句所提供的语义资源（包括词语义、句义等），进一步充实和细化了Q的语义图式结构。

根据[1]可知，英语特殊疑问构式主要包括5个部分，句首的WH-词可称为“焦点部分”，其余4者可统称为“义域部分”。答话人可同时回应这两部分，也可分别回应这两个部分，或根本不回应问话人的询问；当然了答话人也可能会“过于殷勤”，提供了过量的信息，这就出现了不同类型的语义共振：

（1）完全共振；
（2）冗余共振；
（3）局部共振；
（4）零位共振（含：语气共振、否问共振、否已共振、复问共振、模糊共振、转移共振）
（5）多元共振

现分述如下。

三、完全共振

基于构式间的“完全传承”原理，A记住并传承了Q在问句中的每部分信息，采用十分合作的态度在答话中共振回应了问句，两者在词语和信息上一一对应（位置可有不同），可谓不折不扣，既无缺省，也无冗余。这是完全传承例如：

[2] Q: **What** are you going to drink at the party?
A: I am going to drink **wine** at the party.

答话A所用词语完全对应与问句中的词语，现图示如下：

Q:	What	Are	You	going	to drink	at the party,	?
	↑	↑	↑	↑	↑	↑	↑
A:	Wine	Am	I	going	to drink	at the party	.

图4 例[4] 词语意义对应图

A也可对问句中相关部分的词语做出调变，但还是较为完整地保留了Q中各部分的语义信息，例如：

[3] Q: **What** are you going to wear at your wedding?
A: I am going to wear **a white wedding dress**.

问句中的wedding原为表示地点介词短语中的一个名词性成分，它被转换为答话中修辞dress的形容词性成分。也就是说答话还是较全面地复制了问话中各部分的语义，并无遗漏。

在语义完全共振的情况中，还包括对be和助动词所蕴含的时间概念的共振。问句若为一般现在时，答话多用一般现在时；若问句为过去时，则答话也当用过去时，例如：

[4] Q: **What** did you do after Michael's death?
A: I **prayed that I could be a donor for someone else** after Michael's death.

A也用过去时来回应Q，此时“问-答”两话语在时间概念上也发生了共振。

我们认为，答语对问句的语义传承或共振，体现了话语的对话性，这正是人类运用语言符号进行对话，以能达到互通信息、相互理解、达至共识、建构社团的基本需求。A对Q的理解需要参照其句法结构、语义内容、语用意图等特征，任何孤立的话语都不可能体现出话语与话语之间的互动关系，这也当属于Grice所创“合作原则”中的内容，因此这一分析也算是对Grice的一个补充。

四、冗余共振

所谓“冗余共振”，与“言简意赅、一语中的”式的答话相反，它提供了比问句基本所需更多的信息，A过分传承了Q的询问，围绕问句事件域做出了一定的发挥，违背了Grice（1975）合作原则中“数量准则”，常给人以“十分热情、言犹未尽、啰里啰嗦”的感觉，此时答话常以句群的形式出现，例如：

[5] Q: **When** did you first see the place?
A: **In April of' 97**, I asked Marco the cheese man if he knew of a house in the area. He said this was for sale. I came ......

问句用when聚焦于事件‘You first saw the place’发生的时间域，A满足了这个要求，提供了具体的时间段（参见黑体部分），且将其置于句首，十分工整地对应于问句开头的疑问词，从而完美地传承和例示了问句焦点的图式意义，对话的焦点语义被直接定位。但是，答话人言犹未尽，打开了话匣子，继续提供了更多的信息。句末的“省略号……”表明这话似乎一直未完，说起来没完没了。又例：

[6] Q: **Where** <u>are you going</u>?

A: I'm going **to Graceland**. I'll be in Memphis previewing Elvis memorabilia.

Q的语义焦点表征了有关地理位置的图式信息，A中的黑体部分对其做出了具体的传承和例示。但A仍言犹未尽，进一步告诉Q他将要到Graceland之后做什么事情，做了超量回应，答了些未问内容，提供了Q未打听的信息，出现了冗余共振。又例：

[7] Q: **Whom** is that going to benefit?

A: Probably **Ross Perot**, because, not because of Ross Perot and what **he** stand for, because nobody knows, but because **he**'s the none-of-the-above choice.

Q中的焦点词whom编码了事件中行为动词'benefit'的受事对象，它表示"一类人物"；A中的黑体部分Ross Perot对应于whom，能与疑问焦点形成语义共振。但除此之外，A过分传承了Q的问句，还补充了有关whom之外的若干其他信息，这虽不在问话人询问范围之内，却也有助于问话人理解答话人为何如此回答的原因，或还未等Q继续追问更多的相关信息，A就"迫不及待"地和盘托出了自己所知道的东西。再例：

[8] Q: **Whom** do you think it benefits?

A: Clearly, the President has exerted an awful lot of energy to put the political coalition together, and it takes a lot of energy to keep it together. And the longer the siege or the stalemate lasts, then the less energy that's available and left over to keep the coalition together. Militarily, I don't think it makes that much difference. But politically, I think it does. It definitely favors **Saddam Hussein**.

与上述3例不同，该句直到最后才出现了与焦点信息whom共振的信息Saddam Hussein，填补了Q的语义框架。这也是常见一种答话策略，让听者一直悬着好奇的心，耐心地听下去。除此之外，A还过量提供了问句字面意义之外的有关信息。

在正常交际中，A常要用多个分句或句子来进行冗余共振，此时的答话常以"句群（Sentence Group）"形式出现，且比例较高，这说明A似乎是个"好事之人"，唯恐别人不知道，常提供了问句字面义之外的相关内容，它有助于让Q知道A为何作此回答。

可见，违背了Grice合作原则中“数量准则”在英语WH-问答对话构式中十分常见，也不能算违背“关联准则”，因为这类“冗余性答话”，实际上常是一种“冗而不余”的会话策略，特别适用于下级对上级的汇报工作中。这尚值得我们深入研究。

五、局部共振

基于构式间的部分传承原理，A局部共振了Q问话，即没有完全回应Q所需要的全部信息，仅有选择地回答了Q的问句，答话与问句之间仅存在局部共振的现象。根据[1]可知，WH-疑问构式主要包括两大部分：（1）句首的焦点疑问；（2）其后的背景义域。因此在部分共振中答话可能与（1）形成聚焦共振，或与（2）形成义域共振。例如：

[9] A: **Where** do you keep your Oscars?
B: **In the bathroom.**
[10] A: **Who** is in fact going to be the Republican nominee for president in 2012?
B: **Donald Trump**（美国的地产大亨）.

这两个答话可谓言简意赅，一词中的，简明扼要，倒也干净利落，传递了关键信息，略去了不必重复的词语，最好地实现了Grice合作原则中的“关联准则”。两者主要就Q的疑问焦点做出了的回应，因此称为“焦点共振”。但有时A也会舍弃焦点疑问，仅对WH-词之外的背景义域部分做出回应，这就是本文所说的“义域共振”，亦可称为“义域传承”。例如：

[11] Q: What are you going to be doing?
A：We're going …... .

A仅回应了Q的背景义域部分，而对疑问焦点what置若罔闻，采用省略不说的方法，是秘而不宣，还是故弄玄虚；是吊人胃口，还是故作姿态；是无法回答，还是佯装知晓，真是不得而知啊！

[12] Q: Why would George Bush be part of something that is so manifestly undemocratic?
A: How do we know that George Bush is a part of it?

该答语置“Why-疑问焦点”度外，仅围绕问句的背景义域部分

George Bush be part of something建构了答话，A的语义定位仅限于WH-词之外的义域部分，并未很好地实现“问句疑问焦点vs答语核心信息”之间的图式-例示关系。因此，A仅传承了Q问话的部分信息，形成了局部共振。也就是说，这又例：

[13] Q: How do you explain the travesty of the Twinkie?
A: Oh, how did we get to the Twinkie?

A仅传承Q义域的部分信息，在答话中重复了这部分内容，而忽略了疑问焦点how，仍将其作为“图式”保留在答话之中，直至对话结束都未能提供与“如何”有关的语义定位。注意，A也未能在时间上传承Q问句形成共振：一般现在时多用于描写常态和经常发生的动作，涵盖了时间上的“过去、现在、将来”三个时段，而此处仅用过去时，这也进一步表明A仅传承了Q的部分信息。

六、零位共振

所谓“零位共振”，即构式间传承关系被隔断，A采取了“不合作”态度，没有直接向Q提供所需信息。他虽做出了一定的回应，但并不是Q所希望获得的信息，这就是我们常说的“答非所问”。这一类型较为复杂，本文暂将其分为6小类：

语气共振、否问共振、否己共振、复问共振、模糊共振、转移共振。

实际交际中可能还有很多其他类型，有待同仁和我们进一步探索。

6.1 语气共振

学界常将问句最后的“？”视为疑问语气符号，A答话时常常仅发出诸如“嗯、啊、哦、哈”等感叹类的声音，并没有使用具体词语，也未形成任何句法结构，这与视为与“？”形成的一种共振关系。你在“问”，我在“嗯”，也算是一种呼应，好像在表示“听到了”“知道了”“你继续说”等信息。A是在认真听，还是在“敷衍”，谁也说不清。也就是说A没有在语义上与Q实现语言意义上的传承，这就是本文所说的语气类零位共振。例如：

[14] Q: Where are they today?
A: Yeah.

仅一个Yeah，便打发了Q的询问，这或许是一种最为简洁的，或许也是最为复杂的语义共振。一个Yeah可视为简单附和，也可能是涵义无限……

6.2 否问共振

A出于不知道，或不想说等不合作目的，采用否定问句本身，即对问句本身提出疑问，这不失为一种有效的实施零位共振的策略。

[15] Q: Wh — which would you give up?
A: That's not a good question. I would give up both if I don't have the energy.

[16] Q: What did you do? When did you do it? Who did you do it with? What else did you possibly do?
A. It's a fair question to ask, but it's not a good question for a Democratic operative of another major candidate. That's just stupid.

上两组对话中的A都采用了直接否定问句本身的回应策略，以达到“零位共振”的目的。

[17] Q: How do you get a blonde to climb on the roof ?
A: I can't believe you don't know this.

A用“我不相信你不知道这一点”来作答，也没有直接回答Q的问题。

[18] Q: How do you explain this, the United States taking a lead role on this issue that way?
A: We're not supposed to be taking a lead role? Is that your question?

A用“难道那就是你的问题”来质疑问题本身，反问Q，也不失为零位共振的一种良策。

6.3 否己共振

A也可能采取否认自己知道的方法来回应问句，采用否定自身的方法来与问句形成共振，这也是此类问答构式常见的回应现象，例如：

[19] Q: **Who** did it?
A: I'm not the person you have to ask that question.
[20] Q: When can we anticipate the gang of six product?
A: I don't have any idea.

在这两组对话中，A都坦言承认自己不是回答这个问题的人，不知道Q所询问的信息，似乎在直接表明自己的“无能”。又例：

[21] Q: **Who** did it?
A: I'm not the person you have to ask that question.
[22] Q: Whose words are they?
A: I'd rather not say.

A直接回避疑问焦点whose words，也躲开背景义域‘They are X's words’，公然拒绝提供与其相应的例示性信息，使得Q未能通过对话获得所期望的意义。

6.4 复问共振

指A虽在应答，但仅重复了Q问句本身，并未提供任何有价值的信息。这里的“复”又可分为“完全重复”和“部分重复”两小类：

[23] Q: <u>Who is it</u>?
A: And <u>who is it</u>?

A仅重复了整个问句本身，或者完全复用了Q的语义框架，例示了框架本身，这也是采用“不合作”原则的一种体现。

[24] Q: <u>Where do they go</u>?
A: I don't know <u>where they go</u>. I'm not in the where-they-go business. I'm in the singing business.

A不仅重复了问话，而且还添加了不少额外信息，啰里啰唆地说了些于事无补的话语，似乎也在就问句本身做出评说，并没有帮助问话人解决所需解决的问题。

[25] Q: To whom do you think is <u>the person of the century</u>?
A: <u>The person of the century</u>.

A仅重复了Q中的部分词语，也没有回答问题本身，其中原因很多：不愿答、不好说、不知道等。

6.5 模糊共振

A仅提供了一个模糊的、大致的信息，未能完全满足问话人的需求，例如：

[26] Q: W<u>hose</u> fingerprint is it?
A: We know <u>its not Christopher's. Its not Joan's. Its not Peter's</u>. ...

[27] Q: **Whose fingerprint** <u>do you think it is</u>?
A: <u>I think it's</u> **the killer's fingerprint**.

上例中尽管A在字面上有与Q的焦点和义域的共振关系，但否定词not否定了疑问焦点的例示义，从而使得答语只模糊地表征了问句的背景义域。给人的感觉是：说他回答问题了吧，他并没有直接说出究竟是“谁的指印”，未形成有效的语义共振；说他没说吧，他也否定了几个对象，似乎在缩小确认的范围，对Q还是有所帮助。与其形成鲜明对比的是下一例句，它却提供了明白无误的准确信息。

[28] Q: Where does Dr. Joy Browne go for advice?
A: Sort of the usual places...... .

我们知道，抽象性图式具有层级性，Q提出一个上义性的抽象焦点图式，有待A来填充具体的例示性信息，此处A虽合作了，但不彻底，依旧用了一个较为抽象的例示信息“Sort of the usual places”，它依旧为一个具体地点的上位名词，未能准确地进行语义定位，仅具模糊共振的特征。

6.6 转移共振

在转移共振中又可分出若干小类型，包括“突显评价问句本身、转移疑问焦点或义域范围等”策略。例如：

[29] Q: **How** did you feel about the difference in the age when you found out that your ex-husband was seeing her?
A: Good question.

A没有充实Q中WH-词的图式语义，且在句法上也不与Q形成结构共振，根本就没有回答Q就有关行为提出的how问题，A与Q之间在语义上没有形成共振，后者的图式意义没被前者传承下来，两者之间没能体现出语义上的“图式-例示”关系。A采用了变换问句焦点的策略，将共振转向对问句本身的评价，这好歹也算是个回应，或许并不是Q所希望的。又例：

[30] Q: **What** would you say, one minority?
A: That's right.

[31] Q: **How**'s, overall, Bush doing? Pres.
A: You know, Larry, I was assuming you were going to ask that question, so it's not a surprise.

在这两组对话中，A都没有直接回答Q，而将A聚焦于问题本身。

[32] Q: **Where** do I have to go, Stephen?
A: To walk?

A 回避了Q中的疑问焦点，未能提供有关where所询问的空间图式信息，而将视线转向义域部分，针对 to go做出了to walk的回应，例示了发生go事件的具体方式，巧妙地运用转移义域的方式做出一种间接回应。

七、多元共振

基于图3的多重传承原理，A可能会融合多种共振方式于一体，来实现“问句-答话”之间的语义共振，例如：

[33] Q: **Whom** <u>do you want to meet</u>?
A: No, I have not thought over this, and I will be misleading you if I said I had one person <u>I would like</u>

to meet. What is immediately- is my first priority, is to meet with **the national representative of the ANC in Lusaka**

A先用No来回应特殊疑问句，这算是有标记用法，违反了回答特殊疑问句常规，具有“零位共振”的特征；接着用“否已共振”的方法回答问题；且“局部共振”了背景义域中的 want to meet；又“冗余性”地提供了问句字面义之外的很多信息；直至句末才实现了“焦点共振”。

[34] Q: **Why** are there so few great American political novels as opposed to, say, detective stories?
A: Well, that's a very good question. That's a very good question.

A即采用了评价问题本身的共振方法，又采用了冗余性共振，通过重复前句，进一步强调表明自己所坚持的零位共振的策略，既回避了语义焦点，又脱离了背景义域，更无完全传承之义。又例：

[35] Q: **Which** is it?
A: That's one of the problems. They don't know. The financing does not hold water. It does not work....

此处，A融合了“肯定问句本身、否定共振、冗余共振”等方式，以达到转移话题，实现零位共振的目的，他始终未能例示Q中的语义图式。

[36] Q: Why should they have to take the pay decrease?
A: Wait. Is that what y – that – that – that'not …… .

简单一个答话包含了多个共振策略：先用Wait来转移疑问焦点why，然后再用what来进一步冲淡 why的语义焦点；接着又用了模糊表述y（似乎you的发音省略），两次复用了that，其后还有not用来否定什么，再接一个省略号，余言未尽。这个A还真是玩“零位共振”的老手！

从上分析可见，A可以完整地传承Q的语义框架，两者进行全面合作，以Q所示的语义框架为基础，进行合适的语义填充。但他也可仅就疑问性语义焦点做出回应，也可仅对背景性义域进行回应，也可仅做出声音回应，但并未提供直接性应答信息，出现了零位共振，其中又涉及许多不同的策略，足以可见A的信息传承方式、合作方法选择有“多样性”特征。这为我们日后的新认知语用学留下了广阔的研究空间。

八、结语

英语中的WH-问答对话构式，是实现人际沟通、获取信息、达至共识、形成人类社会的主要言语行为之一，问句与答话之间的关系复杂，其类型多样，涉及的理论也较多，已成为当前认知语言学的前沿性研究课题之一，引起国内外许多学者的密切关注。我们（2016）在对此类构式进行句法学特征分析的基础上，又尝试从语义角度，运用“语义共振”来分析它们的信息记忆、传承和回应特征。

美国COCA语料表明，A对于Q所提出WH-问句的语义图式，可用多种方法来填补例示性信息，形成了不同的共振类型，主要有五：完全、冗余、局部、零位、多元等。

<table>
<tr><th>序号</th><th colspan="2">共振类型</th><th colspan="2">数量（5252）</th><th colspan="2">百分比</th></tr>
<tr><td>1</td><td colspan="2">完全共振</td><td colspan="2">447</td><td colspan="2">8.5%</td></tr>
<tr><td>2</td><td colspan="2">冗余共振</td><td colspan="2">1763</td><td colspan="2">33.6%</td></tr>
<tr><td rowspan="2">3</td><td rowspan="2">局部共振</td><td>焦点共振</td><td>2074</td><td rowspan="2">2448</td><td>39.5%</td><td rowspan="2">46.6%</td></tr>
<tr><td>义域共振</td><td>374</td><td>7.1%</td></tr>
<tr><td>4</td><td colspan="2">零位共振</td><td colspan="2">594</td><td colspan="2">11.3%</td></tr>
</table>

图5　四大类共振语料统计

从上图可见，在这4类共振中，局部共振比例最高，这说明A常用此策略回应A的问句。另外，多元共振与4大类共振多有重叠，因此我们进行了单独统计，约为3,356，占总量的64%。这也说明，A常用多种方法回应Q。

我们的分析方法和数据统计也对Grice（1975）的合作原则就“质、量、方式、关联”4准则做出了如下补充：

（1）用“传承”、“共振”、“图式-例示”关系来详解A与Q之间是如何建构合作关系的，而不仅停留在理论拟构、笼统说说而已。

（2）就语义层面的合作而言，除了Grice所说的4个方面之外，还有待深入，如本文所述及的“冗余、模糊、否定、转移”

等，分析更为入微。

（3）就量准则而言，COCA语料表明A多用句群回答的方式做出“超量”回应，且百分比较高，将研究拓展到数据统计方面，加深了我们对该准则的认识。

（4）就合作而言，不一定仅停留在语义层面的4准则上，也应考虑到遣词造句和句法学层面的合作（参见王寅 曾国才 2016）。

（5）强调了A与Q合作的多样性，突显了人的主观能动性，进一步深入挖掘了属于不合作的“零位共振”中的多种情形。

这一研究也算是对建构新认知语用学（王寅 2013）的一点心得。

参考文献

［1］ Du Bois, John W. 2014. Towards a Dialogic Syntax[J]. *Cognitive Linguistics* 25(3):359-410.

［2］ Goldberg, A. 1995. *Constructions: A Construction Grammar Approach to Argument Structure*[M]. Chicago and London：The University of Chicago Press.

［3］ Goldberg, A. E. 2006. *Constructions at Work: the Nature of Generalization in Language* [M]. Oxford: OUP.

［4］ Grice, H. P. 1975. Logic and Conversation[A]. In Cole, P. & J. L. Morgan (Eds.). *Speech Acts* (Syntax and Semantics, Vol. 3.)[C]. London: Academic Press.

［5］ 王寅. 2013. 新认知语用学——语言的认知-社会研究取向[J]. 外语与外语教学（1）: 1-4.

［6］ 王寅，曾国才. 2016. Wh-问句构式的对话句法学分析（之一）[J].外语与外语教学（1）：1-8.

［7］ 曾国才. 2015. 语法构式的事件结构认知研究[J].西安外国语大学学报（1）：38-42.

［8］ 曾国才. 2015. 认知语言学前沿动态：对话句法学初探[J]. 现代外语（6）：842-848.

［9］ 张国华. 2014. 与until有关的两个句法构式研究[J]. 外语教学（6）：20-25.

WH-问答对话构式的认知语用分析（之三）

王　寅　曾国才

（原载《中国外语》2016年第3期）

摘　要：本文受当前认知语言学前沿课题之一“对话句法”的启发，基于“事件域认知模型”和“图式-例示”建构了“基于事件域的图式-例示模型（ESI）”，重点探索英语WH问答对话构式背后的语用认知机制。答话者A基于与问话者Q的人际关系和交际场景，实施了不同的合作策略（完全合作、局部合作、零位合作），这决定了与其对应的三类不同的ECM耦合，从而出现了与它们对应的三类不同的信息共振。本文还从美国COCA语料库获得5,252组此类对话构式，以具体数据统计来支撑笔者的分析和观点。这既是对Grice合作原则的发展，也是对新认知语用学研究内容的充实。

关键词：ESI；WH-问答对话构式；合作原则；新认知语用学

一、引言

人类运用“问-答语对构式”进行对话，以获取信息，且在此互动过程中建构了人际关系。这一基本生活方式使得我们的知识不断流通，社会不断发展，从原始走向现代，从个体走向社团，从封闭走向共享，实现了人际间的信息合作。Grice（1975）据此提出“合作原则”，就“质、量、方式、关联”四项准则来解释问话人A与答话人Q的意义理解和信息获取，尝试用几条有限的规则来揭示深藏于话语字面意义下的涵意（implicature）。该原则具有重大意义，从语言哲学角度解释了人际间如何通过对话来理解对方，知晓意图，为哲学界和语言学界中的语用学奠定了理论基础。但时至40年后的今天，我们感觉到，该原则过于笼统，分析不详，未能深刻分析Q-A之间存在着各种不同的合作类型及其程度，且缺少语料统计支撑。

当前认知语言学的最前沿课题之一“对话句法学（Dialogic Syntax）”，已将构式研究拓展到对话层面，Du Bois（2014：359）在“Cognitive Linguistics”2014年第3期上以“Towards a Dialogic Syntax”为题撰文，基于“句法共振（Syntax Resonance）”论述了答话与问句在句法形式上所存在的种种对应关系。笔者（2016）根据这一思路，从理论上和实践上探讨了英语中WH-问答构式的对话句法特征，且穷尽性地调查和分析了美国大型语料库COCA中该构式5,252例，用具体数据来佐证我们的分析。此类研究的意义还在于：将Grice所论述的合作从语义层面拓展到句法层面，尝试解释答话与问句之间在形式层面的呼应关系。

笔者又基于认知构式语法中的“传承观”论述了该构式中的“语义共振（Semantic Resonance）”现象，且将其细分为：完全共振、冗余共振、局部共振、零位共振，且阐述了零位共振中的“冗余、模糊、否定、模糊、转移”等现象。本文则尝试建构“基于事件域的图式-例示模型（Event Domain-based Schema-Instance Model，简称ESI）”，以期揭示隐藏于答问对话背后在“信息共振（Information Resonance）”上存在差异的认知机制：因其所述的事件域出现了不同的耦合度，这又取决于A与Q之间因不同的人际关系和交际语境而采取了相应不同的“合作策略”。

这样，我们就基于认知构式语法的研究思路，分别从“句法、语义、语用”这三个层面来较为详细地分析了WH-问答对话构式的诸多特征。

二、ESI模型

我们认为，事件域是建构对话的基础，问答双方常以一个事件域为起点进行询问和应答。Q意图寻求某事件中的具体焦点信息，常用一个特殊疑问句来提供一个图式性框架，其原型句法结构为：

[1] WH-疑问词 + 助动词 + 行为者 + 动作词 + 其他成分？

（WH-疑问词：疑问焦点；助动词 + 行为者 + 动作词 + 其他成分：事件背景）

A也基于问句所提供的事件背景来识解问句的焦点信息，在Q的焦点框架中填入了具体的例示信息。这就是笔者尝试将认知语言学中的ECM与“图式-例示（Schema-Instance）”结合为ESI模型的初衷。现图示如下：

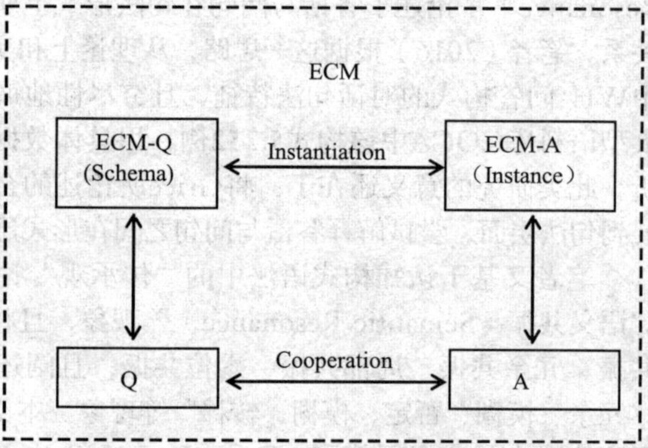

图1 ESI模型与WH–语对构式

该图表明Q与A在共享同一个ECM（即最外围的虚线框，因其界限不明用虚线）的前提下，双方的话语体现为“抽象性图式事件vs具体性信息事件”之间的“例示关系（Instantiation）”。图1下方Q与A之间所存在的不同“合作关系（Cooperation Relation）”，就决定了该图上方的两个ECM之间具有不同的重合性，产生不同程度的“耦合度（Coupling Degree）”，这就决定了答话者A所提供的例示性话语与问话者Q所提出的图式性话语之间在信息上出现了不同程度的“信息共振”。

所谓ECM-A与 ECM-Q之间的结构性耦合，主要体现在对事件域中与两大核心成分相关的要素上。根据王寅（2005）所析，事件域中主要包括行为A（下含若干具体动作A_n及相关特征）和参与者B（下含若干参与者B_n及相关特征）这两大范畴，它们储存于交际双方的心智之中。行为A范畴中的下位信息含how，when，why，when，where等；参与者B范畴中的下位信息含what，who，whom，whose等，根据认知语言学中“范畴化原则（Principle of Categorization）”，在双方完全合作的条件下它们当一一对应。若将这一合作认知机制落脚到WH-问句，上述所列的特殊性下位信息就被语法化为句首的特殊疑问词上（参见[1]中的疑问焦点），而其他相关要素就被语法化到其他句法成分之中（参见[1]中的事件背景）。A与Q的合作就体现为答语具体例示了问句中的疑问焦点和/或背景事件，形成信息共振。其间出现了三种对应类型，现据图1自下而上分层列述：

A与Q的合作度	两事件的耦合度	答问中信息共振度
完全合作	完全耦合	完全共振
局部合作	局部耦合	局部共振
零位合作	零位耦合	零位共振

我们认为，处于图1最下层的是最根本的认知机制，即A与Q的人际合作关系决定了ECM的耦合结构，这两者是决定表层答话-问句信息共振的认知理据，这是“从下向上的决定关系”；表层的答-问两构式之间的信息共振，反映了其背后的两层认知机制：（1）所关心事件域的耦合；（2）交际双方的合作态度，这是“从上向下的反映关系”。现分述如下。

2.1 完全耦合与完全合作

当ECM-A所提供的具体信息能圆满地具体实现于ECM-Q的图式结构中，则问与答两事件之间具有较高或完全耦合的特征，它们经整合后便可融合为一个事件，如图2中黑框所示。

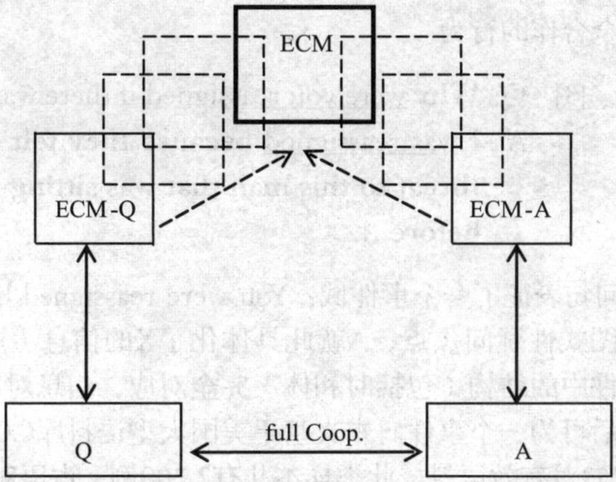

图2　ECM-Q与ECM-A之间的信息结构完全耦合

图2表明，当ECM-A和ECM-Q之间的结构完全耦合时，即两个事件域中的各要素都取得了一一对应的关系，只是疑问焦点信息在具体与抽象的程度上存在较大差异，后者为前者提供框架，前者的信息具体化或重复了后者的图式结构，包括特殊疑问句开头的WH-词，也包括句中的背景事件，此时两个事件域便可合二为一。图中的虚框和箭头表征了两事件整合的过程和方向，详析了被

Grice所忽略的合作过程、方向和程度等细节。例如：

[2] Q: **When** is the wedding?
A: It's **in April**.

在这组对话中，Q以the wedding为背景事件，在句首突显了疑问焦点When；A则通过句法共振实现了信息共振，达到了与Q完全合作的目的。

Q:	When	is	the wedding	?
	↑	↑	↑	↑
A:	in April	is	It	.

图3 例[2]的信息对应共振图

A完全与Q配合，不仅用代词it照应了wedding事件，且直接用in April填补了when的焦点框架，实现了句法与信息的完全互动共振。答话最后的"句号"也对应于问句中的"问号"。这两个答问构式所反映出的事件在结构上完全耦合，也说明A对Q执行了一次完全合作的行为。

[3] Q: **Why** were you reassigned if there was no problem?
A: I was reassigned **because they felt that I could be a threat to this man that was sitting in this office here before … .**

Q问句表征了一个事件域：You were reassigned because X.，其中X为图式性疑问焦点，A就此具体化了X的信息（黑体部分）。两个事件中的结构（包括时和体）完全对应，信息对应共振，两者经整合后可为一个事件。本文基于美国大型语料库COCA随机取样共获5,252对有效语料，此类样本共有2,200例，占语对总量的41.9%。

信息完全共振还有一种类型，即当A仅回答Q问句中的疑问焦点，而略去问句中其他背景事件中的信息，即省略了事件部分的成分。若从信息交流和Q的满意度角度来说，也可将其视为完全耦合和完全合作类，因为Q已从A的答话中获得最想获取的信息，就"质准则"而言，Q亦已感到满足。例如：

[4] Q: **What** did you say when you said good-bye to the people you love?

A: **Tschüss.** (再见)（德语）

Q的问句表征了一个ECM-Q：You said X；A的答话言简意赅、一词中的，例示了疑问焦点X的具体信息，其ECM-A为（I said）Tschüss，括号内的内容在答话中未出现。短小精悍的一个词，将大大减轻Q理解时的加工时间和努力程度，这也是一种最佳耦合和合作方式之一。又例：

[5] Q: **How** did you first get into the game?

A: **Purely by accident**. One day my husband walks into the kitchen and says,"Honey, its a beautiful day. Let's go play golf."I looked at him and said," You don't play golf."He said,"I know, but I'm Scottish. I think I should. I'd be good at it."I said,"All right. OK. Fine. "

在该对话中，Q以事件的整体特征为基础，询问已发生事件get into the game的方式；A直接给出了明晰的共振性信息，且随后又对其做出了进一步的详解，使得Q加深了对事件的认识。从A的答话可见，他围绕Purely by accident构筑了一个答话句群，充分表明A所采取的积极性合作态度，建构了一个可使Q与A进行完全合作的良好语境。

在本文封闭语料中，答话对疑问焦点提供完全共振性信息的共有2018，占5,252对话构式总数的38. 4 %。若将上两小类的例句相加，完全合作的例句总数为 4,218例，高达80. 3 %。这也足以表明，英美人在运用此类构式实施对话行为时，大多采用合作的态度。

从图2亦可见，正是由于图下方A和Q在某种特定的人际关系和特定的话语场景中存在完全合作的关系，这才决定了他们的问-答话语所含事件域的完全耦合，实现了答话与问句之间在信息上的完全吻合。反言之，正是由于他们的话语所含事件域的完全耦合，反映了答话与问句之间的信息完全共振，在更深层次上反映出A与Q具有完全合作的关系。

2.2 局部耦合与局部合作

问答事件之间的部分耦合，是指ECM-A中的具体信息未能很好地例示ECM-Q中的焦点框架，有意或无意地避开了WH-疑问焦点，仅回应了问句中其他部分，即本文所述的“背景事件”部分，问与答在这两个事件之间只存在局部耦合的现象，如图所示：

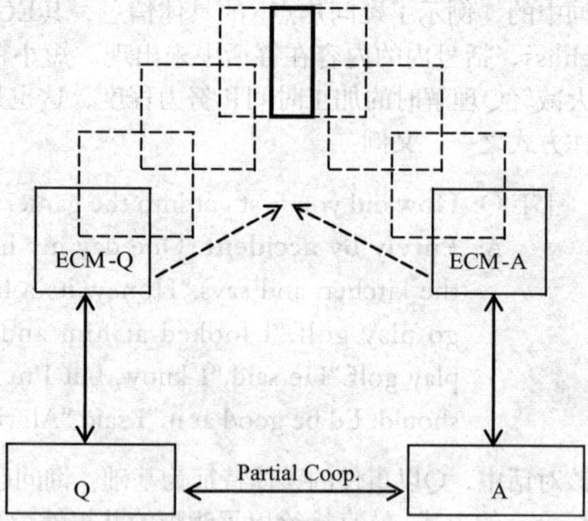

图4 ECM–Q和ECM–A之间的局部耦合

图4上方的黑色小方框表明ECM-A与ECM-Q仅存在事件域中部分成分的重叠，前者的答话仅与后者的问句在非焦点性事件部分形成了局部对应，未能在疑问焦点处形成信息共振，例如：

[6] Q: Where do you expect <u>this sort of uprising</u>, if <u>there is to be</u> any, against Saddam Hussein to originate?

A: I'm not saying that <u>there is going to be an uprising</u> … .

问句的图式性事件为：You expect this sort of uprising at the place of X, if there is to be … . 答话首先采用否定构式，这就有点异常，显然是对特殊疑问句采用了一种有标记性的应对，然后A继续避开疑问焦点，仅重复了背景事件中的信息（参见A答话中画线部分）。又例：

[7] Q: **How** do you explain this, the United States <u>taking a lead role</u> on this issue that way?

A: We're not supposed to <u>be taking a lead role</u>? Is that your question?

Q主要想知道事件US's taking a lead role on this issue的解读方式，这一意向被疑问词how所编码。而A首先否定了该场景存在的合理性，未能就疑问焦点形成信息共振，答话中仅回应了背景事件

（参见下画线部分）。更有意思的是，A在结尾处用Is that your question来反问，使得A从答话人转变为问话人，以质问Q所提问题本身来表明不很合作的态度。综观对话全过程，双方在同一事件上算是有一定的合作关系，但又未能帮助Q消解所关注的疑点，没有达至使Q完全满足的目的，双方仅处于部分合作的状态。

一般说来，在问答对话中Q占主导地位，是他主动发出问话，寻求与A的合作。按照常规，A为Q提供所需信息即可，从而可实现完满合作。但在此句中，A不仅提供了残缺的信息，且最后还采用反问的方法，用以否认Q的主导地位，意图“反宾为主”，达到了转移疑问焦点的目的。再例：

[8] Q: Why do you — why do you have to have that much water?

A: Well, because you want to have...

该问句中的Why do you被重复使用，表明Q在试着与A建立某种互动关系，存有一种犹豫心态，A在答话中先用语气词Well加以回应，表示原意与Q进行合作，且用because虚晃一枪，以表明自已想主动回应疑问焦点，但却又出其不意地转移了本该传递的信息，其后的言语you want to have ... 又反映出A并未针对要害处Why进行全面合作，未能畅快地履行提供具体焦点信息的职责，句末的省略号表现出一种“欲言又止、犹犹豫豫”的交际状态。省略号后面的句号进一步表明A的答话“戛然而止”，使得答话在句法结构和信息内容上都出现了严重缺损。其交际结果便是：Q最终也未获得所期望的信息，即事件发生的原因，答话事件与问句事件未能较好地耦合，交际双方仅实现了部分合作。

从图4还可见，基于图下方A与Q的特殊合作关系，决定了他将要采用“局部合作（Partial Coop）”策略来回应Q，这就决定了这组问答话语背后所体现的事件域出现了局部耦合，才使得两话语之间在信息上产生了局部吻合。反言之，正是由于双方话语所反映的事件域不能完全耦合，反映出答话与问句之间在信息上不能完全共振，在深层次上进一步表明A与Q仅具有局部合作的关系。

本文的封闭语料表明，问与答两事件出现信息部分共振的情形共有440例，仅占8. 4%，这说明，英美人在使用该类构式进行对话时，回避疑问焦点仅回应问句中背景事件的情形不很常见。

2.3 零位耦合与零位合作

ECM-Q和ECM-A的无耦合，决定了答话没有与问句形成信息共振，即答话所提供的信息既不能与问句的焦点信息形成照应，也不能与问句的背景事件形成照应，即问与答这两个小事件之间不存在结构上的耦合现象，如图5所示：

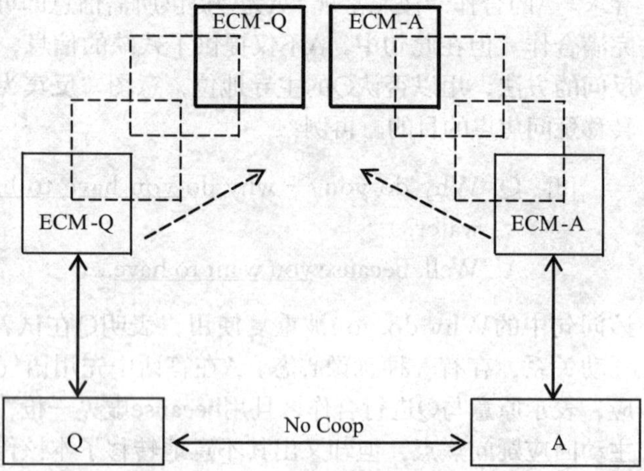

图5 ECM–Q和ECM–A之间无耦合

上图表明，由于A的答话与Q的问句在疑问焦点或背景事件这两部分都不存在对应性，它们在句法和语义上没有相容性，这两个小事件不能整合为一个ECM或出现重叠现象，如图5上方所示，ECM-Q和ECM-A分隔开来，说明两者不耦合。

[9] Q: How did Bobby do?
A: I think I'm scared stiff about what I'm going to hear.

Q由于缺乏有关该事件的足够信息，其问句具有较高的图式性，与之形成配对的答话既没有具体例示Q的疑问焦点how，也未就Boddy did sth. 做出回应。从答话与问句的字面上来看，它们所表述的ECM-Q和ECM-A两个事件并无明显关联，未形成耦合。又例：

[10] Q: Which is it?
A: Well, it's not clear from the study because we're not clear. And when I say that, what I mean to say is that political science research tells us that people who are

more confident in their own ability to understand and engage in politics, they will participate more. There is no question about that. It's less clear what kind of consequences greater cynicism has on political participation...

Q述及一个事件框架It is X及其疑问焦点which，A以语气词Well开场，虽表明了原意合作的意向，但紧接着用否定构式来规避which，使得答话的ECM与问句的ECM不能耦合，且其后还进一步道出了不合作的原因。从对话的表面上来看，A好像是在“问有所答”，而在具体信息上却是“答非所问”。再例：

[11] Q: Whose idea was this?

A: I don't know, but I — I'm — I'm going to find him and hunt him down.

A直接采用否定的方法公开表明不合作的态度，不仅未提供疑问焦点whose的例示性信息，也未提idea一事，无事件耦合之踪迹，其言语行为充其量为：只有答话之形，而无应答之实。

图5较为清晰地解释了形成诸如例[10]和[11]这类问答语对的认知机制，其中包含以下两层含义：

（1）问与答所描写的ECM不具有要素耦合性，各自所述的小事件关联性较差，不能形成重叠；

（2）之所以出现两个ECM不耦合的情况，其最根本的认知动因在于图下方A执行了与Q不合作的策略。

这两点又取决于他们所处的特定人际关系和特定话语环境。这才是决定了这组问答话语背后的认知机制。

反言之，正是由于问-答语对在信息上的不重叠，反映出它们所述的两个小事件不能形成耦合，这在更深层次上也反映出A与Q不具有合作关系。本文的封闭语料表明，这类基于不合作策略所形成的零位信息共振的问答语对共有594例，占11. 3 %。其中焦点转移型例子最多，共有409例，占该类型总数的68.9%；否定回答有111例，占该类语料总数的18.7 %；仅礼貌性回应了问句（well，hm，yeah，oh，wow，yes 等）的答话有45例，占该类语料的7.6 %；非完整型答话仅有29例，占4.9%。

三、结语

我们知道，WH-对话构式使用广泛，具有语用上的普遍性，它在不同语言中有不同的表现形式，这一问一答构成了一个由Q与A共同完成的对话言语行为，渗透到我们学习、生活、社会的各个交际场合。该类言语行为体现了问答双方的认知合作，Q期望通过A的答话获取有关某事件的相关信息，而A可采用不同的合作策略来回应问句，一方面为Q提供相关信息，另一方面也验证了自身对事件的理解。通过每一语轮，合作双方可逐步达成共识，为有效沟通人际关系奠定了基础。

本文基于认知语言学中的“事件域认知模型（ECM）”和“图式-例示关系”建构了ESI模型，用以解释不同类型的WH-问答对话构式的认知机制：A基于不同的合作策略（完全合作、局部合作、零位合作），表征了心智中不同的事件域重叠类型（完全耦合、局部耦合、零位耦合），也使得该构式在语用上出现了不同类型的信息共振（完全共振、局部共振、零位共振），现小结如表1（√：共振；×：不共振）：

表1 合作类型与WH-问句的结构对应

	疑问焦点	背景事件（非焦）
完全合作	√	√
	√	×
局部合作	×	√
零位合作	×	×

我们根据对美国COCA语料库随机抽出的5,252组此类构式的调查和统计，这三种类型的合作和信息共振的蕴含等级为：

完全合作（80.3%）> 零位合作（11.3 %）> 局部合作（8.4%）

本文的分析思路为我们揭示英语WH对话语句的认知机制提供了一个全新的研究思路，这既是对Grice所创建的以“质、量、方式、关联”为准则的语用合作原则的一个补充，也进一步丰富了我们（2013）所提出的新认知语用学的研究内容。

参考文献

[1] Du Bois, John W. 2014. Towards a Dialogic Syntax[J]. *Cognitive Linguistics*, Vol. 25(3): 359-410.

[2] Grice, H. P. 1975. Logic and conversation[A]. In P. Cole & J. L. Morgan(Eds.). *Speech Acts (Syntax and Semantics, Vol. 3.)*[C]. London: Academic Press.

[3] 王寅. 2005. 事件域模型的认知分析及其解释力[J]. 现代外语(1):17-26.

[4] 王寅. 2013. 新认知语用学——语言的认知-社会研究取向[J].外语与外语教学（1）：1-4.

[5] 王寅，曾国才. 2016. WH-问答构式的对话句法学分析（之一）[J]. 外语与外语教学（1）：1-8.

[6] 王寅，曾国才. 2016. 英语WH-问答对话构式的语义分析（之二）[J]. 外语教学（2）：1-6.

[7] 曾国才. 2015. 认知语言学前沿动态：对话句法学初探[J]. 现代外语(6)：842-848.

基于“去/再范畴化⁺”的“A，还B呢”语对构式的语义分析

王天翼

（原载《外语与外语教学》2015第6期）

摘　要：本文试将认知语言学中“范畴化”拓展为“（去/再）范畴化⁺”（“+”指“隐转喻”机制），较为系统地分析了汉语口语中常见话语结构形式“A，还B呢”语对构式的语义特征。该构式具有明显的口语和会话特征，表达自然新奇；A与B两者之间的语义关系也呈多样性，趣味盎然，彰显接话者的智慧，主要含“善意调侃、讽刺幽默；怀疑否定、不屑一顾、蔑视戏谑、嘲笑反讽”等语用含义，为范畴化研究提供了鲜活和可靠的语料。本文也希望能够丰富新认知语用学研究的方法及内容。

关键词：（去/再）范畴化⁺；隐转喻；“A还B呢”语对构式；新认知语用学

一、引言

丁力（2002，2007）、杨玉玲（2004）、郑娟曼（2009）、王盼（2010）、周维维（2010）、胡峰（2011）、彭颖（2011）等都曾论述过汉语中“背景句（A）+还NP（B）呢+说明句”这一整句构式，如：

[1]　路怎么修成这样子，小车还通不过呢，就别提大车了。

[2]　（念错一个字），亏你还是教授呢，连这个字都不认识。

例[1]的第一分句提供说事背景，有时可省（如例[2]括号部分）；随后用“还NP呢”引出一分句，表示“反预期信息、否定、不满、指责、不该发生、名不副实”等主观态度；最后是说明，进一步解释为何如此。有时第二分句可为第三分句的“前提、条件、让步”等意义。另外，第二和第三分句亦可颠倒位置，如：

[3]　一点风度都没有，还男子汉呢？

上述学者通过分析汉语中这类构式，揭示其若干特征，澄清了许多

用法，但还存在以下两点不足：

（1）未能在认知语言学视野下建构范畴理论框架和语料库定性定量地论述该构式；

（2）未能基于所建范畴理论框架从语义学角度详述A与B之间的种种语义关系和特征。

本文拟从这两个方面弥补这类论文之不足，将研究对象主要限于诸如例[4]一类的“A，还B呢”对话语体上，首次尝试运用认知语言学（下文简称CL）中“（去/再）范畴化”和隐转喻理论，建构“（去/再）范畴化+”理论框架，分析这类语对构式的语义和语用特征，并重点分析A与B之间语义对立和链接的关系，透析形成这类语对构式的认知机制，期望进一步丰富新认知语用学研究的方法和内容。

二、相邻兼修正语对

传统“描述语用学（相对于形式语用学）”不仅建构了言语交际理解的理论，如“言语行为、会话含意、综观论”等，还研究了会话结构（如 Sacks et. al. 1974），对诸如“话轮、应对语列、主位-述位、话题-说明、语篇结构”等进行了较为深入的分析，取得了可喜的成绩。“应对语列”为一个相对完整的简单言语行为，完成了诸如“问候-问候、问-答、邀请-接受、命令-听从、抱怨-道歉”等言语交际行为。它又可进一步分为：相邻语对、修正语对、插入语列、预示语列、开端语列、结束语列等（黄华新 2005）。“相邻语对（Adjacency Pair）”是指交际双方说出的紧密比邻、一前一后、意义关联的一组话轮，前者可称为“引发语”，后者可称为“应答语”；“修正语对（Revision Pair）”是应答语对引发语的更正和修补。这两种语对可根据合意或修正的程度性分出不同等级，如按照常规的礼貌和合作原则行事，做出最为满意的接受性应答；或不遵循之，做出不合意、修正性或批判性，乃至拒绝性的应答；或介于两者之间。总之对一句话的应答可有多种可能。我们认为“A，还B呢”主要具有“相邻兼修正语对构式”的特征，显然违反了合作原则，常见于口语中，如《老大的幸福》中台词为：

[4] X：要面子。
Y：还要里子呢！

这是“相邻语对”与“修正语对”的结合体，以“面子”为引发语，引出一个反义对立性修正应答“里子”，因“里”与“面”意义相反。Y通过这种反问或感叹，以表示“疑问、不同意”等语用含义，常含“调侃、搞笑”等口气，表达“善意玩笑、不屑一顾、嘲讽戏谑”等语用功能。

本文将“A，还B呢”构式作为一种特殊的语对构式，研究其所具有的“善意玩笑、嘲讽戏谑等”语用特征，并运用CL的范畴理论及隐喻转喻建立“（去/再）范畴化⁺”理论解释该语对构式的运作机制，这正是新认知语用学（王寅 2013）所倡导的运用CL的相关理论解释语用学问题的尝试。

三、（去/再）范畴化⁺

结构主义语义学中的“语义场理论”，主要指同义场、反义场，上下义场等，但没能注意到意义不同，甚至相反、相类的意义是如何被用于同一话轮或构式之中。维特根斯坦（1953）提出“家族相似性”，首次批判了亚里士多德的经典范畴观，以美国心理学家Rosch为代表的学者们于20世纪70年代根据“家族相似性”正式提出了“原型范畴观”，基于此，本文提出的扩展式“范畴化-去范畴化-再范畴化”［可合并简写为“（去/再）范畴化（De/Re-）Categorization”］，可望有效弥补语义场理论之不足，以强调认知的动态性、语用的灵活性、交际的策略性，人们可根据言语交际当下需要进行必要的范畴调变。正基于此，该理论的语用功能远远超出了客观主义的结构语义学，同时也得到认知心理学“扩散式激活（Spreading Activation）”的论证。人们在认知过程中，因受到某词语的激活，会引起“涟漪效应”，就像丢进池塘中的一颗小石子激起千层浪，向四面八方辐射，引发出与其“相关”的很多联想性词语，包括“反义、同义、类义、上下义”等词语，它们都可能出现于一个家族范畴之中，即使反义也是如此，如因good会启动bad，“给予”可能会激活“得到”。肯定会预设否定等，这就是汉语中常说的“福兮祸所伏，祸兮福所倚”，“相反相成”“物极必反”“否极泰来”。这也为双宾构式为何能同时表示“正给予”和“负给予”提供了理论依据。

所谓“范畴化、去范畴化、再范畴化”，是指人们通过“互动体验”和“认知加工”对事物体进行分类的心智过程，其结果便获得"范畴"；由于范畴具有动态性，可根据语用需要进行调变，如将一个范畴的典型成员作边缘化处理，或使其失去部分原有属性，获得新范畴部分属性的过程，这便叫做"去范畴化"（Taylor 1989：195）；甚至还可将某范畴的成员重新分类，划归到另一范畴去的过程，这可叫做"再范畴化"。CL中研究较多的是用此理论来解释词类变化和词义扩展，如动词用作名词就经历了一个"去范畴化"的过程。该理论所涉及三项内容，它们之间的关系可图解如下，以[4]为例：

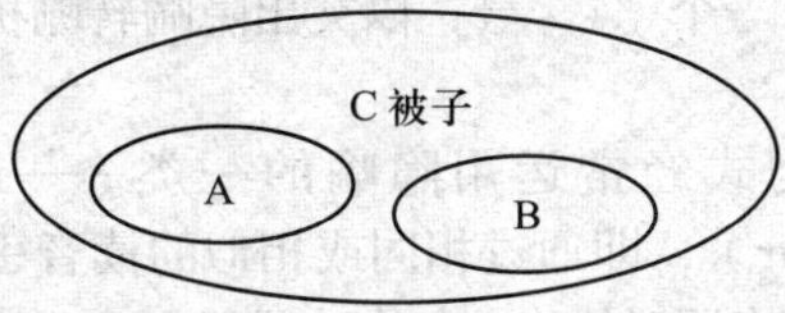

图1

当发话人X经过范畴化过程确立了某事物属于范畴A（面子）之后，应话人Y表示不接受这种归类或表达，对其做"去范畴化"处理，甚至还会将其划归到另一范畴B（里子）去，以表示"否定、讽刺、调侃、幽默"之义。但这两个范畴A与B，其间并非毫无联系，它们常具有修辞学中"仿拟（Parody）"关系，同属于另一个较大的范畴C。例[4]中X说的是"面子"，指的是脸面，而Y用"调侃"的口气顺口说出"里子"，将脸面故意理解为"被面"的"面"，故意不理X的茬，消解不礼貌氛围。这里的A和B同属一个物品（被子）的正反两面，运用其间的对立关系来表示上述用法，在语用上Y或对X的说法不屑一顾，或和谐一下对话环境，给人一种诙谐幽默的感觉。

根据现代语言学理论，"相反"或"相对"可包含很多现象，除二元对立的"反"之外，还可能包含"等级系列"中同类且相邻的成员，如我们口头上经常说的：

[5] X：<u>张三</u>。
Y：还<u>李四</u>呢！

对话中所提到的两个人仅为一般性符号而已，不一定指名叫"张三"或"李四"的具体人，仅表明他们是不同范畴类型的两种人而已，他们都是"人"，同存于一个更大的共同范畴C中。而且，汉民族常用"李"对"张"，因为两者都是大姓，且汉语中还常拿它们构成对应组词，如"张冠李戴""张家长、李家短"等；用

“四”对“三”，两数字序列相邻，像具有“兄弟排行”一样的紧密关系。可见，这两个人的名字在这里具有“部分代整体”的转喻功能，可指不同或不同类的人，且两者还具有某种紧密关系，相辅相成，不可或缺。

当然，人们在进行“去或再范畴化”过程中会用到数种认知方式，我们认为主要涉及CL所重点论述的“隐喻”和“转喻”，它们是CL研究词义、词类演变时所论述的主要认知方式。笔者为强调该机制所提到的主要作用，在理论框架“（去/再）范畴化”后增加了一个“+”号，以突出隐喻转喻机制促使范畴动态变化的功能。

该构式经常运用隐喻的一类——语音隐喻（Phonetic Metaphor），即通过相同或相似的读音引出另一范畴的词语，再据此延伸出语对构式，如在小品《皇上出宫》中的台词：

[6] X：皇上出宫了。

Y：出恭了？还上厕所呢！

汉语中的“出宫”与“出恭”发音相同，都念“chu gong”，它被语音隐喻为“出恭”，再对后者做通俗性同义解释，就有了“上厕所”一说，进一步点明了该包袱的幽默点所在。“出恭”与“上厕所”虽同属“日常生活行为”范畴，但其文风相差甚远，与至高无上的皇帝“出宫”的国家领导人行为，可谓风马牛不相及，从而形成巨大反差，鲜明对照，这才引出了意想不到的幽默。Y的认知过程可解读为

A → A’ → B

即从“出宫A”这一动作范畴通过语音隐喻去范畴化为“出恭A’”这一动作范畴，然后通过同义解释再范畴化为另一动作范畴“上厕所B”，如下图所示：

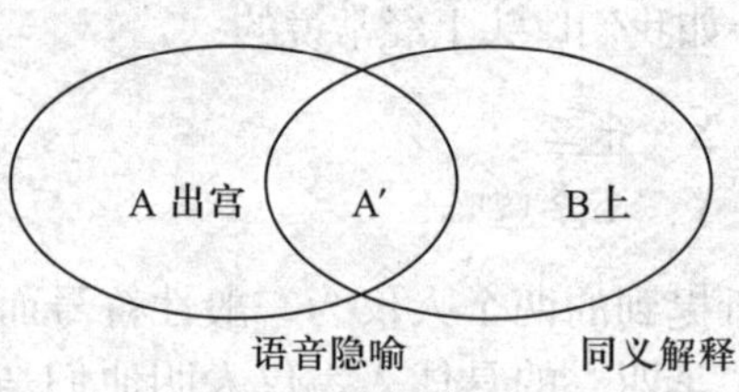

图2

因此我们认为，运用“（去/再）范畴化”配以“隐喻转喻”，其中特别是语音隐喻的作用非常明显（据笔者所收集的165

条语料，语音隐喻的例子有68条，占41%），便可有效地解释汉语这类语对构式的形成机制。

我们近年来在阅读文章和收看影视节目时共得165条此类语对构式，以其为基础建立了封闭语料，本文拟从语义方面分析该构式的形成机制及语义特征。

四、语义分析

本节分析A与B之间的各种语义关系，若撇开各类意义的具体差异，它们含有一个共同的语义特征，即：A与B处于同一“事物（或概念）链”上，在此链条上分布着若干小范畴，它们形成了一个序列级阶的连续体，笔者拟从以下四个方面来揭示其间的语义特征和用法规律：

（1）若两者在外延上为同一成分，但有不同的内涵，可分属不同语体，用于不同语境，扮演不同角色等，它们形成了同义解释的关系（如下文4.1）；

（2）若两者处于邻近关系，形成一个序列范畴，往往通过语音隐喻被联系在一起，有的时候人们根据相邻原则极易产生“以此带彼”的联想，出现了“以部分代部分”的转喻现象（如下文4.2）；

（3）若两个词语（或概念）处于该连续体链条的两端，它们就形成了一组对立或反义的关系（如4.3）；

（4）若A与B相差太远，则他们分属两条不同的事物链，他们之间属于离散关系，其间可依据隐喻（特别是语音隐喻）将它们关联起来（如4.4）。

另外，我们还注意到处于链条中间的词语或概念，可分别向“+”和“-”两个方向发展，如X说了一个“讲师”，Y可能向更高级阶发展，选用“教授”作其对应语，以增量否定前者；也可能向更低级阶运思，选用“助教”。又如：

[7] 张三去上海了，李四还去伦敦呢！（增大距离）

[8] 张三去上海了，连杭州还没去呢！（缩减距离）

当然，从语料调查情况来看大多选增量表达，特别是Y用第一人称时，基于增量来违背“礼貌原则”，以能更好地取得“否定、调侃、嘲笑、讽刺”等效果。若是处于链条两端的词语或概念，其发展方向则相反，如：龙头→龙尾。

这便是这类语对构式“去范畴化”或“再范畴化”的基本规律，现归纳如下：

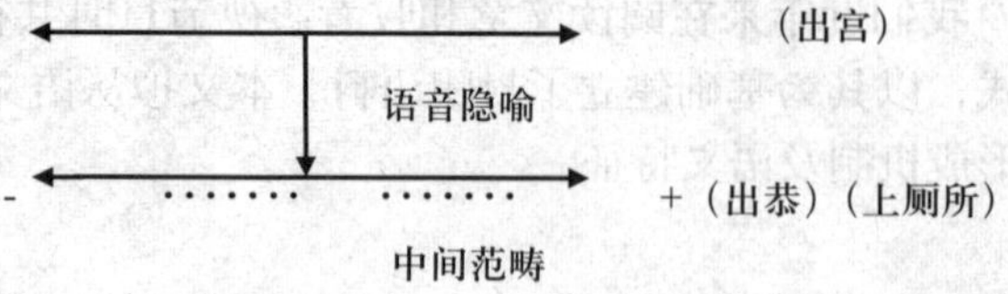

图3 （去/再）范畴化的方向

如例[6]，“出宫”原处于图3中上一条横线链，但Y一时找不到与其直接对立或对应的词语（即使能找出来，幽默意义也不大），而经过语音隐喻加工，将其引至下一条横线链，成为“出恭”，便于就地打转，用同义解释方法转为俗语“上厕所”，从而取得意想不到的幽默效果，赢得听众一片笑声。

明眼人一看便知，这种范畴化方法类似于索绪尔结构主义语言学中“横组合vs纵聚合”关系，即“(去/再)范畴化”的方向既可能沿横向发展，也可能进入纵方向（主要通过语音隐喻进入另一事物链）。可见，索氏发现的这一语言内部的结构关系，也可用于解释“概念、思维、认知”层面上的关联性规律。这也完全符合索氏以及与他同时代的语言哲学家所提倡的“语言与世界同构”“语言使思想出场”“语言等于思想”等基本观点。

下文将根据本节对该构式的语义特征四个方面（同义关系、邻近关系、对立关系、离散关系）分类的归纳分别进行讨论。

4.1 同义关系

例[6]中“出宫”与“上厕所”这两个范畴，可谓相差十万八千里，八杆子也打不着，但在喜剧演员的智慧下，通过套入一个语音隐喻引入一个“出恭”，便可与“上厕所”构成同义解释关系。郭德纲2010年1月2日在天津电视台主持的“绿色情景戏剧”中的台词：

[9] X：主持。

Y：还方丈呢！

电视台的“主持”与佛教庙宇中的“住持”虽为同一术语，但属于不同范畴的两个角色，Y正是巧妙地利用这一多义词，来笑解电视节目中的“主持”，将其归入到“方丈”的佛教范畴。

Y有时利用演员与扮演角色之间的关系来建立A、B间的同义解释关联。如有一名叫唐国宇的人被误称为唐国强，便有人戏言道：

[10] 唐国强，还毛泽东呢！

因为唐国强在影视剧中成功地扮演了毛泽东的角色，已为大多数国人所接受。

[11] X：我姓赵，赵薇的赵。

Y：还还珠格格呢！

同样，赵薇作为《还珠格格》中小燕子的扮演者早已闻名全国，因此X在自我介绍时利用了她的姓，很快激活了Y的联想，于是Y随口说出了“还珠格格”。

4.2 邻近关系

A与B同属一类，且还紧密相邻，经常共现，若提到其中的一个，会自然而然地联想到另一个。如有一饭店叫“爱希尼亚”，被人误说成“爱沙尼亚”，因此就有人嘲讽道：

[12] 爱沙尼亚，还立陶宛呢！

这是两个相邻的国家。又如：

[13] X：你是单身？

Y：还枸杞呢！

先将“单身”通过语音隐喻再范畴化为“丹参”，然后在“中药材”范畴中引出与其并列相类的另一种药材“枸杞”。再如：

[14] X：你这里除了香油之外，还有麻酱吗？

Y：没有麻将，只有扑克。

同样，先讲“麻酱”通过语音隐喻再范畴化为“麻将”，随后在“棋牌”范畴中找出与其并列的“扑克”。

还有一类与此类相仿，但A和B主要用“姓氏、人名、亲戚、称呼、职务、身份”等一类的词语，如《决战南京》中的台词，便是基于更换姓氏而构成的语对构式：

[15] 今天杀了周文锦，明天还会有李文锦、王文锦。

这个构式中A“周文锦”是一个具体的人，B“李文锦、王文锦”便是一种“换姓留名”的对比列举，再范畴化出其他姓氏的人，B指的不是具体的人了，而是像A“周文锦”那样的众多革命志士，这便是“部分代替整体”的转喻表达。

[16] X：他的名字叫李柏。

Y：我还杜甫呢！

在中国古代，“李白”和“杜甫”是唐朝两位齐名的伟大诗人，他们常被相提并论，且已为国人所耳熟能详，X说到李柏，Y就通过语音隐喻联想到李白，自然就想到了杜甫，故而常被用作相对词语。这才有了民间风俗的说法“萝卜与豆腐”。我们还听到[16]的延续说法：

[17] Z：那我们今天就有了“萝卜烧豆腐”了，一道下酒好菜。

这便是在“去/再范畴化⁺”过程中，首先依据语音隐喻将A去范畴为A’，然后A’进行同义再范畴，通过转喻性表达带出了B。此类语料中还有：丁小莉→王小莉、霍元甲→陈真、张靓颖→李宇春、小沈阳→赵本山、成龙→陈真、郝海东→罗纳尔多、刘备→诸葛亮、王连举→李玉和、刘一水→刘二水、布什→奥巴马、小翟→老翟、黑小子→白小子、太太→老太太、主席→主席他爹、沈三儿→沈三儿徒弟、母后→公主、市长→省长、师长→司令员、喜洋洋→灰太郎、讲师→教授、硕导→博导、高中生→大学生”等。在165条预料中共有48例，占29%。

还有一类，B与A之间常具有“接续词语”的关系，如有个名叫“张山”的人，Y顺口接着说到：

[18] 还李四呢！

因为“张三”和“李四”在汉语中常接续使用。前文已做过论述，这也是转喻机制在起作用。又如：

[19] X：不三不四。

Y：还不五不六呢！

[20] X：这个提案有七大疑点。

Y：七大姨，还八大姑呢！

上例中按数列关系，用“五、六”接“三、四”；下例中的“七大姨、八大姑"也早已成为一个熟语。

[21] X：这地方叫"龙潭"。
Y：还"虎穴"呢！

Y基于汉语中成语"龙潭虎穴"，故有此语对构式。又如：

[22] X：腾云
Y：还驾雾呢！

4.3 对立关系

A与B之间的语义关系常具有对立或相反的关系，如：

[23] X：罗成。
Y：罗成？还罗败呢！

这是《隋唐英雄传》中的一个语对构式，有一位英雄好汉叫"罗成"，而"成"又常解释为"成功"之义，因此Y顺口便用上其反义词"败"来与其相对。Y首先用一个"疑问句"来接续X提到的A，其疑问口气亦已十分明了；随后并没有直接作答，只是提供了一个对立或反义的词语，这才是Y语句的奥妙所在。Y的基本思路为"提出问题——不直接回答——用对立反义词发表感叹"，这哪是感叹，分明是在否定！

正如上文所述，A与B之间在表达相反语义关系时常运用到语音隐喻的机制，以使得A范畴转变为B范畴，如电影《旋风小子》中台词：

[24] X：好酷啊！
Y：是内裤还是外裤啊？

因Y一时找不到与"酷"的词语来反驳X，就对其作"去范畴化"处理，通过语音隐喻将其引至同音字"裤"范畴，因为在这个新范畴中很容易找到两个对立的词语"内裤和外裤"，且这两个不太雅的词语与褒义的"酷"形成鲜明对比，从而达到了幽默的反驳效果。

在我们的语料中，对立的词主要有：黑→白、大→小、新→旧、内→外、头→尾、南→北、正→歪、旱→水、热→凉，等。当然，根据现代语言学理论，反义词可分出很多种类（王寅 1993：16-17），诸如：分级反义词、非分级反义词、换位反义词等。这也为此类语对构式提供了广阔的使用空间。

4.4 离散关系

有时X说了一个"较为生疏"的词语时，Y假装不知，借机幽默一下对方，活跃一下气氛，X首先运用语音隐喻机制，即通过同一个fan的音，将"范"与"饭"两个关系离散的词联系起来，调侃X，如电视剧《谁可相依》中台词：

[25] X：风范。
　　Y：还米饭呢！

Y觉得"风范"过于书面化，日常百姓很少用到它，因此就幽了X一默。

又如平时对话时经常会出现的一幕：

[26] X：真的。
　　Y：还煮的呢！

X说的话，Y一时难找到对应的词，于是将"真的"语音隐喻为"蒸的"，然后将其范畴化为"煮的"，于是将两个关系离散的事物通过语音隐喻联系起来了。

五、结语

本文将"A，还B呢"定位于"语对构式"，一是因为它涉及语用学中话语结构中所论述的"相邻语对"和"修正语对"；二是因为它相对固定，语义清晰，语用特征明显，是汉语口语中一种常见的幽默构式。

该语对构式具有明显的口语和对话的特征，表达自然新奇，很有特色，主要表示"善意调侃、讽刺幽默、怀疑否定、不屑一顾、蔑视戏谑、嘲笑反讽"等语用特征。作者尝试将CL中范畴化理论发展为"（去/再）范畴化"，结合"隐转喻"理论，建立了"（去/再）范畴化⁺"较为系统地分析该构式的语义特征，解释其形成机制，并在165条语料的基础上提供了典型数据分析。另外，该语对构式从A到A'，再到B之间的联想关系，具有明显的理据性

（如语音隐喻、隐转喻、家族相似性等）。本文还将索绪尔在结构主义语言学中提出的“横组合vs纵聚合”原则用来解释“去范畴化”和“再范畴化”的途径（参见图3），从而发现了索氏理论的新价值。

王寅（2013）提出并论述了“新认知语用学”的设想，尝试系统地将CL所倡导的分析语言表达背后十多种认知方式全面用于分析会话含意，得到国内很多学者的响应，如姚振军（2013）也尝试运用CL的事件域认知模型解释语用学社会认知分析法的动态交际语境研究。本研究为其再增新内容。

参考文献

[1] E. Rosch. 1973. On the Internal Structure of Perceptual and Semantic Categories[A]. In T. E. Moore(ed.), *Cognitive Development and the Acquisition of Language*[C]. New York: Academic Press.

[2] E. Rosch & C. B. Mervis. 1975. Family Resemblances: Studies in the Internal Structure of Categories[A]. *Cognitive Psychology*[C]. Vol. 7, No. 4, pp. 573-605.

[3] E. Rosch. 1975. Cognitive Representations of Semantic Categories[A]. *Journal of Experimental Psychology: General*[C]. Vol. 104, No.3, pp. 192-233.

[4] E. Rosch, C. B. Mervis & W. Gray (et al.). 1976. Basic Objects in Natural Categories[A]. *Cognitive Psychology*[C]. Vol. 8, No. 3, pp. 382-493.

[5] E. Rosch. 1978. Principles of Categorization[A]. In E. Rosch & B. Lloyd(ed.), *Cognition and Categorization*[C]. Hillsdale, NJ: Erlbaum.

[6] Sacks, H., Schegloff, E., Jefferson, G. 1974. A Simplest Systematics for the Organization of Turn-taking for Conversation[J]. (*Language* 50(4).)

[7] Taylor, J. 1989. *Linguistic Categorization: Prototypes in Linguistic Theory*[M]. Oxford: OUP.

[8] 丁力. 2002. “还NP呢”与“到底是NP啊”句式在两种不同思维层面中的比较[J]. 汉中师范学院学报（1）：26-30.

[9] 丁力. 2007. 也说“还NP呢”句式[J]. 陕西理工学院学报（3）：46-50.

[10] 胡峰. 2011. “还NP呢？”句式考察[J]. 长春师范学院学报（6）：91-95.

[11] 黄华新. 2005. 描述语用学[M]. 长春：吉林人民出版社.

[12] 李弘. 2005. 语音隐喻初探[J].《外国语文》（3）：70-74.

[13] 吕叔湘. 2007. 现代汉语八百词[M]. 北京：商务印书馆.

[14] 彭颖. 2011. 构式“还NP呢”的负面评价功能归因[J]. 语文学刊（6）：15-

16.
[15] 王盼. 2010. “还NP呢”构式新探[J]. 北方文学（7）：48-49.
[16] 王天翼, 王寅. 2010. 从“意义用法论”到“基于用法的模型”[J].《外语教学》（6）：6-9.
[17] 王寅. 2013. 新认知语用学—语言的认知-社会取向[J].《外语与外语教学》（1）：1-4.
[18] 王寅. 1993. 简明语义学辞典[M]. 济南：山东人民出版社.
[19] 亚里士多德. 1959.《范畴篇 解释篇》方书春译. 北京：商务印书馆.
[20] 杨玉玲. 2004. 说说“还NP呢”句式[J]. 修辞学习（6）：48-50.
[21] 姚振军. 2013. “语用学的社会认知分析法”视角下的交际语境的事件域认知模型解读[J].《外语与外语教学》（1）：10-13.
[22] 郑娟曼. 2009. “还NP呢”构式分析[J]. 语言教学与研究（2）：9-15.
[23] 周维维. 2010. 从认知角度谈“还NP呢”格式[J]. 青岛农业大学学报（4）：92-99.

认知辞书学引论[1]

王仁强

（原载《外语学刊》2010年第5期）

摘　要：辞书学的发展在很大程度上取决于母体学科的研究现状和地位。随着新兴的认知语言学渐成主流，基于其上的辞书理论与应用研究也日渐繁荣。尽管此项研究始于20世纪80年代，但至今未能形成完整的认知辞书学学科研究体系。文章尝试构建认知辞书学学科研究体系，并阐述其学科定位、理论基础、研究任务和研究方法。本文尝试把认知辞书学描述为以体验哲学为其哲学基础，以认知语言学为其理论基础，以各类辞书编纂的过程和结果及其相关因素为其研究对象，以辞书微观结构中的释义、配例和标注为其研究重点，以基于语料库的用法模式分析为其方法特色，兼顾意义表征和用户接受视域的辞书学研究新范式。

关键词：认知语言学；认知辞书学；学科定位；理论基础；研究任务；研究方法

一、引言

辞书学（lexicography）指与辞书相关的职业活动和学术研究领域（Hartmann & James 1998: 85），它以各种辞典和百科全书为研究对象，涵盖辞书编纂和辞书理论两个分支学科（Hartmann & James 1998；Hartmann 2001；Bergenholtz et al 2009）。辞书学的母体学科包括语言学、符号学和信息技术等，辞书学的未来发展取决于相关母体学科的研究现状和地位（Hartmann 2001：123-124）。

尽管辞书学应视为应用语言学的一个分支学科还是一个独立的学科依然存在争议，但作为辞书学母体学科之一的语言学与辞书学的密切关系是毋庸置疑的。认知语言学（CL）肇始于20世纪70年代末80年代初，经过近30年的迅猛发展，如今已成为主流的语言学派之一。与结构主义语言学和生成语言学不同的是，CL

① 本文是国家社科基金项目“对外汉语学习词典词类标注实证研究”（编号：08XYY009）的阶段性成果之一。

特别关注意义，因而CL为辞书学提供了一个非常合适的理论框架（Geeraerts 2007）。正是由于这个原因，基于CL的辞书理论与应用研究自20世纪80年代初以来日渐增多，如今已呈现出方兴未艾之势。许多学者采用CL中的范畴化与原型理论、框架语义学、转喻理论、隐喻理论、语法化理论等对辞书微观结构中的释义（译义）、配例、标注等方面进行了探讨，所涉及的辞书类型既包括共时辞典又包括历时辞典，既包括单语辞典又包括双语辞典，既包括通用辞典又包括学习辞典，既包括语文辞典又包括专科辞典和百科全书。而以CL为理论指导的代表性辞书包括Deignan主编的*Cobuild Guides to English 7: Metaphor*（1995），Hanks主编的*The New Oxford Dictionary of English*（1998），Rundell主编的*Macmillan English Dictionary for Advanced Learners*（2002）和苏立昌主编的《英汉概念隐喻用法比较词典》（2009），等等。然而目前基于CL的辞书学理论与应用研究依然显得有些零散，尚未形成一个相对系统完整的"认知辞书学"学科研究体系。

有鉴于此，本文拟提出认知辞书学学科研究体系的构想，并阐述其学科定位、理论基础、研究任务和研究方法。

二、认知辞书学的学科定位

英语"Cognitive Lexicography"（认知辞书学）这个术语在Quine（1978）一文中首次使用，但未加以阐释。Liebert（1992，1995）指出，认知辞书学可划归应用认知语义学，它是辞书研究的一种新途径。欧洲辞书学会第八届年会（1998）在征稿通知中把"Cognitive Lexicography"作为其中一个议题。Langacker在一次访谈中指出，不妨采纳认知语法的思想构建认知辞书学（Andor 2005）。国内学者赵彦春（2003）对"认知词典学"进行了深入探索。本文拟构建的"认知辞书学"有别于赵彦春所论及的"认知词典学"，其理由如下：（1）辞书学的研究对象通常大于词典学，英语"lexicography"对应于汉语"辞书学"。根据杨祖希和徐庆凯主编的《辞书学辞典》（1992），尽管"辞书学"有时与"词典学"通用，但前者的研究对象则通常涵盖"一切种类的辞典和百科全书"，而后者的研究对象通常限于语文辞典。而根据Hartmann & Gregory（1998）主编的*Dictionary of Lexicography*，"lexicography"的定义中所涉及的研究对象也不限于普通语文辞典，因而“lexicography”与“辞书学”才是相匹配的。（2）“认知词典学”的研究对象局限于外语学习辞典，而本文在研究对象上并不局限于学习辞典，也不局限于语文辞典，而是涵盖一切种类的辞典和百科全书，因而在学科定位、理论基础、研究任务和研究方法等方面都与后者有所不同，取名“认知辞书学”才名副其实。

有鉴于此，本文尝试把“认知辞书学”描述为以体验哲学为其哲学基础，以CL为其理论基础，以各类辞书编纂的过程和结果及其相关因素为其研究对象，以辞书微观结构中的释义、例句和标注为其研究重点，以基于语料库的用法模式分析为其方法特色，兼顾意义表征和用户接受视域的辞书学研究新范式。由此可见，认知辞书学当属CL的一个应用分支学科。在认知辞书学研究范式下，CL相关理论还可以在辞书编纂的理论与应用研究中得到检验和发展。

三、认知辞书学的理论基础

作为CL的应用分支学科，认知辞书学的理论基础主要是CL及其相关理论。鉴于作为辞书典型代表的语文辞典通常涉及语音、语义、词汇、语法、语用、语体等内容，因此CL视野的音位学、语义学、词汇学、语法学、语用学、语体学等方面的研究成果对认知辞书学都有重要的启示意义和应用价值。诚然，根据Evans & Green（2006：48），目前的CL研究可以宽泛地分为认知语义学和认知语法两个主要领域。其中，认知语义学以体验哲学作为其哲学基础，包括意象图式理论、框架语义学、范畴化与原型理论、转喻理论、隐喻理论、概念整合理论，等等。认知语法是建立在语法的象征性原则和基于使用的原则之上的（Evans & Green 2006：476）。Langacker（1989：12）指出：“语言的象征性决定了意义的中心地位。意义是语言存在的理由。语法仅仅是语义内容的组织手段与象征形式。”换言之，认知语法预设了认知语义学，并且依赖于认知语义学（Evans & Green 2006：48）。与传统结构主义语言学和生成语言学不同的是，认知语法坚持从语言使用的角度来研究语言结构，并认为语言知识源于语言的使用模式。近年来，认知语法基于使用的原则与语料库语言学方法开始接轨，并大大增强了其理论的说服力（Croft 1998；Fillmore & Atkins 2000；Gries & Stefanowitsch 2006）。认知语法可有效解释语言演变，并认为语言演变源于语言使用。认知语法基于使用的原则还大大简化了语言习得问题，因为语言习得过程本质上可以归结为对于实际的表达式中存在的共同之处的强化。

研究表明，CL及其相关理论非常适合于辞书学的理论建构与应用研究。与形式语言学强调语法不同的是，CL强调意义，并认为表达意义是语言的最基本的功能。在认知语义学所探讨的众多议题中，一词多义现象是一个核心议题，而且也是CL中很多观点的交汇点，同时也是辞书学的重点和难点问题。鉴于辞书编纂和辞书研究的核心是释义，因此CL及其相关理论从20世纪80年代开始陆续应用到辞书学的理论与应用研究中也就不足为怪了。现有基于CL的辞书学理论与应用研究主要运用了CL中的范畴化与原型理论、框架语义学、隐喻理论、转喻理论、图式理论，等等。其中，运用原型理论的辞书研究包括Geeraerts & Janssens（1982）、Geeraerts（1990，2001，2006，2007）、Wierzbicka（1985）、Neubert（1992）、Swanepoel（1992，1998）、Hanks（1994，2004，2005，2006）、Van der Meer（1999，2000）、Kay（2000）、章宜华（2002，2006）、田兵（2004）、Blois（2004）、陆谷孙和王馥芳（2005）、王仁强（2006）、章宜华和雍和明（2007）、Rivelis（2007）、徐海（2008）、Atkins & Rundell（2008）和Molina（2008）等。运用框架语义学的辞书学研究包括Atkins（1995）、Fontenelle（2000，2003）、Geeraerts（2007）、章宜华和雍和明（2007）、于屏方（2007）、徐海（2008）和Atkins & Rundell（2008）等。运用隐喻理论的辞书学研究包括Knowles（1996）、Temmerman（2000）、Lindstromberg（2001）、Csábi（2002）、赵彦春（2003）、Blois（2004）、Moon（2004）、王仁强（2006，2009）、王安民和王健（2006）以及Atkins & Rundell（2008）等。Kay（2000：65）指出，CL的研究表明，辞书编纂大体是对的：看似不完美的辞书编纂方法事实上反映了编者编纂时的认知策略和读者理解时的认知策略。

有理由相信，随着作为理论基础的CL及其分支学科研究的日渐深入和丰富，认知辞书学的理论基础也将更加坚实。

四、认知辞书学的研究任务

鉴于辞书学包括理论和应用两个层面，因此作为理论基础的CL可以作用于认知辞书学的理论和应用两个层面，继而形成两个分支学科：一是理论认知辞书学，即CL在辞书研究中的应用；二是应用认知辞书学，即CL理论或理论认知辞书学在辞书编纂中的应用。

理论认知辞书学的研究任务主要包括：（1）辞书结构（含总观结构、宏观结构、微观结构、中观结构、检索结构）研究，其中微观结构中的释义（译义）、配例和标注研究是核心；（2）辞书用户研究，即对辞书用户的类型、辞书用户的认知方式和检索需要进行研究；（3）历史视角的研究，运用CL有关语言演变的观点对历时辞书、断代辞书中记录的语言演变情况进行研究，或者对历时语料库中提取的语言演变情况与历时辞书、断代辞书中记录的语言演变情况进行比较研究；（4）辞书类型研究，主要运用CL的范畴化与原型理论对辞书类别及其设计特征进行研究；（5）辞书评论研究，运用CL有关理论对辞书整体及其要件的效度进行评价研究。在上述五大研究任务中，现有研究主要集中在前两项，略显分散而不系统，因此理论认知辞书学研究任重而道远。随着CL研究的不断深入和完善，理论认知辞书学在研究深度和广度上会大有可为。

在应用认知辞书学研究方面，要加强辞书编纂者认知辞书学理论素养的学习和培训，并积极尝试把基于CL的认知辞书学研究成果运用到辞书编纂的过程中，并在运用过程中进一步检验相关理论的适用度，甚至可以修正和完善某些理论。比如，Hanks（2004）和Geeraerts（2007）都认为从事辞书学理论与应用研究深化了自己的CL研究。

五、认知辞书学的研究方法

5.1 演绎与归纳相结合的方法

认知辞书学在研究方法上强调演绎与归纳相结合：一方面认知辞书学坚持CL的理论基础地位，强调CL及其相关理论在辞书学中的应用，另一方面认知辞书学采用基于语料库的用法模式调查和基于辞书数据库的语言认知调查等实证研究方法。

毋庸置疑，认知辞书学首先强调CL及相关理论在辞书学中的应用。CL有关词汇结构的原型效应、多义辨析的难度和多义现象的结构本质等方面的研究成果对辞书编纂中的释义和义项设置等都具有积极的指导意义（Geeraerts 1990，2001，2007）。认知语义学认为，语义结构具有多维特征，但是传统辞典编纂所采取的线性义项排序是难以恰当处理这种多维特征的。Geeraerts（1990）把这种现象称之为"辞典编纂的线性化问题"，并提出可供辞典编纂者采纳的解决方案。Geeraerts（2007：1168）则进一步指出，这不仅是一个辞典编纂实际问题，更是一个理论问题。事实上，CL关于多义现象和语义结构的观点与辞典编纂的实践不谋而合。研究表明，英语辞典倾向于采取原型释义技巧。比如，*New Shorter Oxford English Dictionary*在释义中就经常使用especially，typically，usually和often等词语引入范畴的典型（原型）特征或事例。据统计，在该辞典所收录的18274个词条中，释义中使用"*esp.*"就不少于28335次（Geeraerts 2007：1163）。从传统的意义观来看，辞典往往使用一些"不正宗"的释义方式：辞典选言命题式的释义，无限列举式的释义，并置同义词式的释义，表明多义词义项区分不是绝对清晰的。而上述辞典释义实际上与认知词汇学的研究结果相一致的。CL认为语言知识和百科知识难以截然分开，而辞书学的理论主张和编纂实践也表明必须把语言知识和百科知识相结合（Molina 2008：1）。上述观点有助于三类辞书区别处理知识的深度和广度：（1）百科全书和术语辞典处理技术知识、专业知识及科学知识；（2）大型辞典（如*New Oxford Dictionary of English*，*Merriam Webster's Collegiate Dictionary*）处理原型义项在内的多义词项的全部义项（包括细微差异及生僻用法）；（3）标准案头辞典只处理多义词项中最核心、最常用的义项（Geeraerts 2007：1164-1165）。实际上，CL不仅可以证实现有辞典释义的合理性，而且还可提出一些处理多义词义项关联的一些做法。比如，Swanepoel（1992，1998）和Van der Meer（2000）提出应该更加明确关注核心义项和通过隐喻引申的次义项之间的理据联系。这种理据联系可以是Lakoff所言的概念隐喻，可以是意象图式。而王仁强（2006）在汉英辞典词类标注的研究中，综合运用了CL的范畴化与原型理论、隐喻理论、转喻理论和语法化理论。因此，CL理论视角的辞书研究方兴未艾。

在强调CL理论应用的同时，认知辞书学也特别重视基于语料库的用法模式分析等实证研究方法的应用。辞书编纂离不开语料，而语料库语言学时代的到来使得辞书编纂如虎添翼，大大增强了辞书编纂的科学性。Landau（2001：341）指出，使用语料库编纂的辞书比不使用语料库编纂的辞书更为客观可靠，今后编纂中不使用语料库的辞书将被淘汰出局。而且，研究表明，对辞书的释义、举例和词性标注等方面的评价也离不开基于语料库的用法模式调查（王仁强 2006）。Hunston（2002：96）指出，语料库语言学手段运用得最为广泛深远的当属辞书学。然而，通过语料库用法模式调查来获得语义、语法、语用、语体等语言信息的辞书学方法在结构主义语言学和生成语言学那里几乎是找不到理论依据的。如今，除了功能语言学之外，CL更能够提供坚实的理论依据（Gries & Stefanowitsch 2006），因为CL认为，语言知识源于语言的使用模式。因此，认知辞书学理所当然地需要继承基于语料库用法模式调查的辞书学研究方法传统。其实，正如Geeraerts（2007：1172）所言，辞书学所采用的基于语料库的研究方法甚至值得CL借鉴。著名的辞书学家Hanks（2004）基于CL的原型理论和语料库语言学分析手段提出了“常态与拓展理论”（Theory of Norms and Exploitations）。该理论指出，由于人类存储在大脑中的不仅包括孤立存在的词项，而且还包括与每一个词项密切相关的典型句法模式集，因此通过研究语境中的词项，可以揭示其常态用法模式，而一个词项的意义或意义潜势往往与其常态用法模式密切相关。描写词项的常态用法模式及其相关的意义潜势正是辞书编纂者的使命。此外，在多数情况下，多义词的各个义项常常可以通过各自不同的常态用法模式或局部语境进行辨析。Hanks指出，鉴于人类并不擅长报告自己的语言行为，内省方法倾向于选择认知上凸现的例证而并非常态用法的例证，但是通过基于大型语料库的语料库模式分析（corpus pattern analysis）能够有效实现上述目标。尽管框架语义学理论也是辞书学的重要理论基础，但是“常态与拓展理论”在理论和方法取向上有别于框架语义学，而且也更适合于普通辞书的逐词编纂模式。基于语料库的认知辞书学方法不仅适用于语文辞书的编纂研究，而且也适用于专科辞书或术语辞书的编纂研究。而作为辞书学分支学科的专科辞书学或术语辞书学（terminography）近年来也受益于CL。Temmerman（2000）以雄辩的事实表明，面对职业话语及科学话语中的概念和术语的发展及使用方式，Wüster所提出的颇具影响的维也纳学派术语辞书编纂原则是不能成立的。她对生物技术术语的分析表明，CL关注的词汇语义现象（如多义现象的结构化特征，转喻和隐喻等）不仅常见于普通词汇，也常见于专门术语。除了基于语料库方法之外，还可开展基于辞书数据库的认知辞书学研究。王仁强（2006）从CL的理论视角在对汉英辞典词类识别和词性标注所进行的研究中就运用了自建的多部汉英辞典词类标注数据库。王仁强（2008）以《现代汉语词典》（第5版）词性标注数据库为基础，以CL相关理论为指导，对现代汉语的词范畴（即词性标注的对象）、词项的兼类情况和词性标注体系进行了研究。

5.2 共时与历时相结合的方法

认知辞书学坚持CL有关语言演变的观点（即语言变化源于语言使用），强调共时研究与历时研究相结合。不仅语文辞书研究应该如此，专科辞书研究也应该如此。比如，Hanks（2004）提出的"常态与拓展理论"把语言的历时发展与共时描述有机地结合了起来。该理论采取词项常态用法的观点来代替所谓的本义的观点，有助于对词项共时状态下的常态用法和意义潜势的调查变得更加科学合理。因为一个词项的常态用法虽然与其本义有一定联系，但是一个词项经过几百年甚至数千年的发展，其常态用法很可能不是本义而是其引申义用法，甚至还会出现本义用法消失的情况。再如，王仁强（2006）对现代汉语辞典中"生人"典型用法模式的调查，王仁强（2009）对现代汉语自指用法的调查都非常注重共时与历时研究的有机结合。此外，共时的专科术语辞书编纂也离不开历时语言使用分析（Temmerman 2000）。

5.3 对比分析法

对比分析法不仅可以运用到双语辞书译义研究和词性标注研究中，也可以运用到不同语言辞书的对比研究中，而且还可以运用到不同类型辞书的比较研究中。比如，王仁强（2006）以CL相关理论为指导，不仅对多部不同汉英辞典在词类识别和词性标注上的差异进行了对比研究，也对标注了词性和未标注词性的两类汉英辞典在词类识别上的差异进行了对比研究，而且还对汉语辞典与汉英辞典在词类识别上的差异进行了对比研究。

六、结语

综上所述，随着新兴的CL渐成主流，基于CL的辞书理论与应用研究也日渐繁荣。文章基于CL及其相关理论，尝试构建了认知辞书学学科研究体系，并阐述其学科定位、理论基础、研究任务和研究方法。作为CL的一个应用分支学科，CL视野的音位学、语义学、词汇学、语法学、语用学、语体学等方面的研究成果对认知辞书学的理论与应用研究都有重要的启示意义和应用价值。尽管如此，认知辞书学也不限于CL理论在辞书学中的应用，还对CL研究有所贡献。正如Geeraerts（1997：5）所言，CL与辞书学之间的关系不是单向的，而是双向的。

参考文献

[1] Andor, J. 2005. Cognitive Grammar: The State of the Art and Related Issues: An Interview with Ronald M. Langacker [J]. *Acta Linguistica Hungarica*, 05(4).

[2] Atkins, B. T. S. 1995. Analysing the Verbs of Seeing: A Frame Semantics Approach to Corpus Lexicography [A]. In S. Gahl, C. Johnson & A. Dolbey (eds.). 1994. *Proceedings of the Twentieth Annual Meeting of the Berkeley Linguistics Society*, [C]. Berkeley, CA: BLS.

[3] Atkins, B. T. S. 1995. The Role of the Example in a Frame Semantics Dictionary[A]. In M. Shibatani & S. A. Thompson (eds.). *Essays in Semantics and Pragmatics: In Honour of Charles J. Fillmore* [C]. Amsterdam: John Benjamins.

[4] Atkins, B. T. S., et al. 2003. The Contribution of FrameNet to Practical Lexicography [J]. *International Journal of Lexicography*, 03(3).

[5] Atkins, B.T.S. & Rundell, M. 2008. *The Oxford Guide to Practical Lexicography* [M]. Oxford: Oxford University Press.

[6] Bergenholtz, H. J, et al. 2009. *Lexicography at a Crossroads: Dictionaries and Encyclopedias Today, Lexicographical Tools Tomorrow* [M]. Bern: Peter Lang.

[7] Blois, R. de. 2004. Lexicography and Cognitive Linguistics: Hebrew Metaphors from a Cognitive Perspective [J]. *Davar Logos*, 04(2).

[8] Brala, M. 2002. Understanding and Translating (Spatial) Prepositions: An Exercise in Cognitive Semantics for Lexicographic Purposes [A]. In *Working Papers in English and Applied Linguistics*[C]. Cambridge: University of Cambridge Press .

[9] Croft, W. 1998. Linguistic Evidence and Mental Representations [J]. *Cognitive Linguistics*, 98 (2).
[10] Csábi, S. 2002. Polysemous Words, Idioms, and Conceptual Metaphors: Cognitive Linguistics and Lexicography [A]. In A. Braasch & C. Povlsen (eds.). *Proceedings of the Tenth EURALEX International Congress, EURALEX 2002* [C]. Copenhagen: Center for Sprogteknologi.
[11] Evans, V. & Green, M. 2006. *Cognitive Linguistics: An Introduction* [M]. Edinburgh: Edinburgh University Press.
[12] Fillmore, C. J. & Atkins, B. T. S. 2000. Describing Polysemy: The Case of Crawl [A]. In Y. Ravin & C. Leacock (eds.). *Polysemy: Theoretical and Computational Approaches* [C]. New York: Oxford University Press.
[13] Fillmore, C. J. 2003. Double-decker Definitions: The Role of Frames in Meaning Explanations [J]. *Sign Language Studies*,(3).
[14] Fontenelle, T. A. 2000. Bilingual Lexical Database for Frame Semantics[J]. *International Journal of Lexicography*, 00(4).
[15] Fontenelle, T. 2003. FrameNet and Frame Semantics. Special Issue of *International Journal of Lexicography*.
[16] Geeraerts, D. & Janssens, G. 1982. *Wegwijs in Woordenboeken. Een Kritisch Overzicht van de Lexicografie van het Nederlands*[M]. Assen: Van Gorcum.
[17] Geeraerts, D. 1997. *Diachronic Prototype Semantics: A Contribution to Historical Lexicology* [M]. Oxford: Clarendon Press.
[18] Geeraerts, D. 2007. Lexicography [A]. In D. Geeraerts & H. Cuyckens (eds.). *The Oxford Handbook of Cognitive Linguistics* [C]. Oxford: Oxford University Press.
[19] Geeraerts, D. 2001. The Definitional Practice of Dictionaries and the Cognitive Semantic Conception of Polysemy [J]. *Lexicographica*, (17).
[20] Geeraerts, D. 1990. The Lexicographical Treatment of Prototypical Polysemy [A]. In S. L. Tsohatzidis (ed.). *Meanings and Prototypes: Studies in Linguistic Categorization* [C]. London: Routledge.
[21] Geeraerts, D. 2006. *Words and Other Wonders: Papers on Lexical and Semantic Topics* [M]. Berlin: Mouton de Gruyter.
[22] Gries, S. T. & Stefanowitsch, A. 2006. *Corpora in Cognitive Linguistics* [M]. Berlin: Mouton de Gruyter.
[23] Hanks, P. et al. 2006. German Light Verb Constructions in Corpora and Dictionaries [J]. *International Journal of Lexicography*, (4).
[24] Hanks, P. 1994. Linguistic Norms and Pragmatic Exploitations, or Why Lexicographers Need Prototype Theory, and Vice Versa [A]. In F. Kiefer et al

(eds.). *Papers in Computational Lexicography* [C]. Budapest: Linguistic Institute.

[25] Hanks, P. 2005. Metaphors and Meanings: A Lexicographical Approach [A]. In F. Kiefer et al (eds.). *Papers in Computational Lexicography: Complex 2005* [C]. Budapest: Hungarian Academy of Sciences.

[26] Hanks, P. 2004. The Syntagmatics of Metaphor and Idiom [J]. *International Journal of Lexicography*, (3).

[27] Hartmann, R.R.K. and James, 1998. G. *Dictionary of Lexicography* [Z]. London: Routledge.

[28] Hartmann, R.R.K. 2001. *Teaching and Researching Lexicography* [M]. Harlow: Pearson Education Limited.

[29] Hunston, S. 2002. *Corpora in Applied Linguistics* [M]. Cambridge: Cambridge University Press.

[30] Kay, C. J. 2000. Historical Semantics and Historical Lexicography: Will the Twain Ever Meet?[A]. In J. Coleman & C. J. Kay (eds.). *Lexicology, Semantics and Lexicography: Selected Papers from the Fourth G. L. Brook Symposium, Manchester, August 1998* [C]. Amsterdam: John Benjamins.

[31] Kertész, A. 2004. *Cognitive Semantics and Scientific Knowledge: Case Studies in the Cognitive Science of Science*[M]. Amsterdam: John Benjamins.

[32] Knowles, F. 1996. Lexicographical Aspects of Health Metaphors in Financial Text [A]. In M. Gellerstam et al. (eds.). *Euralex96 Proceedings (Part II)* [C]. Göteborg, Sweden: Göteborg University.

[33] Landau, S. I. 2001. *Dictionaries: The Art and Craft of Lexicography* (2nd Edition) [M]. Cambridge: Cambridge University Press.

[34] Langacker, R. W. 1989. Absolute Construal [A]. In F. J. Heyvaert & F. Steurs (eds.). *Worlds behind Words: Essays in Honour of Professor F. G. Droste on His Sixtieth Birthday* [C]. Leuven: Leuven University Press.

[35] Liebert, W. A. 1992. *Metaphernbereiche der deutschen Alltagssprache, Kognitive Linguistik und die Perspektiven einer Kognitiven Lexikographie [Metaphorical Domains of Everyday German: Cognitive Linguistics and the Perspectives of a Cognitive Lexicography]* [M]. Frankfurt: Lang.

[36] Liebert, W. A. 1995. The Lexicon of Metaphor Models as a Mental Tool for Analogical Problem-solving in Science [A]. In R. Dirven & J. Vanparys (eds.).*Current Approaches to the Lexicon* [C]. Frankfurt am Main: Lang.

[37] Lindstromberg, S. 2001. Preposition Entries in UK Monolingual Learners' Dictionaries: Problems and Possible Solutions [J]. *Applied Linguistics*, (1).

[38] Molina, C. 2008. Historical Dictionary Definitions Revisited from a Prototype Theoretical Standpoint [J]. *Annual Review of Cognitive Linguistics.*

[39] Moon, R.. 2004. On Specifying Metaphor: An Idea and Its Implementation [J]. *International Journal of Lexicography*, (2).

[40] Neubert, A. 1992. Fact and Fiction of the Bilingual Dictionary [A]. In M. A. Ezquerra (ed.). *EURALEX '90. Proceedings of the 4th International Congress* [C]. Barcelona: VOX/Biblograf.

[41] Quine, W. V. 1978. Use and Its Place in Meaning [J]. *Erkenntnis*, (1).

[42] Rivelis, E. *Kak vozmožen devujazyčnyj svovar.* 2007. [M]. Stockholm: Almqvist & Wiksell.

[43] Swanepoel, P. 1998. Back to Basics: Prepositions, Schema Theory, and the Explanatory Function of the Dictionary [A]. In T. Fontennelle et al (eds.).*Euralex '98 Proceedings* [C]. Liège, Belgium: Université de Liège.

[44] Swanepoel, P. 1992. Linguistic Motivation and Its Lexicographical Application [J]. *South African Journal of Linguistics*, (10).

[45] Temmerman, R. 2000. *Towards New Ways of Terminology Description: The Sociocognitive Approach* [M]. Amsterdam: John Benjamins.

[46] Van der Meer, G. 2000. Core, Subsense, and the New Oxford Dictionary of English [A]. In U. Heid et al (eds.). *Euralex 2000 Proceedings* [C]. Stuttgart: Institue Für Maschinelle Sprachverarbeitung.

[47] Van der Meer, G. 1999. Metaphors and Dictionaries: The Morass of Meaning, or How to Get Two Ideas for One [J]. *International Journal of Lexicography*, (3).

[48] Wierzbicka, A. 1985. *Lexicography and Conceptual Analysis* [M]. Ann Arbor MI: Karoma.

[49] 黄建华. 2001. 词典论（修订版）[M]. 上海: 上海辞书出版社.

[50] 陆谷孙, 王馥芳. 2005．“喻”标注的现代词典学与认知语言学考察[J]. 中国外语(2).

[51] 田兵，陈国华. 2009. 英语高阶学习词典设计特征研究——兼及多义词的认知语义结构和义项特征[M]. 北京: 科学出版社.

[52] 田兵. 2004. 义项的区分与描写：关于多义词的认知语义学研究[M]. 北京: 科学出版社.

[53] 王安民, 王健. 2006. 从认知隐喻学看外向型汉英学习词典中单字义项和复词条目的编排[J]. 辞书研究(4).

[54] 王仁强.《现代汉语词典》（第5版）词类标注情况调查报告[P]. 中国辞书学会第八届年会（江苏常熟, 2008）交流论文.

[55] 王仁强. 2006. 基于语料库的“生人”用法调查及其对汉语词典编纂的启示[J]. 四川外语学院学报(3).

[56] 王仁强. 2006. 认知视角的汉英词典词类标注实证研究[M]. 上海: 上海译文出

版社.
[57] 王仁强. 2009. 语法隐喻与汉语词典自指义项的设立——一项基于语料库的研究[J]. 外国语文(1).
[58] 徐海. 2009. 英语学习型词典典型词例的选取[M]. 北京: 科学出版社.
[59] 杨祖希, 徐庆凯. 1992. 辞书学辞典[Z]. 上海: 学林出版社.
[60] 于屏方. 2007. 动作义位释义的框架模式研究[M]. 北京: 中国社会科学出版社.
[61] 章宜华, 雍和明. 2007. 当代词典学[M]. 北京: 商务印书馆.
[62] 章宜华. 2006. 认知语义结构与意义驱动释义模式的构建[J]. 现代外语(4).
[63] 章宜华. 2002. 语义学与词典释义[M]. 上海: 上海辞书出版社.
[64] 赵彦春. 2003. 认知词典学探索[M]. 上海: 上海外语教育出版社.

后现代哲学视野下的多模态认知研究

——以《国王的演讲》电影海报为例

王天翼

（原载《外语学刊》2015年第4期）

摘　要：近年来国内外对多模态语篇的研究多从系统功能语言学入手，很少基于后现代哲学与认知语言学加以分析。本文拟将后现代哲学所倡导的“多元化”方法论细化为“多层次”“多视角”“多理论”的“三多”方案，并结合认知语言学中的隐转喻及突显原则，作为理论框架分析电影《国王的演讲》的海报，以揭示该海报的创作机制。

关键词：后现代哲学；多模态语篇；“三多原则”；电影海报；《国王的演讲》

一、引言

1.1 多模态语篇研究现状

电影海报是多符号、多模态语篇的一种表现形式，它借助语言、文字、图像、线条、色彩等多种模态的符号综合使用以更好地传情达意，打动读者，达到最佳宣传效果。因此多模态语篇一直受到国内外学者的关注，近来也引起国内语言学界同仁的兴趣，但他们主要基于系统功能语言学，揭示海报中的再现意义、互动意义、构图意义，或者分析海报中图像与文字组合时所体现出的概念意义、人际意义、语篇意义，论述多模态符号组合构建的完整语篇如何表达电影的主题和海报作者所要传达的信息，如赵宝福（2008），乔玉巧（2010），张同德、葛璇（2011），范杰（2011）等。近年来，国内外越来越多的学者顺应跨领域、跨学科研究的趋势开始从认知角度关注多模态语篇，跳出了纯语言研究的范围，探讨广告、漫画、电影海报等，内容涉及语言学、符号学、新闻学、传播学、广告学等学科，如赵秀凤（2011），潘艳艳（2011），张辉、展伟伟（2011），胡壮麟（2011）等。他们的论述推动了多模态语篇的研究，但未能将其置于后现代哲学与认知语言学视野中进行系统论述。

1.2 后现代哲学与认知语言学

季国清（1999）在“语言研究的后现代化迫在眉睫”一文中早已指出，我国语言学界缺乏对哲学的认识以及对哲学成果的运用，这确实是一个事实。在CNKI中我们以“后现代哲学”为关键词可检索到的文章共832篇，其中关于语言学的不到10篇。这说明季先生提出的问题在15年后仍没有引起语言学研究者的重视。自哲学的第四次转向从语言论转为后现代主义以来（王寅 2012），国内语言学界渐渐走出“纯语言研究的牢笼”，开始将语言研究与哲学相结合，《外语学刊》2013年第5期的一组文章，真正将语言研究领入后现代哲学视野，主张坚持体验人本观、多元多维性、去中心论等方法，以解释语言学及其他学科的关键问题。王寅（2013）指出，哲学第四次转向为语言学研究开启了全新的视域，作为后现代哲学产物的认知语言学，应在后现代思潮指导下解释语言现象。廖巧云（2013）论述了后现代哲学的研究方法如何指导神经语言学研究，刘玉梅（2013）则从后现代视野下考察构式语法，赵秀凤、黄洁（2013）从后现代语境中重新认识认知诗学。

受这些学者的启发，本文进一步细化后现代哲学所倡导的“多元化”，提出了“三多”原则，即“多层次”“多视角”“多理论”，结合认知语言学相关观点，尝试从全新的视角探讨多模态语篇，并以《国王的演讲》电影海报为例，探寻其制作者的认知机制。

二、运用“三多”方案分析电影海报

2.1 基于“多层次”的电影海报分析

黄华新（2005：14）指出，当今语用学研究具有多维性，即从社会、认知、心理、文化等多维度、多层面分析自然语言的语用现象。本文所说的“多层次”意为从多个层面（包括图像、线条、色彩、文字、布局等）研究多模态语篇。

“模态”是基于具体感知过程中可阐释的符号系统（Forceville 2009: 20），可大致分为：图像或视觉模态、听觉或声音模态、嗅觉模态、味觉模态和触觉模态等。Forceville在这五种模态的基础上又细分出九种模态（Forceville 2009: 23）：图像符号、书面符号、口头符号、手势、声音、音乐、气味、味道、接触。由此看来“多模态语篇”跳出了纯语言层面，结合多种交际模态形成了有效表达一定意义的符号系统。可见，多模态语篇本身具有多层性，其分析自然要依据多个层次进行。

电影海报制作者为了最大限度地用简单的图片、线条、色彩、语言等符号有效传递电影主题及相关信息，将这些符号进行特殊的组配，或者用一些代表性的画面表示特殊意义，使得观众仅通过解读海报便能对电影主题内容获得一定了解，激发人们对电影的兴趣，吸引他们走进电影院观看此片，这也正是电影海报的宣传目的。因此，解读电影海报必须分别从图像、色彩、线条、语言、文字及布局着手来分析电影海报的寓意和语用效果。

2.2 基于“多视角”的电影海报分析

王寅（2013）认为语言中的客观因素是由体验普遍观所决定的，语言中的主观因素（李洪儒 2001，2002，2005，2006，2013）则通过认知加工来解释，两者相辅相成，缺一不可。这主、客二观必然会涉及作者、海报、读者等要素，因此语言研究还需要从“多视角”入手，兼顾读者、作者以及文本，这同样适用于多模态语篇研究。

本文所说的“多视角”地分析电影海报就是通过读者与电影海报的对话，读者与海报作者的对话，即遵循着“作者构思创作——电影海报——读者解读”的传播过程。这也是从作者视角、海报视角到读者视角的“多视角”转换过程。

海报设计者在详尽分析剧本的基础上，在心中开始构思海报基本框架，在构思中他必然会运用到“三多”理论框架将文字、图画、线条、色彩等因素进行隐转喻性的组配和协动，以突出海报的主题思想。经过多次修改创作出的电影海报负载着作者所要传递的信息，经过海报形式传播给读者，此时，读者也会运用

“三多”理论还原海报信息，从而实现“作者—海报—读者”的交际过程。

当然，不可否认，读者看到电影海报后不一定每个人都能完全获得作者所要传递的信息，即各人的主观认识不尽相同，但倘若读者经过一定培训，掌握了“三多”理论，就可轻而易举地实现作者与读者之间的有效对话。

2.3 基于“多理论”的电影海报分析

“多理论”指融合后现代哲学的非客观论、体验哲学、认知语言学等理论（如隐转喻、突显）为一体全面探讨电影海报的深刻含义和语用效果。

2.3.1 多模态隐喻

Forceville（2009）结合认知语言学与多模态语篇研究提出了“多模态隐喻”，以弥补认知语言学纯语言的单模态隐喻研究之不足。单模态隐喻是同一符号系统中始源域与目标域之间的映射和映合（王寅 2007：407），如“爱情是旅程”这一概念隐喻只局限于语言层面，将旅程的某些特征投射到爱情上，使爱情有选择性地获得了与旅程相关的某些特征，由此产生了隐喻义，且由此概念隐喻产生了很多对应的语言表达方式，如“他们开始了爱情的长跑”“经历了爱情的考验”“他们的爱情到了分岔口”“他们的婚姻走到了尽头”等。我们完全可以根据这一个概念隐喻勾画出一幅图片，图中一对恋人手牵手走在一条道路上，道路有的平坦，有的崎岖，还有分叉，还有死胡同等等，根据图片中符号系统之间的映射，我们自然可以形成以上隐喻性表达。例如下图描绘了一对海边的情侣，配上“爱·旅程”的文字，从语言与图像两个层面表达了“爱是旅程”的隐喻性表达。这正是多模态语篇中始源域和目标域分别呈现于不同符号模态之中的表现。因此，我们将多模态隐喻的定义暂且描述为：目标域与始源域之间的投射涉及两种或两种以上的符码模态，它们之间的相互协动（co-action）和共同作用产生了更生动、更直观、更易于理解和掌握的隐喻义。

2.3.2 多模态转喻

隐喻运作于不同概念域之间的投射，而转喻则是运作于同一概念域（部分向整体、整体向部分，或部分向部分）中的投射（魏在江 2007，2010）。仅仅停留在书面语的转喻可以看作单模态转喻，而一旦超出书面模态的转喻则都可以看作多模态转喻。因此，在多模态转喻中，始源域通过文字、图像、线条、声音、色彩或气味等模态中的部分信息来激活人们认知域中的另一部分或整体概念。

据此，我们提出"多模态转喻"，即通过图像、声音、文字等多种模态中的部分信息代替整体、部分信息代替部分、整体信息代替部分的一种转喻机制。简言之就是将仅局限于语言层面的转喻从单一平面上升至多符号系统的立体空间。

下图为电影《莎翁情史》海报中"Love"一词中的红心被一只鹅毛笔刺穿的设计，就是一个多模态转喻。我们知道，在西方，丘比特通过射箭的方式使人们恋爱，一般用箭头射穿红心的图画表示恋爱，而海报中作者把丘比特的箭头换成写字的鹅毛笔，这里正是用写作的一个部分——鹅毛笔代替整个"作品"的认知域，他所要表达的涵义就是莎士比亚用其创作的作品打动女主角，使两人坠入爱河。

2.3.3 突显

人类具有确定注意力方向和焦点的认知能力，并在该认知基础上形成突显观。Langacker将语言层面的突显观分为两种，一种是侧显与基体，另一种是射体与界标，以此来解释词语意义和语法关系，这仅仅是突显观在单模态层面中的应用（王寅 2006：31）。在电影海报的多模态分析中，海报作者对多个不同图像的排列层次、形态变化、以某一图像为背景来突显另一图像，以及夸张等表现手法，以强调其设计目的，起到升华主题的作用，这都可视为突显观的应用。如下图电影《沉默的羔羊》这幅海报中，作者以女人脸为背景，将蛾子与女人嘴部图像叠加在一起，突显蛾子，通过它遮住嘴这一画面向读者表达了“沉默”这一涵义，并结合背景的多模态隐喻：“女人是羔羊”，从此表达“沉默的羔羊”的这一主题。

三、基于“三多”方案分析《国王的演讲》电影海报

2010年第83届奥斯卡最佳电影《国王的演讲》讲述的是英国国王乔治六世通过语言治疗战胜口吃，并通过演讲对纳粹法西斯宣战，激励国人与敌人斗争的故事。《国王的演讲》电影海报的边框用红色粗线条组成，并且线条向内延伸形成一个旧式话筒的立体剖面图，海报以黑色人物轮廓为背景，整体的画面描述的是一个人在话筒后演讲的画面，话筒的正下方是电影的标题——The King's Speech（国王的演讲）。本文拟运用"三多原则"分析此海报。

3.1 "多层次"

整幅海报通过文字、图像、线条、色彩、布局等层面展现了作者所要表达的主题内容，图像层次由一个男人半身照为背景，正中间为红色话筒的横切面，话筒中间是一个王冠的图像；色彩层次由黑色、白色、红色三种简单的色彩组成；文字层次由电影英文标题"The King's Speech"与演员名单构成。三个层次相互组合与协调，融合为一个整体，生动地表达了"国王的演讲"这一影片主题，不仅体现了多模态语篇多维性的表达方法，还体现了作者通过多种模态符号的协调，传递出了深刻的寓意。

3.2 "多视角"

正如上文所析，作者基于"三多"理论创作出来的电影海报经过读者的解读，就可还原多模态语篇的信息。

从该电影海报可见，本应戴在国王头上的王冠，被拿下来正对着话筒，与嘴的位置重合，并且两者置于海报正中央，话筒还做了适当的扩张处理。作者意在突显：国王需要通过演讲展示"王权"，这正好体现了影片的主要内容：国王接受语言专家的指导和培训后克服了口吃，最终通过"演讲"向纳粹法西斯宣战。读者也正是通过被突显的"皇冠（转喻性指代国王）"和"话筒（转喻性指代演讲）"，解读出作者的寓意。正是通过这两者，并且结合文字符号"The King's Speech"便可有效地获得电影所要表达的主题内容。

3.3 “多理论”

本文主要应用上文所述的“多模态转喻、多模态隐喻、突显”来解读《国王的演讲》海报。

3.3.1 多模态转喻

（1）话筒是媒体。海报中话筒的图像构成一个多模态转喻表达，话筒是媒体传播中的一个部分要素，在此用来代表媒体。这是一个“部分代替整体”的转喻思维，始源域是话筒，目标域是媒体。20世纪20年代大众传媒开始蓬勃发展，其流行标志就是无线电广播，而无线电广播的一个突出特征标志就是“话筒”。因此，海报作者用一个简单的话筒图形来代表媒体，不失为一个简明生动的表现手法，足以说明作者的智慧。

（2）话筒与边框是媒体世界。话筒与边框连在一起作为始源域，表示作为目标域的媒体世界，整个故事发生在一个由媒体构成的世界之中。同时也暗示时代随着生产力的提高而不断变化，媒体也不再如报纸一样局限于书面语言表达形式，广播的发展迫使王室不能仅仅沿袭以往陈旧的传统，必须找到新的行使权威的方式，因此国王需要站在话筒后面“表演”以树立自己的形象，并通过电波将自己的声音和语言传递给千家万户，人们逃不出由无线电广播这个媒介构成的“世界”。影片以话筒的特写开场，引出国王当运用媒体站在话筒后代表王室和国家向国民讲话这一蕴义，这也是一个多模态转喻表达。海报作者Laz Marquez（2011）在其博客中也认为：画面中的话筒正可实现这一目的，以表现出这是对口吃国王本人的一种挑战，从而有效地反映了电影的主题。

（3）话筒是演讲。话筒位于海报的正中间，准确传达了海报作者的意图，这也是电影的重要内容，将电影中相关信息串联起来。我们通过电影海报的关键词或者观看电影知道这部电影的主线索是演讲活动，话筒转喻为演讲，它由很多信息组成，如演讲人、讲稿、讲台、话筒等，这里海报作者选用了其中一个小小的话筒代替演讲这一整体，话筒与背景中人形轮廓的嘴位置相吻合，也暗合了演讲这一个概念，从而与电影标题中的“Speech（演讲）”产生“协动”，这正是多模态隐转喻的关键机制。另外，我们所看到话筒后的人形轮廓，自然而然就知道这个人是在讲话、做演讲，这也是多模态转喻所表达出的信息，用局部信息“口对着话筒”转喻性地表达“演讲”这一整体活动。

（4）皇冠是国王。海报中话筒正中的皇冠与话筒后面人形轮廓的嘴的位置重叠，这又是一个多模态转喻表达，其中始源域是皇冠，目标域是国王。国王的标志有很多，诸如王宫、王后、权杖、王座、皇冠等等，其中任何一个都可以通过部分代替整体的转喻机制来表示国王这个整体，而皇冠是最能代表皇室的一个标志，因为国王登基时需要举行“加冕”仪式，即为国王戴上皇冠，这在电影中也有所展示。在此，海报仅仅通过一个皇冠的图像向人们传达了“国王”的信息。我们单从人形轮廓上无法判断此人的身份，只有通过电影标题中“King（国王）”文字才能获得此解，这又与皇冠和国王暗合，形成了另外一个“协动”，文字模态和图像模态的互补协动，清楚地表明了国王的身份。而皇冠是带在国王头上的，象征着王室与权力，在这里将皇冠放在话筒中间，或者说放在对着嘴的位置上，形象地说明了王室的权威需要通过嘴，通过话筒，通过演讲才能向世人展示，进一步突出了演讲的重要性、语言的宣传性，从而进升华海报的主题。

3.4 多模态隐喻

（1）边框是世界。用红色线条组成的边框来代表“世界”，这是一个十分形象的多模态隐喻表达。在此，隐喻的无意识性使得红色边框的始源域与目标域之间的联系有时难以被观众觉察，只有通过图像与文字的协动来激发相关认知域，使观众发现并体验到该隐喻始源域与目标域之间的映射关系，最终通过由简单线条组成的边框向人们表达“世界”的信息，表示由红色线条的边框组成的“世界”这一意义。

（2）红色是约束。红色是战争与流血。整个海报使用了简单的红白黑三种颜色，其中用红色边框与红色话筒，一个表示媒体世界，一个表示演讲，突出了“红色”具有约束警示和禁止的特点，比如交通信号灯红色表示停车，红线表示禁区等等。海报中使用红色边框表示王室在行使权威时一方面受媒体世界的约束，另一方面也需要通过媒体世界传达。而红色的话筒不仅表示对有口吃的国王的挑战，还表示人民被国王的语言所约束的含义。通过电影内容，我们还知道国王通过演讲向纳粹法西斯宣战，红色也代表战争与流血。在此，海报通过色彩的多模态隐喻向人们传递“约束国王言行的信息、国王通过言语约束人民言行的信息、国王通过言行宣布战争的信息以及战争会带来流血”等信息。

3.5 突显在海报中的作用

在《国王的演讲》海报中，海报作者采用夸张的手法将话筒放大，当观众看到这样一个与常规认知不很相符的话筒时，自然会将其注意力聚焦其上。一方面将话筒置于海报正中为了突显演讲，另一方面又将皇冠至于话筒正中，进一步突显国王的中心地位。因此，在整部电影中突显演讲，又在演讲这一信息中突显国王，这与电影标题《国王的演讲》完全吻合，也正是海报作者和导演想要传达的信息，先把观众的注意力放在演讲上，然后将观众的注意力放在国王之上，即国王代表王室和国家对全国公民演讲。同时海报作者在此处运用了两套多模态转喻，即话筒转喻为演讲，皇冠转喻为国王；两套双对应模态，即话筒的图像对应 “Speech”的文字，皇冠的图像对应“King”的文字。以此作为认知机制，使得文字与画面相互“协动”，形成了强烈的视觉效果，传达了丰富且深刻的信息。

四、结论

本文将后现代哲学所倡导的“多元化”细化为“三多”方案，即“多层次”“多视角”“多理论”，并以其为理论框架详细分析了《国王的演讲》的海报，发现：

（1）基于后现代哲学多元化的“三多”方案可以更加透彻地从认知角度分析电影海报的多模态语篇。本文中“多理论”主要指：多模态隐喻、多模态转喻、突显。通过话筒图像与媒体，边框线条与世界，话筒图像与演讲，皇冠图像与国王，红色与战争或约束等隐转喻关系，多种符号系统相互协动，向观众传达了丰富的信息。海报中蕴含着突显原则，即运用海报中图像与图像、图像与文字的相对位置，以突显作者需要强调的信息。海报中突显话筒的中心位置以强调“演讲”的信息，正中心突显皇冠以强调“国王”的信息，这两条信息与影片标题“国王的演讲”相互协动，相互映衬，有效传递了电影主题，达到了宣传的效果。

（2）“思维的隐喻性与转喻性”不仅存在于语言层面，也存在于其他交际符号系统之中，“多层次”地展现了多模态隐转喻表达。

（3）“多视角”即“作者—文本—读者”的多元主客互动，则体现了后现代人本主义思想。尼采曾喊出“上帝死了”的口号，意味着“人活了”，这标志着西方宗教哲学的终结。巴尔特曾喊出“作者死了”的口号，意味着“读者活了”，意在强调读者的重要性，从而引出了“读者反应论”“接受美学”等后现代观点。福柯曾喊出“人死了”的口号，意味着“文本活了”，强调语言、对话凌驾于人之上的地位，人生活在语言的牢笼之中。后现代哲学中这三句著名的口号分别突显不同的研究视角，大大扩展了我们的视野。我们认为，只有将多个视角结合起来才能更有效地分析多模态语篇。

（4）“三多原则”也顺应了后现代哲学所倡导的跨学科研究趋势，尽早走出“纯语言”的研究层面，将其融入到“符号学”“传媒学”“新闻学”“传播学”等研究之中。同时，本文也为新兴的“认知传媒学”提供了一种崭新的分析思路。

参考文献

[1] Forceville, C. & Urios-Aparisi, E. 2009. *Multimodal Metaphor* [M]. Berlin/New York: Mouton de Gruyter.
[2] 范杰. 2011.《大兵小将》海报的多模态语篇分析[J]. 电影文学（6）.
[3] 胡壮麟. 2009. 谈多模态小品中的主体模态[J]. 外语教学（4）.
[4] 黄华新. 2005. 描写语用学[M]. 长春：吉林人民出版社.
[5] 季国清. 1999. 语言研究的后现代化迫在眉睫[J]. 外语学刊（1）.
[6] 李洪儒. 2001. 从逻辑、哲学角度看句义理论的发展——“语句中的发话者因素”理论探讨之一[J]. 外语学刊（1）.
[7] 李洪儒. 2002. 从语句的交际结构看发话者形象[J]. 外语学刊（5）.
[8] 李洪儒. 2005. 试论语言层级上的发话者形象——语言哲学系列探索之一[J]. 外语学刊（5）.
[9] 李洪儒. 2006. 系词——人在语句中的存在家园[J]. 外语学刊（2）.
[10] 李洪儒. 2013. 论词层级上说话人意义的形成因素[J]. 外语教学（6）.
[11] 廖巧云. 2009. 后现代哲学视野中的认知神经语言学进路[J]. 外语学刊（5）.
[12] 刘玉梅. 2009. 后现代哲学视野中的构式语法研究[J]. 外语学刊（5）.
[13] 潘艳艳. 2011. 政治漫画中的多模态隐喻及身份构建[J]. 外语研究（1）.
[14] 乔玉巧. 2010. 多模态话语分析第81届奥斯卡最大赢家《贫民窟的百万富

翁》的电影海报[J]. 文学界（8）.
[15] 王寅. 2006. 认知语法概论[M]. 上海：上海外语教育出版社.
[16] 王寅. 2007. 认知语言学[M]. 上海：上海外语教育出版社.
[17] 王寅. 2009. 主客主多重互动理解[J]. 哲学动态（10）.
[18] 王寅. 2012. 哲学的第四转向：后现代转向[J]. 外国语文（2）.
[19] 王寅. 2013. 后现代哲学视野中的认知语言学：哲学第四转向后的语言学新论（上）[J]. 外语学刊（5）.
[20] 魏在江. 2007. 语篇转喻纵观[J]. 外语教学（3）：32-37.
[21] 魏在江. 2010. 概念转喻与语篇连贯——认知与语篇的界面研究[J]. 外国语文，（2）：57-61.
[22] 张辉，展伟伟. 2011. 广告语篇中多模态转喻与隐喻的动态构建[J]. 外语研究（1）.
[23] 张同德，葛璇. 2011. 电影海报《我的名字叫可汗》多模态分析[J]. 电影文学（6）.
[24] 赵宝福. 2008. 多模态话语分析奥斯卡最佳影片奖《老无所依》的电影海报[J]. 科教文汇（5）.
[25] 赵秀凤. 2011. 概念隐喻研究的新发展——多模态隐喻研究——兼评Forceville & Urios-Aparisi多模态隐喻[J]. 外语研究（1）.
[26] 赵秀凤, 黄洁. 2009. 后现代语境中的认知诗学学科定位和发展前景[J]. 外语学刊（5）.

中国后语言哲学视野中的多模态语篇研究

——多模态隐转喻认知观

崔　鉴

（原载《外语学刊》2015年第4期）

摘　要：本文探讨中国后语哲视野中的多模态语篇研究方法，并以FAMILY公益广告为例，重点讨论多模态隐转喻认知观，旨在说明：一方面，后语哲为多模态语篇研究提供新视角，并使其超越传统系统功能语言学的视野；另一方面，多模态语篇研究又一次证明后语哲的解释力，前者促进后者的发展。

关键词：后语言哲学；多模态语篇；隐转喻认知观

一、引言

语篇由一个、几个或一系列连续的语句或段落构成，用以表达一个完整的主题思想，实现一定的交际功能。它具有语义连贯性、合乎语法性和结构衔接性等特征。“模态”是基于具体感知过程可阐释的符号系统，大致可以分为：图像或视觉模态、听觉或声音模态、嗅觉模态、味觉模态和触觉模态。Forceville和Urios-Aparisi将模态分为9类：（1）图像符号；（2）文字符号；（3）口头符号；（4）手势；（5）声音；（6）音乐；（7）气味；（8）味道和（9）接触（Forceville，Urios-Aparisi 2009: 23）。

“多模态”指人们在社会文化语境中用多种符号系统(语言文字、图像、色彩、线条、空间布局、手势等) 建构语篇，传递意义，从而达到有效交际的目的。多模态语篇是一种整合多种符号系统，并以此构建意义的语篇。

在多模态语篇分析中，Barthes最早提出图像在语言表意中的作用及图文互动作用（Barthes 1977：38-39）。Kress和van Leeuwen于1996年合著的《视觉语法》当属多模态语篇研究的开篇之作，书中系统地讨论模态与媒体的关系及其相 互作用。在2001年的《多模态语篇》一书中，他们提出图像视觉符号不仅可以反映客观世界和主观世界，还可以表现各种各样的人际关系。他们借用 Halliday

（1985）的语言3大元功能理论，从概念功能、人际功能和语篇功能3个层面分析图像等视觉符号的语义关系，提出视觉图像分析的3个层面：图像的再现意义、互动意义和构图意义。国内多模态语篇研究刚起步，主要讨论各种模态之间的相互关系以及多种符号系统在意义交换过程中所产生的效果，但忽视语篇整体意义构建的动态操作和多模态语篇背后的认知机制。在系统功能语言学多模态研究的基础上，国内少数学者，如赵秀凤（2010）等，也开始尝试在后语言哲学视野中用认知语言学（CL）的观点来分析多模态语篇。

二、西方后现代哲学和中国后语言哲学

2.1 倡导者

西方于20世纪50—60年代出现后现代思潮（王寅 2012），钱冠连教授基于此提出中国的一种发展道路——“中国后语言哲学”：充分挖掘与利用西语哲资源中的营养和智慧，从它的老题目中挖掘出新方向，重点关注如何将语言问题和现实外部世界、人的行为和社会交际等关联起来，大力倡导“节外生新枝”的理念，努力发现新问题，创建新理论（钱冠连 2007）。

2.2 建设者

王寅教授认为，当前基于体验哲学的CL所提出的一系列新理论、新观点和新方法当可视为第3期后现代哲学（建设性）的新枝，也是中国后语哲的一种新进路。其理由是：西语哲的主题是“世界”“毕因”“人”和“语言”，CL将它们融为一体，以“现实—认知—语言”为基本进路，这足以证明体验哲学与西语哲之间的批判与发展关系，将其视为后语哲完全顺理成章（王寅 2008）。我们知道，西方哲学经过毕因论（本体论）和认识论转向后，于19世纪末20世纪初转向语言论，开始追问“思维与存在”的关系在语言中如何呈现，认为应该建立科学、严谨的人工语言来获取真理，提倡用形式逻辑来解决哲学问题。但是形式化也面临重大

问题，如隐喻、转喻、双关和幽默等复杂的语言现象无法得到合理解释。Lakoff和Johnson运用体验哲学的“人本观”修补西语哲的客观主义和形式化倾向。王寅教授在反思前人哲学观的基础上提出主客主（Subject-Object-Subject）的理解模式，强调主体与客体、主体与主体、语言与客体、语言与主体以及语言与语言的多重互动，对中国后语哲的发展作出了重要贡献。

三、后语哲视野中的多模态语篇研究

在中国后语哲视野中，我们主要基于以下方法研究多模态语篇：符号多元观、隐转喻认知观、事件域整合观和多重体验互动观，本文主要论述前两者。在符号多元观视角下，图像、颜色、声音等模态符号和语言文字模态一起形成更为宽泛的符号资源，共同参与多模态语篇意义的建构，使语言意义从单一的语言文字模态拓展到多元符号模态，从而使在更广阔的视野中、以更全面的结构和更系统的方法来研究人类语言、意义以及意义背后的认知机制成为可能。

隐喻一直以来都是学者们密切关注的对象，亚里士多德将其看作一种修辞现象，而CL则视其为人类一种普遍的思维方式和认知手段（Lakoff，Johnson 1980，1999）。认知主体通过推理将一个概念域投射到另一个概念域上，从而产生隐喻义。但近年来不断有学者对这一理论提出质疑，因为人的思维结构是非常复杂的，如果思维是隐喻的，那么隐喻的呈现方式则不能局限于语言模式。语言只是人类众多交际符号中的一种，其他交际媒介或手段（如声音、色彩、线条和空间布局等）也可用来构建和表达概念（Forceville 1996，2006，2008）。而且，人类根据自身体验，通过看、听、摸、尝、嗅所感知到的现象比不能以这些方式感知到的现象更易理解和分类，即通过感官体验感知到的概念更为简单和直观。为了弥补CL领域内纯语言隐喻研究的不足，我们可以将其扩展到多模态语篇中。

隐喻是在不同概念域之间产生的投射，转喻则是在同一概念域里部分向整体、整体向部分或者部分向部分的投射。转喻和隐喻都是人类普遍的思维方式，是人类指称、描述事物和表达思想的重要手段。在某种程度上，转喻比隐喻更为普遍，是更为明显的一种认知方式。基于隐喻和转喻在人类认知过程中的相同功能和重要性，我们将两者合称为“隐转喻”。仅仅停留在文学模态的隐转喻可以看作是单模态隐转喻，而一旦超出文字模态的隐转喻则可以看作多模态隐转喻。因为在多模态隐转喻中，始源域通过图像、声音或气味等模态来激活人们认知域中的心理概念，通过语言作为工具进行推理，以实现表意功能。因此我们认为，在多模态语篇研究中，隐转喻认知观是重要方法之一。笔者将以FAMILY公益广告为例，讨论后语言哲学视野中的隐转喻认知观，进而说明后现代哲学与语言研究之间的相互作用及重要关系。

四、隐转喻认知观中的FAMILY广告分析

Family一词源自拉丁语famulus，原义指“侍从”和“佣人”，被英语借用后意义逐渐扩大为包括侍从和主人在内的，尤其是以小孩为主体的整个家庭。

该广告的策划人将组成FAMILY这个单词的每个字母都拆开来，并赋予其中几个字母以家庭中的某个角色，演绎一个关于孩子在家庭中成长的非常感人的故事。故事从F（爸爸）和M（妈妈）对幼年的I（孩子）细心呵护入手，孩子在长大过程中有了自己的主见，不断与爸妈发生冲突，此时爸妈伤心地哭了。后来，孩子体会到生活的艰辛，发现爸妈已渐渐变老，于是孩子主动承担起家庭责任，长成参天大树使年迈的父母有依靠，替他们遮挡骄阳。广告最后将FAMILY中的6个字母分别解读成Father and Mother I Love You（爸妈我爱你们），广告虽然简短，但含义深厚，深深打动每个看过该段广告的人。

在图1中，F取英语单词father的第一个字母，代表爸爸；M取英语单词mother的第一个字母，代表妈妈；I在英语表达中代表“我”。在图1中，设计者将字母F增高，从视觉效果上远远高于M和I，以其字体的变形隐喻爸爸在一个家庭中的顶梁柱作用。

图1　小时候爸爸是家里的顶梁柱

在图2中，设计者将F最上一横拉长，将FAMILY这一单词的其他字母遮挡在它之下，与文字“遮风挡雨”匹配，共同隐喻在一个家庭中高大、魁梧的father（父亲）是能够庇护家人并为家人遮风挡雨的人。

图2　高大魁梧的爸爸遮风挡雨

在图3中，文字为“温柔贤惠的妈妈相夫教子”，设计者通过对字母M书写上的演变和与字母I位置上的结合，隐喻客观世界中mother（母亲）怀抱着自己的小孩，哄其进入甜蜜梦乡的情景。同时，设计者在字母I的上方配制了几个z，以人在熟睡时所发出的“吱、吱、吱”的声音（汉语拼音表示为“zi”）转喻小孩的酣睡以及家庭的宁静与祥和。在图4中，作者以字母I不断向上跳跃的动作转喻出多种符号信息，如: 孩子与父亲发生冲突; 或者孩子很活泼，正在快乐地成长，等等。

图3　温柔贤惠的妈妈相夫教子

图4 渐渐我长大了

图5仍旧采用字母I的跳跃，与图4不同的是：（1）字母F长长的臂开始缩短，隐喻着father的形象不再像前几幅图中那样“高大”，也可能在孩子的眼里，父亲不再像曾经那样伟岸，也不希望父亲总是为他“遮风挡雨”。（2）代表母亲的字母M头顶上出现一团红色的火焰，通过文字描述可以得知“火焰”在此比喻母亲的愤怒。（3）字母F在与字母I的接触部分出现几条黑色的分岔线条，它们从形态上相似于人额头上的皱纹，从而转喻父亲的惆怅与无奈。

图5 少不更事的我总想挣脱爸爸的束缚

在图6中，字母F的高度变得与FAMILY这个单词里其他字母的高度基本一致，这样一种字母高度平行排列比喻父亲在孩子的眼里不再高大；而缩短为正常长度的笔画也表达父亲为孩子遮风挡雨的能力在减弱，甚至消失。字母F和M上的水滴符号以父母的泪水转喻在孩子成长期中父母的辛酸与无奈。同时还将代表孩子的字母I变形为一手叉腰、面对母亲的唠叨将头扭向一边的桀骜不驯的孩子，以此比喻一个家庭出现的冲突。

图6　屡次顶撞唠叨的妈妈

图7的整个画面中只出现字母I，配以各种家具充当背景，此幅画面的语篇信息主要来源于文字叙述“长大的我渐渐体会到了生活的艰辛”：（1）通过文字描述，观众可以发现字母I形状上的变大，其位于图像中间的突显位置比喻家庭中的孩子已长大。（2）字母I单独出现在画面中隐喻独立面对生活的孩子。（3）地面上黄色的落叶则隐转喻表达世态的炎凉和孩子此时悲伤的心情。图8和图9中的字母形态分别隐喻在长大后孩子眼中父母的形象。

图7　长大的我渐渐体会到了生活的艰辛

图8 发现爸爸的背早已驼的不成样子

图9 妈妈的身体也已臃肿

图10发生以下变化：（1）背景变化：从之前表现一个家的温馨环境转换到室外的公众环境，隐喻性地将家的概念从“小家”转移到“大家”，这个“大家”指当下的社会，暗示对老人的照顾应是一个重要的社会问题。（2）父母变化：代表父母的字母F和M都沿用了图8和图9中的字母形态，加以缩小，并且将其置于长大的I之下，其隐喻含义显而易见，以风雨中父母的颤抖和无助向观众传达老人需要呵护的信息。（3）I的变化：图中的“我”（I）终于长大了，像图1中父亲F一样，长出两支长长的手臂，足以遮护整个FAMILY中的所有字母。此处，再次使用隐转喻认知机制将一个单词中字母的组合方式投射到社会文化中，比喻在家庭中一个成员与其他成员的关系，使观众深刻地理解子女I在长大成人后对家庭，尤其是对父母所应该承担的责任和义务。

图10　是时候尽一份子女的责任，悉心呵护起这个家

图11　做父亲贴身的拐杖 给他一个依靠的肩膀

图12　给母亲撑把庇护伞为她遮蔽盛夏的骄阳

图13所展示的语篇意义是整个广告中最精彩的部分，设计者借

助英文单词中字母的单独所指，创造语言理据性，重新诠释该单词的意义。通过图像与文字模态的结合，将语言背后的社会、文化意识以隐转喻的方式植入到符号中，这不但升华了该部公益广告的主题，也为观众提供一个全新的识解该英语单词的角度。图14是该公益广告的画龙点睛之处，设计者将该广告的主题用文字“家”展现在图像布局的中央，再通过“有爱就有责任”将整个广告所蕴含的整体语篇意义抽象出来，达到升华和强调的作用。

图13 爸爸妈妈我爱你

图14 有爱就有责任

在这则公益广告中，设计者将英文单词与汉语语篇相结合，将隐转喻机制运用得淋漓尽致。一方面，作者让观众对英文单词family有了更新、更深刻的认识；另一方面，通过两种语言的结合，以汉语文字叙述为主，英文字母图形为辅，巧妙地运用隐转喻认知方式将现实世界和中国传统家庭观融入到英文单词表达中，生动形象地构建了一个完整的多模态语篇，巧妙地演绎了该公益广告的主题：家，有家就有责任。

五、结语

本文在系统功能语言学研究多模态语篇意义的基础上，在后现代哲学框架中，借助多元观和隐转喻理论全面地分析多模态语篇。本文认为：（1）隐转喻认知法是形成多模态语篇的重要方法之一，它主要通过文字符号与图像符号、线条组配和格局分布等方法来表达潜在意义，建构完整的语篇。在多模态语篇中，图像的直观性可使观众较容易获取相关信息，弥补简短文字无法言尽之事。但图像的高度信息化特征也会使意义模糊，因此需要文字作为补充，以隐喻或转喻的方式刻画客观世界，引导观众进一步理解图像意义。在多模态语篇中，图像与文字的界限并非绝对清楚，观众在对图像、文字信息的理解过程中，需要通过感知体验和创造性认知加工才能整合出相对完整的语篇。（2）多模态语篇研究顺应后现代跨学科研究的总体趋势，为意义分析提供一个更系统、更多维度的视角。既然后现代思潮是一个集社会、文化、历史、气质、品味、思想、心态、生活方式等多因素于一身的复杂新事物（高宣扬 2010: 5），因此不能再割裂纯语言文字符号与其他相关符号系统的关系，语篇研究必须突破传统方法的禁锢，充分考虑语言交流中的多通道，在多元化、多模态视角下全面分析真实语篇。可见，图像、颜色、声音等模态正和语言文字模态一起形成更为宽泛的符号资源，共同参与意义的建构。在这样一个后现代时代中，各类意义表达已经如此强大地渗透于视觉、听觉、行为等社会符号资源系统中，我们不仅要关注语言层面之外的多模态符号系统，还要大力倡导这方面的理论研究和语料分析，从更广阔的视野、用更系统的方法来研究人类语言、意义以及意义背后的认知机制。

参考文献

[1] Barthes, R. 1977. *"The Rhetoric of the Image" in Image, Music, Text* [M]. New York: Hill and Wang.

[2] Fauconnier, G., Turner, M. 2002. *The Way We Think* [M]. New York: Basic Books.

[3] Forceville, C. 1996. *Pictorial Metaphor in Advertising* [M]. New York: Routledge.

[4] Forceville, C. 2006. Non-verbal and Multimodal Metaphor in a Cognitivist Framework: Agendas for Research [A]. In: Kristiansen, G., Achard, M.,

Driven, R., Ruiz de Men- doza Ibanez, F. (Eds.), *Cognitive Linguistics: Current Applications and Future Perspectives*[C]. New York: Mouton de Gruyter.

[5] Forceville, C. 2008. Metaphors in Pictures and Multimodal Representations [A]. In: Gibbs，R. W. (Ed.), *The Cambridge Handbook of Metaphor and Thought* [C]. Cambridge: Cambridge University Press.

[6] Forceville, C., Urios-Aparisi, E. 2009. *Multimodal Metaphor* [M]. New York: Mouton de Gruyter.

[7] Halliday, M. A. K., Hasan, R. 1985. *Language, Context and Text: Aspects of Language in a Social Semiotic Perspective*[M]. Victoria: Deakin University Press.

[8] Kress, G., van Leeuwen, T. 1996. *Reading Images: The Grammar of Visual Design* [M]. London: Routledge.

[9] Kress, G., van Leeuwen, T. 2001. *Multimodal Discourse: The Modes and Media of Contemporary Communication* [M]. London: Arnold.

[10] Lakoff, G., Johnson, M. 1980. *Metaphors We Live By* [M]. Chicago: The University of Chicago Press.

[11] Lakoff, G. 1987. *Women, Fire and Dangerous Things: What Categories Reveal about the Mind* [M]. Chicago: The University of Chicago Press.

[12] Lakoff, G. , Johnson，M. 1999. *Philosophy in the Flesh: The Embodied Mind and Its Challenge to Western Thought* [M]. New York: Basic Books.

[13] 高宣扬. 2010. 后现代论[M]. 北京：中国人民大学出版社.

[14] 胡壮麟. 2007. 社会符号学研究中的多模态化[J]. 语言教学与研究（1）.

[15] 钱冠连. 2007. 西语哲在中国：一种可能的发展之路[J]. 外语学刊（1）.

[16] 王寅. 2005. 事件域模型的认知分析及其解释力[J]. 现代外语（1）.

[17] 王寅. 2007. 认知语言学[M]. 上海：上海外语教育出版社.

[18] 王寅. 2008. 语言研究新增长点思考之四———后语言哲学探 索[J]. 外语学刊（4）.

[19] 王寅. 2009. 主客主多重互动理解[J]. 哲学动态(10).

[20] 王寅. 2012. 中国后语哲与体验人本观———十一论语言学研究新增长点[J]. 外语学刊（4）.

[21] 赵秀凤 苏会艳. 2010. 多模态隐喻性语篇意义的认知构建——— 定稿日期: 2014-05-26多模态转喻和隐喻互动下的整合[J]. 北京科技大学学报（社会科学版）（4）.

[22] 朱永生. 2007. 多模态话语分析的理论与研究方法[J]. 外语学刊（5）.

对比研究需要前沿理论，理论创新促发对比研究

——认知对比语言学初探

王　寅

（原载《外国语》2015年第5期）

摘　要：本文分别从西方哲学和语言学这两个学科的发展简史来论证认知语言学（CL）的前沿性，强调从后现代哲学的“体验人本观”角度来探索语言表达背后的认知机制。21世纪的对比语言学也需要CL这一前沿理论，以其为基础对比汉英两语言，发现它们在认知机制上的同与异，这样才能真正实现“透过语言现象看语言背后的认知方式”的研究目标。本文还以汉英语中“一词两反义”为例进行了对比研究。

关键词：体验人本观；认知语言学；对比语言学；汉英对比；一词两反义

一、从哲学发展简史看当今理论前沿：体验人本观

西方哲学主要以“形而上学”为主线，旨在建立人类知识大厦的基础，探究宇宙万物大系统背后具有普遍性、必然性、超验性的绝对真理，以能形成一个统一的科学体系，这就是亚里士多德所说的“第一哲学”。实现这一目标的路径主要有二：基于感性的经验论和基于理性的唯理论。图1上一个方框为长达两千多年的客观主义形而上哲学简纲，包括三个转向：毕因论、认识论、语言论。按照Lakoff & Johnson（1980，1999）的观点，它们都属于“客观主义哲学”，因为都坚持“寻求本质”的立场，认为世界中存在一个客观的、绝对的真理，待哲学家找到后，便可用以解释人世间的一切现象。

语言论又可分“理想语言学派（即语义学）”和“日常语言学派（语用学）”两大流派，由于后者已关注符号的使用人和语境，逐步摆脱了客观主义哲学论的束缚，开始转向人文主义，因此图1中将“语用学”置于括号中。

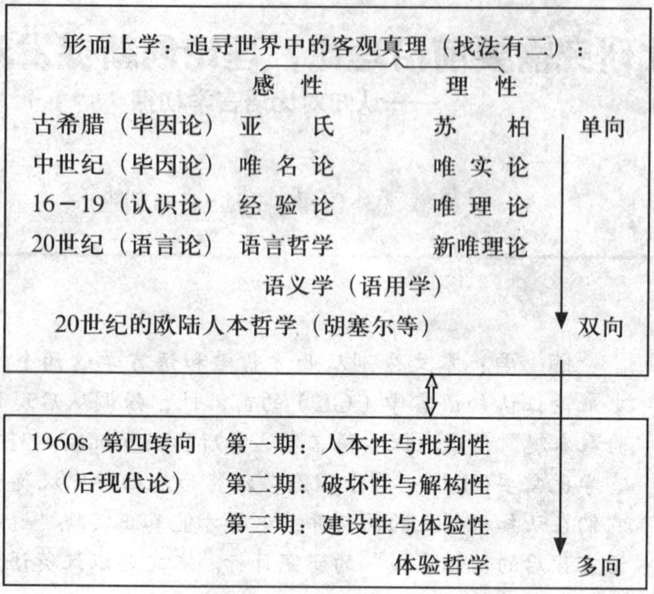

图1　西方哲学简史

图1中下一方框即为“哲学的第四转向：后现代论”（王寅 2012a），针锋相对地提出了“非客观主义哲学”，否定客观世界存在绝对真理，哲学不是自然之镜。胡塞尔虽已提出了很多人本思想，但仍坚持形而上学立场，因此将其划归客观主义（Lakoff & Johnson 1980：195），作为过渡人物。而他的弟子海德格尔常被视为人本哲学的首倡者，继承了胡氏现象学“关注人因素”的观点，将其发展为“存在主义”，海氏的弟子伽达默尔又进一步提出“解释学”，德里达、哈贝马斯等则大力倡导“主体间性（Intersubjectivity）”和“共识真理观（Consensus Theory of Truth）”逐步将问题导向了另一个极端——激进人本观。这一后现代幽灵，在众多后现代论者（如萨特、利科、巴尔特、利奥塔、福柯、克里斯蒂瓦等）的推动下，迅速传遍全世界（王治河 2006；高宣扬 2010；赵一凡 2007），从而出现了后现代第二期，其典型特征为“破坏性、解构性、颠覆性”。

以维特根斯坦后期（1953）和美国的Quine（奎因 1960）、Rorty（罗蒂 1979）、Griffin（格里芬 1993）等为代表的第三期后现代哲学家们认为，我们不仅要破坏一个旧世界，而且还要建设一个新世界，因而出现了“建设性后现代哲学”。Lakoff & Johnson当属其中，因为“体验哲学（Embodied Philosophy）”就是在批判流行了二千多年传统客观主义和欧陆激进人本观的基础上建构而成的，既具有破坏性，也具有建设性。

值得注意的是，图1右侧所划的两个箭头，突显地标出了哲学研究不断进步的历程。所谓“单向”，是指西方传统形而上哲学常循“从感性到理性”或“从理性到感性（唯理论）”的单向研究进路，即要么持感性决定理性的立场，要么持理性决定感性的观点，从而出现了认识偏妥的现象。20世纪70—80年代出现了“主客互动（皮亚杰）”“主主互动（哈贝马斯：主体间性）”的“双向法”，但仍有缺陷，我们基于此提出了“主客主多重互动理解模型（SOS）”“体验人本观”，意在尝试改进这些研究进路（王寅2009，2012b）。换句话说，SOS多重互动、体验人本则代表着哲学界当前研究的主流方向之一。

二、从语言学发展简史看当今理论前沿：CL

Robins（1967:103）早就指出：Philosophy in its widest sense had been the cradle of linguistics. 古希腊哲学家曾将很多学科，如逻辑学、修辞学、物理学等都归结于哲学（爱智求真、抽象思辨）之中，语言学从一开始就与哲学唇齿相依，难怪很多语言学家都要从哲学角度来升华语言研究（潘文国 1997：§2）。从表1可见，西方主流语言学派都有其相对应的哲学基础。

西方语言学史上共出现过五种主要语言学流派，到20世纪末又出现了CL，它们的主要特征、哲学基础以及对语言性质的描写大不相同，也形成了相对应的语言教学法，现简述如下表（参见Robins 1967）。

表1　西方语言学简史

	年代	语言理论	所受主要学科及理论影响	主要特征	其他
1	公元前4世纪—19世纪	传统语文学	传统哲学观、文化观	静止规定型 语言工具观	表达性、工具性 语法翻译法
2	19世纪	历史比较语言学	实证主义、进化论， 机械物理论	发展比较型 生物机体观	语法翻译法

（续表）

	年代	语言理论	所受主要学科及理论影响	主要特征	其他
3	20世纪初—20世纪60年代	结构主义语言学	分析哲学、行为主义，物理、化学分析方法	严谨描写型系统结构观	符号性、系统性、任意性、结构句型
4	20世纪50/60年代	（系统）功能语言学	受社会学、行为主义影响	交际功能型社会现象观	社会性、交际性、功能性、情景/功能
5	1957年—	转换生成学派	混合哲学（笛卡儿哲学+形式主义），心智主义	智慧演绎型天赋形式观	先天性、心智性、自治性、生成性
6	20世纪80年代	认知语言学	体验哲学：心智-建构主义	互动归纳型认知建构观	体验性、认知性、象似性 认知教学

Robins的“*A Short History of Linguistics*（《语言学简史》）”出版于1967年（后于1976，1979，1990，1997多次印刷），后来在1997年版本的269页指出，认知语法主张将词汇、词法和句法视为一个象征单位（Symbolic Unit）的连续体，用于建构概念内容，这显然是Langacker认知语法的核心观点，也是当今构式语法的根基。那时CL尚未普及①，但Robins亦已敏锐地认知到CL的先进性和发展前景。但是，他将蒙塔古句法学和语义学也归结为CL，这是Langacker、Lakoff等学者所不能接受的。

Lakoff早在1975年夏季在Berkeley校园举办的认知科学研讨会上聆听了四位著名学者（Kay、Rosch、Talmy、Fillmore）发言后，最终促使他放弃了TG以及自己的生成语义学，正式提出“认知语义学”这一全新研究方向（该文后收录在他1987年专著中），从而吹响了进军CL的号角。Lakoff & Johnson（1980，1999）、Lakoff（1987）、Johnson（1987）、Langacker（1897，1991）等

① 我们常将Lakoff于1975年提出的“认知语义学”作为CL的开始年代，将Langacker于1987，1991年出版的“认知语法基础（上下卷）”作为“认知语法”正式诞生的年代。直至1989年Dirven才在德国的Duisburg正式成立国际认知语言学协会。因此，我们常笼统地说，CL诞生于20世纪末。

深入批判了索绪尔的结构主义和乔姆斯基的TG，且在此基础上创建了CL，终于使得落后于文学和翻译学（这两个学科早已运用后现代理论）的语言学研究迎头赶上，摆脱了客观主义语言学理论的束缚，迈入后现代思潮的新时代，开创了在后现代哲学视野下研究语言的新方向。不管 Lakoff & Johnson 和其他学者是否认识到这一点，这是一个不争的事实。

中国学者奉行“与时俱进、继承发展”之国策，于20世纪末21世纪初迅速引进并发展了CL的理论和方法，运用后现代哲学的“体验人本观”重新审视语言，发表和出版了大量的论文和专著，在吸收和消化国外前沿理论的同时也在有所反思和发展。笔者于2012年在《外国语》（第6期）以“后现代哲学视野下的语言学前沿——体验人本观与CL”为题，针对“零位人本观、传统人本观、理性人本观、语用人本观、激进人本观、悲观人本观”之不足，提出并详述了“体验人本观”，强调了两大原则：（1）互动体验；（2）人本认知。我们认为，人类的概念和语言来自于对现实世界的互动体验和人本认知，这就是CL的核心原则“现实——认知——语言”。

我国已于10年前成立了“中国认知语言学会”，且于2013年在西安举办了第11届CL国际研究会，国内外学者济济一堂，同台共议。值得注意的是，国内学者也提出了很多新观点，有力地推动着全球范围内的CL研究。因此，我国的语言学工作者不仅已融入这一世界人文科研主流之中，且还为其做出了自己的贡献，使得我国的CL与西方语言学前沿接上了轨，出现了“中西合作研究，携手共进，共同推进世界非物质文化的进步”大好局面。

从上可见，不论是从当今哲学大力倡导后现代论、人本主义的角度来看，还是从语言学发展潮流来看，强调从人的认知角度研究语言的CL已成为国内外语言学的主流，毋庸置疑！

三、基于学术前沿，对比汉英语言

3.1 基于CL的认知对比语言学

我们认为，汉英对比研究也需要前卫理论，只有在新理论的指导下，才能将汉英对比推向新阶段。基于（后）后现代哲学的“体验人本观”及CL的核心原则，我们必然要得出“语言乃唯人参之的结果”这一观点，因此语言对比研究也必须从人的角度（生活经验、认知方式）才能对其做出合理解释。当前已流行的“基于用法的模型（Usage-based Model）”也正是这一立场的产物，这也是我们提出“语言体认性”的出发点。若将CL与对比语言学（许余龙 2002）结合起来，就可形成一门新兴的CL分支学科：认知对比语言学（Cognitive Contrastive Linguistics），同时它也是对比语言学的一个新发展。

正如上文所述，CL（包括认知语义学、认知语法、构式语法等）的基本原理“现实－认知－语言”，旨在强调语言不是与世界直接建立联系的，其间必有一个“认知”环节，这个环节意在突显“人本作用”，这就是我们多年来在论述语言体验性时所强调的一个关键出发点，语言是人们在对现实世界进行互动体验和认知加工的基础上形成的，语言表达中处处预示着人的因素，闪烁着“识解”的智慧。例如，同样一个事物若从不同角度来认识它，就能发现它的不同特征，也就会赋予其不同的名称，如“地瓜”，为何会有那么多的名称，皆因认知角度或方式不同所致。同样，一个事件若从不同维度来观察它，自然会有不同的结果，“远近高低各不同”说的就是这个道理，CL所强调的“语言表达是人识解之产物”正道出了这一基本立场。那么在汉英对比研究时，重点就该寻找出隐藏于两语言同类表达背后的认知机制之同与异。因此，认知对比语言学可从这两套核心原则说起：

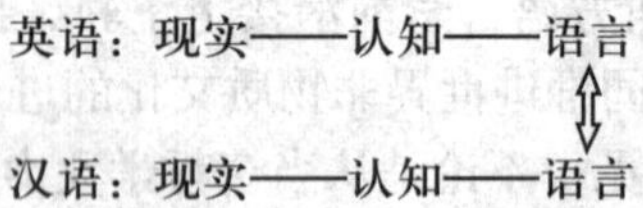

图2

即汉英两民族基于同样的核心原则，形成了各自的语言体系和表达方法。在此理论指导下，汉英语对比研究的核心就在于：寻找和对比两民族语言表达背后的认知机制，在体验人本观的统摄下，将语言表层现象的分析导向深层的认知层面，走向了通过对比语言现象，透析两民族心理机制的研究方向，这必将是21世纪汉英对比研究的主要方法之一。

我们曾基于“体验人本观”提出“体验普遍观”的假设，认为不同语言之间之所以存在相同的表达形式，是因为全人类共有一个相同或相似的现实世界，且全人类都有几乎相同的身体器官和构造，基于这两个要素所形成的概念和语言也就必然要有部分相同之处。但全世界各语言也存在很大的差异，这是因为各民族的人本认知和加工方式有所不同而致。这就是我们在第2节提到的两点：互动体验和认知加工，用前者解释语言中的普遍性，用后者来分析语言中的差异性。这就是说，语言中既有客观性，也有主观性，客观性可以导致语言间的共享部分，主观性产生了各语言之特殊内容。

3.2 以汉英语一词两反义为例

3.2.1 概述

汉英两语言中都存在“一词两反义”的现象，这就是我们常说的“双价词（Ambivalent Word）”“自身反义（auto-antonym, antilogy)”“语义对立词（Semantic Opposite Word）”“同词反义（Word with Opposite Meaning）”。CL认为，一个词大多有多种意义，它们常以一个意义为基础，通过隐转喻延伸出其他若干意义，从而形成了一个具有语义链特征的多义范畴（Lakoff & Johnson 1980，1999；Taylor 1989），多义词现象产生自辐射性范畴，其间各意义当具有“家族相似性”关系。但是同样一个词，怎么会含有两个相反的意义。如英语中的fireman，既可表示“烧火工人”；又可意为“消防队员”。innocent可分别表示“单纯无辜的”和“愚钝的”的意思。

汉语中也历来就有“贵贱不嫌同号，美恶不嫌同名”的“义兼正反”说法，如同一个“乱”字，同时兼有“治”和“乱”两个相反的意义。同一个“负”字，可意为“依靠，仗恃；违背，背弃”之义；形容词“天真”，可表示“心地单纯、性情直率；头脑简单，容易上当受骗”两反义。据我国著名训诂学家王宁（1996：122）统计，汉语中约有近百个这类词。

迄今为止，关于一词两反义的研究主要有以下两个方面：

（1）汉语界大多学者将其视为训诂学中的“反训现象”；

（2）伍铁平（1999）主要从语言模糊性论述了此现象。

3.2.2 论点：基于CL建构对立图式模型

语言学类（包括认知对比语言学）的论文也是一种政论文体，当包括两大内容：（1）论点；（2）论据。我们必须牢记于心！ 我的硕士生陈娇（2009）在分析前人研究一词两反义之不足的基础上，将CL中的ECM（事件域认知模型）和CRP（认知参照点）整合成"对立图式（Opposite Schema）"，该论点既是汉英两民族心智中内嵌"对立统一"辩证法原则的具体体现，也是两语言形成一词两反义的认知机制。

ECM认为，一个人（或物）与一个动作合理搭配便可形成一个命题，表示一个事件。人们可依据参照点R发现两个目标物T1和T2。

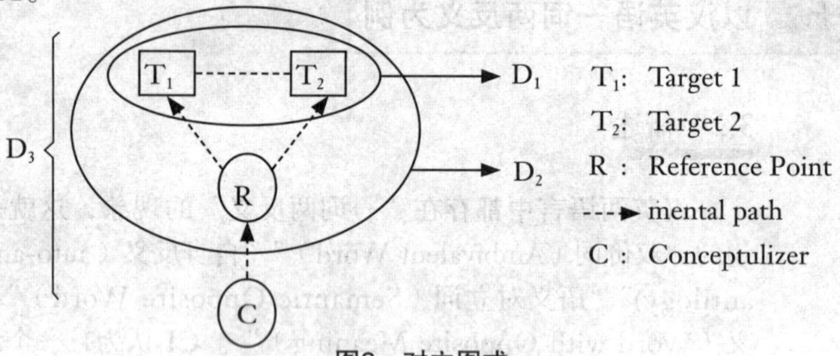

图3 对立图式

这也完全符合对立统一的辩证法原则。如想到"上"，就会预设一个"下"；谈到"东"，常会以"西"为背景。基于同一个参照点，向不同方向发展则可获得两个截然相反的概念，此乃常见现象，如在商贸交易中，想到"买"，就会以"卖"为前提，说到"售出"，就有"购入"为前提，它们体现了一个行为的两个不同方向。如汉语中的"介"字，可表示"大/小"两反义概念，英语中"dust"可表示"掸去灰/撒上灰"之义。

该"对立图式"还进一步细化了ECM中的参照点模型，现将其分为三个层次：

第一层次：仅反映一个动作的始末关系，即一个词既可表示T1（开始），又可表示T2（结束），不必考虑其他因素，这就是图4 中D1这一椭圆的含义。如汉语中"在"：始/终；"徂"：始/逝；英语中"go"：出现/消失；"late"：最新的/末期的。

第二层次：必须考虑参照点R，沿其向外延伸出两个不同的目标物T1和T2，即图4中的D2所表示的大圆圈，如汉语中"借、贷、赋"，英语中"lease、rent、bribery"等可同时表示"出/入"二义。

第三层次：不仅要考虑参照点R，还要涉及人主体C，如"褒贬"和"肯否"都要涉及人主体的判断或立场，如

"厉"：劝勉/损害；"臭"：香味/不好闻的味；
"ambition"：抱负/野心；"abyss"：崇高/混沌。

从理论上区分出这三个层次，便可以其为理论框架来对汉英语中一词两反义进行分类。根据对封闭语料的调查和分析，两语言中这类词可细分为五小类：

（1）始末；（2）施授；（3）反向；（4）褒贬；（5）肯否

第（1）为"始末类"，即同一个词既可表示"开始"，也是意为"结束"，如上文所举汉英语例词。它们便可划归图3中的第一层次D1，因其仅只反映了一个事件过程的开始与结束。

第（2）"施授类"和第（3）"反向类"，则要明显考虑到参照点R，基于同一个参照点，向相反方向延伸出了两个意义相反的概念。

第（4）"褒贬类"和第（5）"肯否类"，则反映了人主体的立场和态度，自然就要涉及到"概念化主体C"了。

3.2.3 论据：数据调查与分析

陈娇花了3个月时间，选用《古今汉语词典》(2004)（并辅以《现代汉语规范词典》）和《牛津高阶汉英双解词典》（1994）两本词典，从13,000个汉字中按照同一字词下各义项之间是否具有两反义关系穷尽性逐条搜索，共得335例②，从57,100个英语单词中共找出267例，以此分别建立了汉英语义对立词封闭语料。这本身就对学界做出了一个小贡献，因为语言学家们一般尚不知道汉英两语言中这类词究竟有多少，现在算是有了一个初步的答案③。

3.2.3.1 五类关系的分布及分析

根据对立图式模型中的三个层次，以此封闭语料为论据进行穷尽性分类对比研究，可得下表：

从表2明显可见，汉英两语言中一词两反义在三个层次（D_1，D_2，D_3）上的比例呈递增分布，即：

② 尽管现代汉语主要以"双音节词"为主，本文主要研究单字层面的词。英语中很多短语也有两反义，本文也未收录在内。注意：中文例词包括古汉语用法。

③ 本文所收一词两反义，不包括修辞学中因使用"反讽"等辞格而出现的反义现象，如在"你对我还真好啊！"这一语句中的"好"可有两种相反的含义，需要根据语境和口气才能做出正确判断。这类反讽意义并未作为固定义项收录在词条中，因此不在本文研究之列。

D3（70.15%；77.9%）> D2（17.61%；12.36%）> D3（6.27%；9.74%）

表2 汉英语一词两反义五小类分布

语义域	义项关系	汉 语	英 语	对立性
D_1	始末	21 (6.27%)	26 (9.74%)	T_1 / T_2
D_2	施受	52 (15.52%)	14 (5.24%)	R→T1 / T2
	反向	7 (2.09%)	19 (7.12%)	
D_3	肯否	135 (40.30%)	82 (30.71%)	C→R/ T1/T2
	褒贬	100 (29.85%)	126 (47.19%)	
DE	Total	335	267	OS

即兼有“褒贬”和“肯否”二义的词所占比例最高，这也是完全符合CL中语言人本性特点，因为论及这两类的词语，必定是“唯人参之”的结果，彰显了人的态度和立场。我们所讨论的“一词两反义”，其中的“反”或“对立”，并非逻辑上的非此即彼，而更多的是感情色彩上的褒贬，态度的肯定与否定，这仅是同一行为或过程中向两个不同方向的延伸而已，这两个概念既互相对立，又紧密依存，缺一不可，处于“对立统一（Opposite Unity）”的辩证关系之中，它们在语言经济性原则的统摄下共用一词，也就在情理之中了。

“反向”关系，强调一个动作基于同一参照点可向两个不同反向发展出两个反义概念，如上文所举的dust例，又如skin，既可表示“向上贴皮肤”，也可意为“向下扯皮肤”；英语的比例稍高于汉语（不足3个百分点），但汉英两民族的认知机制却是相同的。

汉语中“施受”两反义关系同用一词的现象比英语的多，高出10个多百分点，这主要有以下两个原因：

（1）汉语的中动态用法比英语多，如：

[1] 饭做了。

它相对于主动句来说“妈妈做饭了”，隐现了施事者，将动作的对象（宾语）直接置于句首，使其成为“话题”，然后再对其加以描述。而且在话题和谓语动词之间还不用“被”字，但从语义上来说，“饭”与“做”之间确实具有被动关系。而英语谓语动词前面的名词短语主要是“主语”，不做话题。正因为这类中动态大量出现于汉语表达之中，这就使得动词“做”等若干动词有了“主动”和“被动”这两个相反的含义了，从而使得汉语中“施授同词”现象多于英语。

（2）汉民族并不介意动词的及物性与不及物性之分，常是两者兼而有之。正因为主动和被动无严格区别，从而造成了“做”一词既可用作及物动词，也可用作不及物动词，这也是造成汉语中施授同词现象多于英语的一个重要原因。又如“打败”，既可用作及物动词，如：

[2] 我们打败了敌人。

是指我们胜利了，敌人失败了。但它也可用作不及物动词，如：

[3] 我们打败了。

是“我们自己败了”的含义。可见，同一个“打败”之所以具有两反义，是因为它同时具有及物和及物的意义所致。

一般说来，英语动词要严格区分及物和不及物的，且及物动词必须接宾语句义才完整，否则为病句。因此上述汉语中具有两反义的“打败”，在英语中分别要用不及物动词win表示“获胜”[④]，及物动词defeat表示“打败”。但英语中也有部分动词具有兼类性质，既可作及物用法，也可作不及物用法，但它们的意义很少出现反向延伸。

3.2.3.2 词性分布及分析

现按照词性，将所得语料中的汉英一词两反义统计如表3，可见：

（1）汉语和英语中的语义对立词大多出现在“动词”和“形容词”当中，“名词”次之，其他词类很少。这也符合人类的一般认知规律，如上文所述的汉英语都基于对立图式形成了五小类一词两反义（反向、施授、始末、褒贬、肯否），它们所表示的意义大多与动作（D2）和感情（C）有关，而动词和形容词正可担当此类功能。动作可根据自身的方向简单地分为“正面或反面、进入或出去、开始或结束”这两种，感情也可根据正反两类大致地分为“褒奖或贬抑、肯定或否定”。

④ “win”虽也能用作及物动词，表示“赢”，此时不能接“人”或“球队”，多接用“比赛、奖品、要塞”等类名词做宾语。

表3 汉英一词两反义的词性分类数据对比

语言＼词类	动词	形容词	名词	副词	感叹词	介词	总数
汉语	227 (67.76%)	80 (23.88%)	23 (6.87%)	2 (0.60%)	3 (0.89%)		335
英语	102 (38.20%)	103 (38.58%)	49 (18.35%)	8 (3.00%)	1 (0.37%)	4 (1.50%)	267

（2）汉英两语言一词两反义中的名词，大多是由动词或形容词转变而来，或与其有关，如表示某种动作或特性的抽象名词,如“华”字，既可表示“光彩”，又可意为“虚华”。“oath”含“咒语/誓言”二义；“hegemony”是“领导/霸权”兼而有之，它们的实质性内涵相仿，仅在感情色彩上具有对立性而已。

（3）从表3可见，汉语中动词比例比英语要高得多（227/102，多出一倍多），这也完全符合汉英两语言的总体特点。我们知道，汉语大多用动词表示动作或与其相关的情况，而英语可用其他词类（如名词或介词）表示动作，这也就是为什么图6中英语的名词和介词比例比汉语高的原因。

四、结语

很多学者都论述过语言中“一词两反义”现象，特别是汉语界对其研究较多，但大多缺乏理论支撑，特别是前沿理论。本文尝试将CL中的ECM（事件域认知模型）和CRP（认知参照点）整合成“对立图式（Opposite Schema）”，然后以其作为理论框架，将汉英语言中数百个这类词分为五小类，且对该封闭语料进行了初步统计和认知分析，揭示了两语言形成一词两反义的认知机制。这一分析方案也与两民族心智中内嵌“对立统一”的辩证法原则相吻合。

笔者认为，这一分析方案比其他研究还是有了较大的进步，因为本文运用了CL理论，将其中的观点整合为自己的理论框架，算是一点创新吧！正因为CL处于当前语言学最前沿，基于此建立起来的认知对比语言学，自然也就具有了前沿性，且该学科在21世纪尚有很大发展空间。

有了论点（理论框架），还要有充分的论据。过往很多研究者喜欢信手拈来，随意举例，因而说服力不强，因为人们也可很容易地举些反例。本文所进行的汉英对比研究，是基于穷尽性调查后建立封闭语料之上的，基于其上的统计和分析也就更具可靠性。

参考文献

[1] Griffin, D.R. etc. 1993. *Founders of Constructive Philosophy: Peirce, James, Bergson, Whitehead, and Hartshorne*[M]. 鲍世斌等，译. 2002.超越解构：建设性后现代哲学的奠基者[M]. 北京：中央编译出版社.

[2] Johnson, M. 1987. *The Body in the Mind: The Bodily Basis of Meaning, Imagination, and Reason*[M]. Chicago: The University of Chicago Press.

[3] Lakoff, G. & M. Johnson. 1980. *Metaphors We Live By*[M]. Chicago: University of Chicago Press.

[4] Lakoff, G. 1987. *Women, Fire, and Dangerous Things: What Categories Reveal About the Mind*[M]. Chicago and London: University of Chicago Press.

[5] Lakoff, G. & M. Johnson. 1999. *Philosophy in the Flesh: The Embodied Mind and Its Challenge to Western Thought*[M]. New York: Basic Books.

[6] Langacker, Ronald. W. 1987. *Foundations of Cognitive Grammar,Vol. 1: Theoretical Prerequisites*[M]. Stanford: Stanford University Press.

[7] Langacker, R. W. 1991. *Foundations of Cognitive Grammar, Vol. 2: Descriptive Application*[M]. Stanford: Stanford University Press.

[8] Quine, W.V.O. 1960. *Word and Object*[M]. 陈启伟、朱锐、张学广，译. 2005. 词语和对象. 北京：中国人民大学出版社.

[9] Robins, R. H. 1997. *A Short History of Linguistics*[M]. London：Longman.

[10] Rorty, R. *Philosophy and the Mirror of Nature*[M]. 李幼蒸，译. 2001. 哲学与自然之镜. 北京：商务印书馆.

[11] Taylor, J. 1989/1995/2003. *Linguistic Categorization: Prototypes in Linguistic Theory*[M]. Oxford: OUP.

[12] Wittgenstein, L. 1996. *Philosophical Investigations*[M]. 李步楼，译. 哲学研究. 北京：商务印书馆.

[13] 陈娇. 2009. *The Cognitive Comparison of the Chinese and English Ambivalent Words*：*A Theory and Application of Opposite Schema*[MA]. 四川外国语大学2009年硕士论文.

[14] 高宣扬. 2010. 后现代论[M]. 北京：中国人民大学出版社.

[15] 潘文国. 1997. 汉英语对比纲要[M]. 北京：北京语言文化大学出版社.

[16] 王宁. 1996. 训诂学原理[M]. 北京：中国国际广播出版社.

［17］王寅. 2009. 主客主多重互动理解[J]. 哲学动态（10）.
［18］王寅. 2012a. 哲学的第四转向：后现代主义[J]. 外国语文（2）.
［19］王寅. 2012b. 后现代哲学视野下的语言学前沿——体验人本观与认知语言学[J]. 外国语（6）.
［20］王治河. 2006. 后现代哲学思潮研究（增补本）[M]. 北京: 北京大学出版社.
［21］伍铁平. 1999. 模糊语言学[M]. 上海: 上海外语教育出版社.
［22］许余龙. 2002. 对比语言学[M]. 上海：上海外语教育出版社.
［23］赵一凡. 2007. 西方文论讲稿——从胡塞尔到德里达[M]. 北京：三联书店.

汉语拷贝构式的语用涌现研究
——基于事件域双重融合模型

王天翼

（原载《外语教学》2015年第6期）

摘　要：汉语拷贝构式作为汉语的一个特殊构式一直受到海内外语言学家的关注，他们分别从结构、系统功能、转换生成、认知等角度对拷贝单句进行了分类、句法、功能、语用等方面的研究，但缺乏理论框架及语料支撑，更未涉及该构式的语用涌现现象。本文尝试运用认知语言学相关理论建立"事件域双重融合模型（Event-domain Double Blending Model，简称EDB）"，分别从拷贝构式的内部和外部两个角度分析其语用涵意涌现现象。笔者首次将该构式的研究从拷贝单句拓展到句层面或句群层面，并通过1200条拷贝构式语料的定性定量分析进一步佐证EDB模型的解释力，也为"新认知语用学"注入新的研究内容。

关键词：汉语拷贝构式；事件域双重融合模型；语用涌现；新认知语用学

一、汉语拷贝构式的研究现状

汉语拷贝构式是指动词重复使用的特殊句法现象，前一个动词带有宾语，后一个相同的动词（拷贝前一动词）带补语，其语法化公式为VOVR，其最大结构特点就是同一个谓语动词接连复现两次，使得宾语和补语可以分别直接跟在动词的后面，例如:

[1]　他神经错乱，他的确爱您爱得神经错乱了。《战争与和平》

[2]　谁知道呢，她可能是吃饭吃撑了。　　　《康定情歌》

拷贝构式自20世纪40—70年代就有学者进行论述，至今仍有众多学者分别从"结构主义、系统功能、转换生成、认知"等角度加以研究，特别是很多学者对该构式的语用功能进行了阐述和分析。

项开喜（1997）认为，拷贝构式在句法上的特征是动宾结构作为背景信息而动补结构作为前景信息，它们出现在同一线性序列中，语义特征是动补结构为整个句子的核心成分和语义焦点。与动宾结构相比，它在语义上更具有现实性和突显性，而动补结构一般表示动作行为的某种特殊性或超常性，所以拷贝构式的语用功能就是突出强调事物和动作行为的超常性。

王灿龙（1999）反对项开喜（1997）的观点，他认为，拷贝构式的宾语和补语都是表义重点，拷贝构式是一个“双语义焦点句”，出乎意料之外的结果义即“超常性”与拷贝构式本身没有直接关系，它是构式中各个成分语义综合作用的结果；另一方面，这一语用功能只适用于部分具体的拷贝构式，并不是所有拷贝构式都具有的共性。

聂仁发（2001）支持项开喜（1997）的动补结构为焦点的观点，从语篇的角度分析了拷贝构式，认为拷贝构式的语用价值在于动宾结构引入了一个背景事件，动补结构则是在此基础上进一步提供语用目的说明，它是小句的焦点，并尝试用“背景—目的”的语篇结构来进一步解释。

施春宏（2010）认为，动词拷贝构式的底层语义结构关系决定动词拷贝构式的语义结构关系。动词拷贝构式在其结构化过程中，对底层的语义结构关系没有特殊的限制，因此其语用功能既可表示常量与非常量，预期与非预期效果，可突显原因或结果，或无特别突显。

综上所述，各位学者对拷贝构式的论述都局限于分析层面，而其语用涵意的形成机制却无人问津。笔者基于认知语言学（含构式语法）相关理论，尝试建立事件域双融合模型（Event-domain Double Blending Model，简称EDB）来解释汉语拷贝构式语用涵意的形成机制，首次尝试将这类研究从单构式层面拓展到句或句群层面，探析其中的语用涌现现象，即该构式如何涌现出各种语用涵意及语用功能。我们还根据自建的1200条汉语拷贝构式语料库进一步分析了拷贝构式的“补语构式”与“其后小句构式”之间的语义关系，从而说明其补语构式作为语义焦点的语用涌现。

二、事件域双融合模型

2.1 事件域认知模型

王寅教授（2005）基于国外许多认知语言学家所提出的认知模型之不足，提出了“事件域认知模型（Event-domain Cognitive

Model，简称ECM）”，其基本思想为：人脑中储存了一个个以事件域为基本单位的模块，其中包含两个核心要素Action（行为）和Being（事体），它们也可再向下按层次分出多个子类a_1、a_2 ... a_n；b_1、b_2 ... b_n，这些子类常带有若干细节特征（x_1...x_n与y_1...y_n），如图1所示：

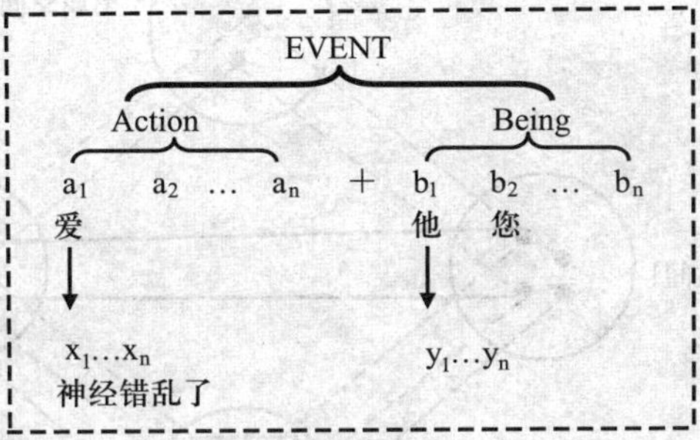

图1

比如，例1“他爱您爱得神经错乱了”，ECM首先将这一事件分成行为“爱”和事体“他、您”，然后再分类，行为包含很多动作，事体包括施事者、受事者、工具等实体，如“爱”这一动作包含诸多动作如“喜欢、单相思、追求”等等，即图1中的a_1、a_2 ... a_n；当然在例1中没出现；参与者包括施事者“他”、受事者“您”，即图1中的b_1、b_2；动作和事体还可带有很多细节性特征，如图1中动作“爱”可能会表现很多特征如“神经错乱了”“头脑发昏了”等等，即x_1...x_n；事体“他”和“您”也可能表现为很多特征信息y_1...y_n，它们在例1中没有出现。

这样，根据人们的常规性体验和认知，行为与个体之间存在着规律性的结合，构成了事件的系列性搭配关系。基于此，语言就可形成各种基本句型构式，如主谓宾（bab）、主谓（ba）、主谓双宾（babb）等。在拷贝构式中，主谓宾$b_1a_1b_2$与动补a_1x_1结合，生成了诸如例1“他爱您爱得神经错乱了”。由此可见，汉语拷贝构式就是在这个ECM的作用下形成的，它框定了动宾构式（横向）、动补构式（纵向）的结合性使用情况，并从认知角度解释了动宾构式和动补构式同时出现的原因。

2.2 概念融合理论（Conceptual Blending Theory，简称CBT）

Fouconnier（1997）提出了“概念融合理论（Conceptual Blending Theory）”，见图2。

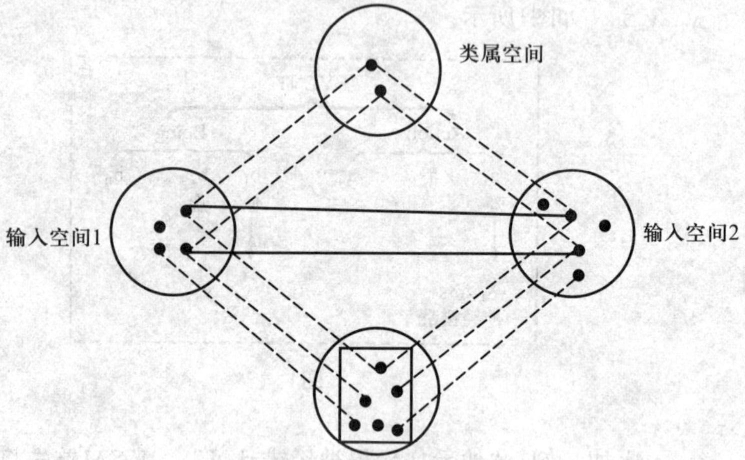

图2

认知主体有选择地从输入空间1和输入空间2中提取部分信息进行匹配，它们在映射入融合空间时还会受到类属空间的制约，同时也会在整合空间中产生“涌现结构（Emergent Structure）”，如图中最下方圆中方框所示。该结构是一个具有涌现特性、富有想像力的结构，能产生原来输入空间中所没有的新信息（即新意义）。这四个心智空间通过一系列的映射运作彼此连接起来，形成一个“概念整合网络”。如在例2“她可能是吃饭吃撑了”中，动宾构式“吃饭” 作为输入空间1，动补构式“吃撑了”作为输入空间2，两者通过整合作用在融合空间中形成了“吃饭吃撑了”这一表达。

2.3 事件域双融合模型（EDB模型）

我们将ECM与CBT这两个认知模型结合起来，建立“事件域双融合模型”来解释拷贝构式语用涵意的涌现。首先，ECM确定了拷贝构式在事件域中的基本事体和行为，将横向和纵向这两个思维线索结合起来，框定了拷贝构式的句法结构——动宾构式和动补构式的组合。其次，我们用CBT分别解释动宾构式与动补构式在融合过程中的语用涌现。现以例2“吃饭吃撑了”为例说明如下：

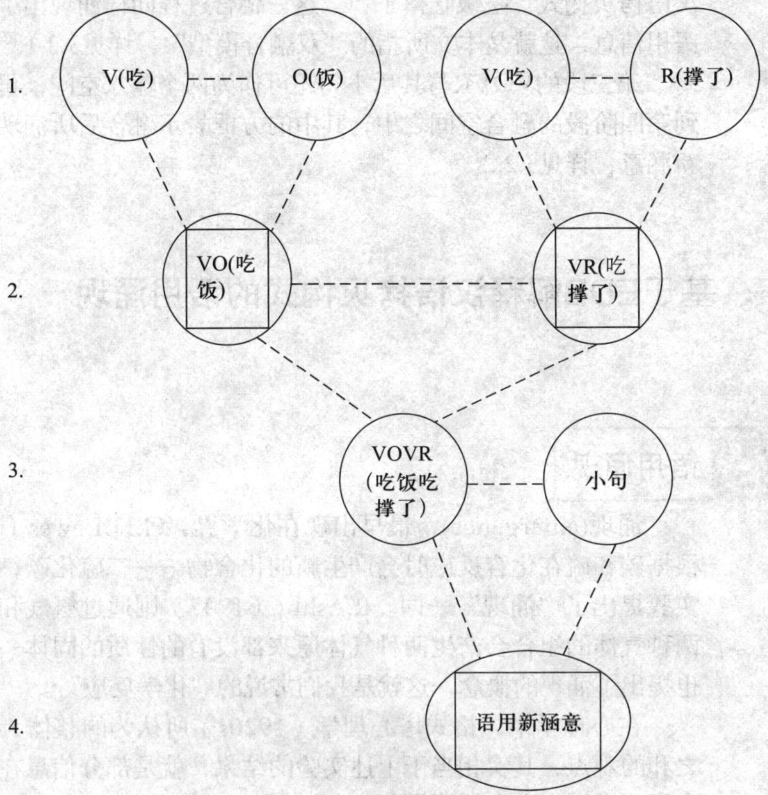

图3

如图3所示，第一阶段中（图中以阿拉伯数字1所标注），V、O两个输入空间中的动作和受事这两个要素同时进入第二阶段中的VO融合空间，方框中所表示的涌现结构即拷贝构式中的动宾构式，虽然它在结构上没有体现出涌现的信息，但在语用上为整个拷贝构式提供了一个背景信息。而且动作“吃”与受事宾语“饭”在融合时，会在语用上传递出若干涌现性信息，如“吃菜、吃肉、吃鱼”等子信息，这也是一种“整体代部分”的转喻现象。

第一阶段后半部分的V、R作为两个输入空间同时进入第二阶段中的VR融合空间，方框中所表示的涌现结构主要体现在语用上，动补构式的融合为整个拷贝构式提供了一个前景信息，突显动作的结果，它是整个构式的核心成分和语用焦点，动补构式的融合正突显了这一焦点。

第二阶段的VO和VR还可进一步作为两个融合空间，再次输入到第三阶段的融合操作过程之中，而方框中所表示的涌现结构就是汉语拷贝构式“吃饭吃撑了”。这一融合过程同样涌现出了新创的语用信息，这就是本文所指的“双融合模型”，详见3.2.1。

第三段的VOVR与其后小句还可作为两个输入空间，再次输入到第四阶段的融合空间之中，其中的方框表示融合后所涌现的语用新涵意，详见3.2.2。

三、基于EDB解释汉语拷贝构式的语用涌现

3.1 语用涌现

涌现(emergence)，最早出现在化学界，G.H.Lewes（1875）根据碳和硫在化合反应时会产生新的化合物——二硫化碳，他据此实验提出了“涌现”一词。R.Ashby（1947）则通过氨气和氯化氢两种气体的组合会产生两种气体原来都没有的性质的固体——糖，也提出了涌现的概念，这就是我们常说的“化学反应”。

在心理学中，格式塔心理学（1920s）所认为的整体大于部分之和的观点，其实相当于上述实验的结果，就是部分信息在整合时会涌现出原来没有的新信息。

哲学界，特别是在系统科学中，“涌现”也是一个核心概念，指整体所具有的经分解（还原）到部分后就不存在的原来整体所具有的现象、特征、属性等，也强调从低层次到高层次、从部分到整体所发生的质变，即在系统整体中出现了原来各部分中所没有的新质或新量（苗东升 2008）。这一观点被应用于对结构主义语言学和分析哲学的批判，认为仅只用分解与组合的方法来解释语言和意义，具有较大的局限性，甚至是用错了方法。

后来心理语言学家Fauconnier（1997）基于此提出了“概念融合理论（Conceptual Blending Theory）”，两个输入空间进入融合空间之中经整合会涌现出新创结构（见王正元 2009）。国内语言学界，周红辉、冉永平（2012）也从“社会-认知语用”视角探讨了语境的涌现性。刘倩（2013）的博士论文从心智层面研究了委婉表达的意识涌现。

本文所提出的“语用涌现”意为：语言中的构式与构式在整合成新的高一层级构式时，会产生出原来构式中所没有的新语用涵意。如在反复修辞法中，相同构式的重复叠加不仅是结构上叠加，其间还强调某种意义或某种情感，涌现出丰富的语用涵意，例如：

[3] 周总理，我们的好总理，你在哪里呵，你在哪里？你可知道，我们想念你，——你的人民想念你！

《周总理，你在哪里》

例3中，作者运用反复的修辞手法，突显了对周总理深深的哀悼、感激、思念之情，这正是重复构式（“周总理”“我们的好总理”；“你在哪里呵”“你在哪里”；“我们想念你”“你的人民想念你”）在整合中所涌现出“刻骨铭心的怀念”这一语用涵意，其感情之真，缅怀之情，悲痛之切，远远超出了“周总理，你在哪里，我们想念你”的字里行间。

3.2 汉语拷贝构式语用涌现的EDB分析

本文主要论述“动宾构式（VO）+动补构式（VR）”在整合成“拷贝构式（VOVR）”的过程中所产生出的各种语用新涵意，主要包括两部分：

（1）拷贝构式内部，即着重考察动词拷贝后所涌现出的“多次性、简洁性、结果性”语用涵意。

（2）拷贝构式外部，即拷贝构式与其后小句在整合过程中产生出的语用逻辑义，包括“递进、并列、因果、转折、让步、假设等”。

3.2.1 拷贝构式内部的语用涌现分析

拷贝构式内部，指的是VOVR的核心部分。如图3所示，在EDB模型中，第二阶段的概念空间融合过程中，VO与VR进入最后融合空间的信息在新创空间（图3中最下图里的正方形）中涌现出拷贝构式的“多次性、间接性、结果性”的语用涵意。

3.2.1.1 语用信息量的叠加，蕴含了动作的多次性

认知语言学中的数量象似性告诉我们：语言单位的数量与所表

示概念的量和复杂程度成正比。加大同一概念的输入量，增加了对人的刺激程度，必然会提高人们的关注度，从而就突显了该概念，使受话人获得被突显的语义重点。在核心拷贝构式中，由于同一动词的重复出现，它所表达的动作信息量自然要比用一个动词时的信息量要多，VO与VR的整合，不仅导致V的重复使用，而且更使整个VOVR涌现出动作多次性的语用涵意，例如：

[4] 爱你爱得如此之深，以至愿为你赴汤蹈火。 《读者》

例中，V的重复导致语义信息量的增加，“爱”的动作信息量的增加就会引出后面动作的结果，从而丰富了“爱”的语用涵意，“爱得如此之深”也就水到渠成，呼之欲出。正是由于VO“爱你”和VR“爱得如此之深”的整合，涌现出“爱”这一动作的重复性、叠加性，表达出动作施事者的强烈感情，动作叠加性的语用涵意得到有效体现。

3.2.1.2 VO与VR的浓缩，意味着表达的简洁性

将两个或多个信息进行融合处理，使它们紧密结合起来，多个信息用一个句法构式表达出来，语句就具有了简洁性。VO和VR原本是一个动作事件的两个方面，借用拷贝构式将“动宾”和“动补”两个信息合为一体，自然就会涌现出这类表达的简洁性语用涵意，如例5。

[5] 刁世贵喝酒喝得已经通身大汗，面如红纸一般。

《烈火金刚》

此句中包含了两个小事件：(1)“刁世贵喝酒了”。(2)“刁世贵喝得已经通身大汗。”现这两个含义可用一个简洁明了的拷贝构式，便能满足说话人的语用意图，完全符合语言表达的经济原则：用较少的语言传递较多的信息，此乃人类语言表达的一大追求。因此这一语用涵意决定了该构式在生活中的使用频率很高，经常用于谚语或新闻标题中，达到画龙点睛、言简意赅的语用效果。例如：

[6] 打蛇打七寸，擒贼先擒王。 《人民日报》1995年

[7] 发票抽奖抽得偷税者心发慌。 《羊城晚报》1999年

[8] 男子身浇汽油欲自焚，原是吸毒吸“嗨”了。

《钱江晚报》2014年

[9] 业主买房抽奖抽中88万元现金开发商不肯兑现。

《钱江晚报》2014年

[10] 赌徒赌钱赌输，冒充订奶工欲入室抢劫。

《扬子晚报》2014年

[11] 打车打到擎天柱。 《城市快报》2014年

3.2.1.3 语用信息焦点的突显，强调了动作的结果性

整个构式的背景信息VO与前景信息VR结合起来，先通过VO引出一个普通事件作为认知参照点，表示一个常量信息作背景，具有概括性、笼统性、范围广的特征；VR引出的结果作为事件的前景信息，突显这个事件的超常性或出乎意料的结果，从而涌现出突显动作“结果性”这一语用信息焦点，例如：

[12] 你们抽烟抽得太凶，熏得我脑仁疼。《你不是一个俗人》

例中，VO“抽烟”与VR“抽得太凶”的融合，即VO作为常量信息出场是为了突显作为焦点信息的VR，整个VOVR涌现出了高显示度的动作结果性，即“抽烟”这一动作产生了超常的结果。有的拷贝构式后面还跟进一个分句，进一步论述这一超常性结果，如例12中的分句VOVR与其后小句进一步融合，再次涌现出因果的语用逻辑义，即小句“熏得我脑仁疼”就是VR“抽得太凶” 的结果，其间的因果关系进一步证明了VR为VOVR的语用焦点。据此，下文尝试将VOVR的语用涌现研究扩展至拷贝构式外部。

3.2.2 拷贝构式外部的语用涌现分析

拷贝构式外部，指拷贝构式单句本身其后所接的小句或句群，重点分析3.2.1.3中提到的VOVR本身与后面小句的整合关系，如例12为VOVR的扩展式，它以VO作背景引出并突显VR结果，其后再基于VR延伸出一个或数个扩展性小句。据统计，在1200条拷贝构式语料库中这种构式链句型共有360条，VOVR核心构式后的小句，大多数都是对VR的扩展性描写，它们之间涌现出不同的语用逻辑义，根据图3中的EDB模型，这里的VOVR与其后小句分别充当了两个输入空间，它们进入整合空间之后，在新创空间中又新创出了新信息，涌现出语用逻辑义。本文重点考察这360条构式链句型中VOVR与其后小句之间所涌现出的语用逻辑义，并进行定性定量分析。

3.2.2.1 递进语用逻辑义

所谓递进语用逻辑义，就是按照大小轻重、本末先后等一定的次序，对两种或两种以上的概念根据一定语用目的依次层层推进。例如：

[13] 我喝酒喝醉了，头现在还疼呢。 《枉然不供》

[14] 吃瓜子吃得口焦舌燥，烂嘴角，口腔里起泡。
《悠悠寸草心》

[15] 贾伯期爱她爱得像发了疯似的，金屋藏娇，夜夜都在她的身边，不去理睬二姨太。《人之窝》

[16] 等人等了两个多小时了，东坐一下，西坐一下，瞪钟，没用。《残雾》

例[13]—[16]中，拷贝构式本身与其后小句融合之后涌现出了一种递进的语用逻辑义，其后小句进一步解释VOVR的程度，对其作深度补充描述。如例13，VOVR后的小句“头现在还疼呢”更进一步描述“喝酒喝多了”这一事件的结果。例14中，“吃瓜子”这一事件导致三个结果，即“口焦舌燥”“烂嘴角”和“口腔里起泡”，三个结果按照程度依次递增排列推进，从而涌现出递进的语用逻辑义。例15中，VOVR其后接三个小句，即“金屋藏娇，夜夜都在她的身边，不去理睬二姨太”，它们是VOVR的具体表现，层层递进地说明了“他发疯”的程度。例16中，拷贝单句本身其后有四个小句，即“东坐一下，西坐一下，瞪钟，没用”，它们根据描述“等人”这一动作的结果关系，按序排在VOVR之后，涌现出了递进的语用逻辑义。

本文统计发现，有153条拷贝构式与其后小句结合后涌现出递进的语用逻辑义，占42.5%。

3.2.2.2 并列语用逻辑义

所谓并列语用逻辑义，就是根据逻辑，对两种或两种以上的平行概念不分主次地加以排列。例如：

[17] 读书读得几乎忘了吃饭，忘了睡觉。《红旗谱》

[18] 读书读到的是文字的美，意会的美，深远的美。
《人民日报》

[19] 我爱你爱到宿舍不再熄灯，学校不再卫检，食堂不再吃出虫子，后勤不再垄断。《看完没笑？！你绝对够狠！》

在例[17]—[19]中，拷贝构式与其后小句在结合后涌现出两个或多个并列的小句，它们的作用是在补充说明VR。如例17中，VR“读得几乎忘了吃饭”与小句“忘了睡觉”间的语用逻辑作用是补充说明读书读得很投入，废寝忘食的样子。“吃饭”和“睡觉”在这里是不分主次的并列关系。例18中，VR“读到的是文字的美”与其后面两个小句“意会的美”与“深远的美”之间同样涌现出并列的语用逻辑义。例19在VR后面出现了三个小句，“学校不再卫检”“食堂不再吃出虫子”“后勤不再垄断”，它们不分主次先后，也是并列关系。同时涌现出诙谐的语用义。数据调查发现，语料库中有80条拷贝构式与其后小句在结合后涌现出并列的语用逻辑义，占22.2%，

3.2.2.3 因果语用逻辑义

因果语用逻辑义，指两个语言单位之间具有原因和结果的逻辑关系。例如：

[20] 你放学放晚了，所以没看见。《我是你爸爸》

[21] 如果伤风伤得厉害，必须躺在床上休息，喝大量流质。《读者》

例[20]中，拷贝构式本身与其后小句具有因果关系，其间由表示因果关系的连词“所以”引导。VR“放晚了”与“没看见”之间是原因和结果的语用逻辑关系，因此句子的信息焦点转移到了表示结果的小句。同样，在例21中，VOVR前有表因果的连词“如果”引导，因此“必须躺在床上休息”与“喝大量流质”作为“伤风”这一动作的结果成为句子的信息焦点。据统计，有78条拷贝构式本身与其后小句结合后涌现出因果性语用逻辑义，占21.7%，

3.2.2.4 转折语用逻辑义

转折语用逻辑义，指语言单位之间的逻辑关系具有反向性，形成了转折关系，例如：

[22] 科长说：“多少人想进这个地方都进不来，你想调走，你这个人真是的。”《文火煨全羊》

[23] 打仗打了半年，可是好像过了半辈子似的，他老人家完全衰老了！《保卫延安》

例[22]中，VOVR“想进这个地方都进不来”与其后小句“你想调走”之间具有反向逻辑关系，因此句子的信息焦点转移到了后面的小句。又如例[23]，VOVR“打仗打了半年”与小句“可是好像过了半辈子似的，他老人家完全衰老了”之间通过转折连词“可是”表示转折逻辑关系，句子的信息焦点也就随之转移至“他老人家完全衰老了”。据统计，语料库中共有41条拷贝构式与其后小句结合后涌现出转折性语用逻辑义，占11.4%，

3.2.2.5 让步语用逻辑义

让步语用逻辑义，指的是两个语言单位之间既有假设又有转折的逻辑关系，即故意从反向借A来强调B不受A的影响，即使满足A的条件也不会产生B的结果，例如：

[24] 因为乐工尽管奏乐奏到老死，也换不到一些金子。

《罗密欧与朱丽叶》

在此例中，“奏乐奏到老死（A）”与其后小句“也换不到一些金子（B）”之间为让步性语用逻辑义。句子的信息焦点也转移到了后面的小句，表示事件“奏乐”的最终结果“也换不到金子”。语料调查显示，有5条拷贝构式与其后小句之间涌现出让步性语用逻辑义，占1.4%，

3.2.2.6 假设语用逻辑义

假设语用逻辑义，指在两个语言单位之间，一个是假设条件，另一个是它的结果。例如：

[25] 如果他爱我爱得足够，他是会放弃曼克顿的。

《金融大风暴》

此例中的假设连词“如果”连接了VOVR“爱我爱得足够”与后面小句“他是会放弃曼克顿的”，它们结合后涌现出了一种假设性语用逻辑义，VOVR是后面小句的条件，小句是VOVR的结果，因此句子的信息焦点同样转移至句末，表示事件“爱我”的最后结果。据统计，发现有3条拷贝构式与其后小句结合后涌现出假设性语用逻辑义，占0.3%，

四、结语

本文基于认知语言学的ECM与CBT建立了EDB模型，并以其为理论框架解释了汉语拷贝构式的语用涌现现象。笔者尝试提出并界定了“语用涌现”的概念，分析了汉语拷贝构式实际运用中所涌现出的语用涵意，并通过自建汉语拷贝构式语料库，定性定量地分析了该构式的各种语用涌现情况。本文还首次将拷贝构式的研究从内部的单句构式（即VOVR）扩展至外部的小句或句群层面：（1）从VOVR内部来说，动词的拷贝涌现出了如下语用涵意：动作的叠加性、表达的简洁性及动作的结果性；（2）从VOVR外部来说，重点分析了VOVR本身与其后小句之间的六种语用逻辑关系，而且发现它们形成了一个蕴含等级（implicational hierarchy，Taylor：1989）：

递进 > 并列 > 因果 > 转折 > 让步 > 假设

我们认为，EDB模型的建立也为“新认知语用学”的发展提供了有力证据。所谓新认知语用学，是陈新仁（2011）、王寅（2013）提出的，尝试运用认知语言学的相关理论分析语用涵意，这里的“新”相对于Sperber和Wilson（1986）的认知语用学，本文正是对这一新兴学科的一种尝试。

参考文献

[1] Ashby, W. R. 1947. Principles of the Self-organizing Dynamic System [J]. *Journal of General Psychology, Volume 37: 125-128.*

[2] Fauconnier, G. 1997. *Mappings in Thought and Language* [M]. Cambridge: CUP.

[3] Lewes, G. H. 1875. *Problems of Life and Mind* [M]. London: Trübner.

[4] Sperber, D. & D. Wilson. 1986. *Relevance: Communication and Cognition* [M]. Oxford: Blackwell.

[5] Taylor, J. R. *Linguistic Categorization: Prototypes in Linguistic Theory* [M]. Oxford: Oxford University Press.

[6] 陈新仁. 2011. 新认知语用学：认知语言学视野中的认知语用研究[J]. 外语学刊（2）：40-44.

[7] 刘 倩. 2013. 委婉表达新论：语言研究的心智哲学视角[D]. 河南大学博士学位论文：137-138.

[8] 苗东升. 2008. 论涌现[J]. 河池学院学报（1）：6-12.

[9] 聂仁发. 2001. 重动句的语篇分析[J]. 湖南师范大学社会科学学报（1）：114-118.

[10] 施春宏. 2010. 动词拷贝句句式构造和句式意义的互动关系[J]. 中国语文（2）：99-113.

[11] 王灿龙. 2001. 重动句补议[J]. 中国语文（2）：65-71.

[12] 王寅. 2005. 事件域认知模型及其解释力[J]. 现代外语（1）：17-26.

[13] 王寅. 2013. 新认知语用学：语言的认知-社会研究取向[J]. 外语与外语教学（1）：1-4.

[14] 王寅. 2014. 语言哲学研究[M]. 北京：北京大学出版社.

[15] 王正元. 2009. 概念整合理论及其应用研究[M]. 北京：高等教育出版社.

[16] 项开喜. 1997. 汉语重动句式的功能研究[J]. 中国语文（4）：260-267.

[17] 周红辉，冉永平. 2012. 语境的社会：认知语用考辨[J]. 外国语（6）：36-42.

后现代哲学思潮下的认知社会语言学研究

赵永峰

（原载《外语学刊》2015年第4期）

摘　要：后现代思潮反对现代性思潮试图建立的乌托邦式的“中心”“权威”，提倡“多元化”，从而达到消解“中心”和“权威”之目的。本文认为后现代思潮从三个方面为认知社会语言学的发展提供了营养钵：研究对象的去中心化、认知方式的主体间性、研究方法的多元化。在此基础上，本文以相关语料为支撑，系统论证三个营养钵发挥作用的工作机制，进而提出认知社会语言学的基本观点：运用认知语言学和社会学的基本方法考察语言的社会属性，强调认知主体间互动时形成的社会性和主体间性在语言认知中的核心地位，力图为包括网络语言在内的所有言语提供一种社会认知视角的解释。

关键词：后现代；认知社会语言学；去中心化；主体间性；多元化

一、引言

社会语言学自20世纪60年代正式诞生以来，主张运用语言学和社会学的方法研究语言，具体的研究范畴有语言的社会变体、地域变体、性别与语言、年龄与语言、社团与语言、族群与语言、宗教与语言、国家或地区语言政策、语码转换等现象。但传统的社会语言学更加注重语言现象的收集和描述，似乎已经走入了穷途末路，近年来已经有明显的“隐退”，这其中的重要原因是，传统的社会语言学注重现象的罗列，缺少对语言现象背后的认知机制的考察。本文认为认知社会语言学是后现代思潮下认知语言学和社会语言学嫁接的结果，也是对相关理论的新发展。基于此，本文以语料为支撑，提出认知社会语言学是一条新兴的语言研究进路：它以后现代思潮为学理基础，运用认知语言学和社会学的基本研究方法考察语言的社会属性，强调认知主体间互动时形成的社会性和主体间性在语言认知中的核心地位，力图为包括网络语言在内的所有言语提供一种社会认知视角的解释。

二、后现代思潮与认知社会语言学

后现代（Postmodern）主要不是指“时代化”意义上的一个历史时期，而是一种思维方式。后现代和诸多哲学思潮一样，关注的仍然是思维与存在的关系问题，也就是人与现实的关系，它在思维方式上坚持一种流浪者的思维，一种专事摧毁的否定性思维，坚持对划一思维和二元对立思维为特征的现代性思维方式的否定（王治河，2006前言2）。在过去的半个多世纪中，后现代思潮在不断批评现代性中诞生，获取养分，得到不断成长，它反对现代性思潮试图建立的乌托邦式的“中心”“权威”，提倡“多元化”，从而消解“中心”和“权威”。如上文所述，后现代是一种思潮，它已经浸入了人文社科研究的各个角落，据王治河（2006）和王寅（2012）的观点，后现代思潮已经历了三个阶段：（1）人本性、批判性后现代；（2）解构性后现代；（3）建设性后现代。王寅（2013）、廖巧云（2013）、刘玉梅（2013）、赵秀凤、黄洁（2013）已经尝试将后现代理论运用于认知语言学学科建设研究。本文无意将后现代思潮中所有观点进行阐述，但提出下列后现代思潮之核心观点直接为认知社会语言学的诞生和发展提供学理支撑和营养钵。

表1　后现代哲学思潮否定、摧毁的对象和主张的观点及其为认知社会语言学提供的营养钵

序	否定、摧毁的对象	主张的观点	认知社会语言学营养钵
1	中心	去中心化思潮	研究对象
2	个体理性和主体性	主体间性	认知方式
3	唯一正确的方法	多元主义方法论	研究方法

其中，后现代思潮的去中心化化（Decentralism）直接为认知社会语言学的诞生和发展提供研究对象的学理支持；强调主体间性（Intersubjectivity）为语言的社会认知解读提供学理基础；多元主义（Pluralism）方法不提倡唯一正确的方法，尊重多元方法研究问

题，为认知社会语言学在方法论上提供学理基石。

2.1 研究对象的去中心化

自现代语言学诞生以来，索绪尔的结构主义语言学强调区分语言（Langue）和言语（Parole），强调在结构系统中重点研究前者，无形中忽略了后者；乔姆斯基的转换生成语言学区分语言能力（Competence）和语言运用（Performance），主要研究前者而忽略后者，乃至于造出了一个人们在日常交际中根本不会使用到的英文句子，并成为转换生成语言学研究的一个“经典”例句：

[1] Colorless green dreams sleep furiously.

而认知社会语言学自诞生以来，就提倡将所谓的语言“外部”要素（包含文化准则、社会规范、社会情境）对语言运用的影响纳入语言研究的中心，力主关注社会差别要素对语言的影响，如社团、族群、地域、宗教、地位、性别、教育程度、年龄等要素。从上面的描述来看，认知社会语言学从一开始就是践行后现代思潮强调个人在社会中发挥的主导作用，强调人的主体性，大到每个种族、每个国家、每个群体，小到每个个体的语言都是合理的研究对象，这样就远离了结构主义和转换生成语言学所主张的那样，只研究理想说话者的语言。这也符合语言研究对象的现实，以英语为例，Moag（1982）通过对世界上英语使用情况的调查后发现，英语已经“遍布全球”，他从26个维度出发，以104个特征为指标，将英语的使用国分为四类：

（1）将英语作为母语（English as a Native Language）
（2）将英语作为外语（English as a Foreign Language）
（3）将英语作为二语（English as a Second Language）
（4）将英语作为基础语（English as a Basal Language）

而目前的现实是，英语在经历一个全球化的过程，以英语为母语的人数已经远不及其他三类的人数。目前的英语不再是单一国家的语言，而是已走向了世界各个角落。这种全球化的过程必定为英语打上区域的文化、社会特征，那么认知社会语言学研究的一项重要历史任务就是研究各种英语变体（Englishes），而不再只是研究英国或美国所谓的“纯真英语”。据Morgan编写的《牛津英国史》和Fennell的《英语史》的观点，英语事实上就没有纯粹过，英语从一开始在其发展中就受到了包括外部和内部社会历史事件的直接影响，从其他语言或者社会变迁中吸收了大量的养分，不断发展至今，如表2所示：

表2　英语发展阶段及其受到社会历史事件的影响

序	历史阶段	社会历史事件	主要影响	例示
1	古英语：5世纪到11世纪	盎格鲁、撒克逊、朱特人占据英格兰	奠定了英语的基础	pig; dog
		597年基督教在英国取得合法地位	大量基督教词汇进入英语	disciple; priest
2	中世纪英语：11世纪到16世纪	1066年诺曼征服	大量法语词汇进入英语	judge, parliament
3	现代英语：16世纪到今天	文艺复兴	大量古希腊语和拉丁语进入英语	drama; education
		工业革命	借用和新造了大量的工业类词汇	nickel; ampere
		殖民扩张	借用了许多其他语言中的词汇	kangaroo; tycoon
		科学技术的巨大进步	英语中出现了大量的科技词汇	sputnik; computer
		社会生活的变迁	社会生活方面的词汇大量涌现	supermarket; feminism

概而言之，认知社会语言学的研究对象更加关注使用中的语言，并将其置于特定的社会语境中考察，而不是关注语言学家自造的、脱离语境的语言表达。

具体而言，就认知社会语言学研究对象的去中心化而言，有两类现象值得高度重视：

（1）旧形式、新内容（New“Senses”of Old Words）

事实上，随着全球化的发展，我们自己每天都在创造新表达，只是有些表达昙花一现，有些会存在下去，并且慢慢进入我们的词汇系统，不管是哪一种现象，认知社会语言学都应该将其纳入研究的范畴，并从中追寻其后的社会背景及其认知机制。下面看一组案例，自1970年设立世界地球日以来，大量的环保词汇进入了英语，也就是说国际大事件对包括英语在内的语言要产生重要影响。据“全球语言监测机构”（Global Language Monitor）的数据，以下28个单词在所有环境相关的表达中位居前列，为了更清晰地阐释这一点，列表如下：

表3　2012年和2013年最流行的环境词汇排名

词 汇	2013年排名	2012年排名
green	1	1
renewable energy	2	2
sustainable	3	3
climate change	4	4
eco- (as a prefix)	5	5
emissions	6	6
ecology	7	7
recycle	8	8
vegan	9	9
locavore	10	New
global warming	11	10
solar power	12	11
biomass	13	12
xeriscape	14	New
biodegradable	15	13
greenhouse gas(GHG)	16	14
wind power	17	15
organic food	18	16
carbon footprint	19	17

（续表）

词 汇	2013年排名	2012年排名
post-consumer (waste)	20	18
natural (food)	21	19
hybrid (car)	22	20
greenhouse Effect	23	21
biofuels	24	New
greenwash	25	22
carbon trading	26	23
free-range	27	24
save a Tree!	28	25

表3所示的28个词汇中，有25个是原来就存在于英语中，只不过是新近成为流行的环境用语，而且这些词中，绝大多数都与早期的几十年或者几百年前的意义相差甚远，例如Green，在特定的语境中，不再只是表示“物理颜色”，更多的表示“主张保护环境的、环境保护的、赞成环境保护的”，并随着环境问题越来越突出，人们对环保的关注也会越来越多，它的使用频率会更加频繁，这就是它之所以高频的社会意义上的认知基础。

（2）新形式、新内容（New Words）

随着社会的发展，特别是网络交流的更加有效和频繁，人们在日常语言的使用中，为了交际的需要，根据一定的认知理据，会创造一些新表达，而这些表达，有的昙花一现，有的会渐渐进入我们的词库。如表2中的Locavore（土食者、本土膳食主义者），Xeriscape（节水型园艺、节水型花园），Biofuels（生物燃料）都是最近几十年英语中出现的新词。另据“全球语言监测机构”发布的数据，它们的使用频率在2013年骤升，出现这种情况并非偶然，而是与当前社会的生态问题日益严重和生态意识的强化息息相关。

事实上，随着全球化的持续发展，时代要求英语全球化，认知社会语言学家更应关注我们身边的语言。比如英语的BRICs表达在经济学家吉姆·奥尼尔2001年11月20日发表《全球需要更好的经济之砖》（*The World Needs Better Economic BRICs*）之前，乃至于在后来的金砖国家领导人开始定期会晤之前，该表达依然没有现在的所指。

需要指出的是，随着全球化的持续发展和中国的崛起，汉语给英语也带去了不小的影响。据美国“全球语言监测机构”机构的报告显示，自1994年以来，国际英语增加的词汇中，中式英语贡献了5%到20%，超过任何其他来源。专家认为，随着中国国力的提升，中国文化正对世界文化形成强烈补充。据《中国青年报》2012年2月17日的报道：回顾过去一年外媒的涉华报道，我们会发现，“中式英语”增多，甚至外媒在报道一些中国新闻时，创造了中国专属的英文词。比如，英国广播公司（BBC）特意用了一个在英语中极不常见的词“领头龙”（leading dragon），来表述中国经济在全球的地位。而中国顾客超强的消费能力，使英国媒体基于“英镑”概念创造了一个新名词“北京镑”（Peking Pound），意为中国人所花的英镑。英国《每日邮报》称，“北京镑”所消费的大牌奢侈品，预计将会占整个奢侈品行业销售额的三分之一。最近BBC和《华尔街日报》分别用了tuhao（土豪）和dama（大妈）两个表达，可以预计，随着中国影响力的不断增加，像这种拼音式的英语表达即使“昙花一现”，仍然会不断涌现。

从以上可得出，这些“旧形式、新内容”表达和“新形式、新内容”表达脱离了原有的“中心”，它们的出现离不开特定的社会文化环境，都具后现代“去中心化”特征，它们必然处于认知社会语言学研究范畴之内。

2.2 认知方式的主体间性

认知语言学强调认知的共性和个性，正是有了认知的共性，才使人们的语言交际得以顺利进行，但这种共性如何建立一直困扰着哲学家们。现象学大师胡塞尔曾经问过这样一个哲学问题：

> 我怎么能够把在我之中构造出来的东西恰好经验为他人的东西；同时，确实与此不可分的还有，我怎么能够对在我之中构造出来的自然与由他人构造出来的自然做出认同（胡塞尔 2002:190）？

后现代哲学家哈贝马斯认为唯有主体间性可以回答胡塞尔的这一问题。这也使哲学从主体性走向了主体间性（intersubjectivity），其核心观点是：如果某物的存在既非独立于人类心灵（纯客观的），也非取决于单个心灵或主体（纯主观的），而是有赖于不同心灵的共同特征，那么它就是主体间的（贝宁、余纪元 2001：518）。正是通过主体间性，我们才能构建一个共享的世界，使我们的交际得以进行。这一点也可在哈贝马斯交往行为理论那里找到佐证：有了主体间性，个体之间才能自由交往，个体才能通过与自我进行自由交流而找到自己的认同，才能在没有强制的情况下实现社会化（陈嘉明 2006：312）。

主体间性是认知主体间互动时形成的，主体与主体的交往必定要形成社会或社团，这也就为主体间性打上了社会性的烙印。而认知语言学强调语言的体认性（王寅 2009，2012b），践行"现实——认知——语言"这一基本理论。而依据后现代理论，唯有主体间性才可能使两个或两个以上的心灵彼此交流，才使得交际成为可能，那么这个过程本身就具有社会性。认知社会语言学的基本认知模式可以图示如下：

图1　认知社会语言学认知模式

从图1可以得出，认知的主体是人在带着自己的视角从自身出发对外部世界进行识解，最终形成各种构式的认知机制，然后码化为语言。这一过程有两个地方离不开人，一是现实世界就是具有社会的烙印，比如我们认知人与人形成的各种社会关系时，认知的对象本身就具有社会性。二是我们每个人都不能置身于社会之外，都是社会的人，那么我们带着社会性对世界进行识解时，必定留下社会的烙印，并且在认知过程中会形成主体间性。因此，认知语言学自身就要求我们关注语言的社会性和现实世界的社会性。而过去的认知语言学家（Lakoff and Johnson 1980，Croft 2001，Taylor 1989，Goldberg 2006，Langacker 1987，2008，刘玉梅 2010，赵永峰 2013a, b）更多强调普遍的认知能力和认知机制，如隐喻、转喻、意象图式、ICM等在认知世界时发挥的作用，而忽视了社会性，正是顺应这一态势，认知社会语言学走上了认知语言学和社会语言学研究的前台。

以上阐述了认知社会语言学视角下的话语产生过程。需要指出的是，话语的理解也离不开社会语境下的主体间性。美国语言哲学家C.G 亨普尔在《关于认知意义的经验主义标准：问题与变化》中论证了一个表达式有意义，必须满足两个条件：

（1）该表达式所属的语言框架：表达式符合特定时期特定语言的语法规则。

（2）该表达式所在的理论语境，也就是语言表达式所发生的社会、文化和具体的语言环境。比如说Earth Day，如果在1970年4月22日之前，这个表达缺少具体的所指，而在盖洛德·尼尔森和丹尼斯·海斯两位学者发起号召将4月22日定为Earth Day之后，特别是2009年第63届联合国大会决议将每年的4月22日定为“世界地球日”之后，“地球日（Earth Day）”在当下的社会语境中的所指就是4月22日。这就是说，社会文化要素为语言理解所依赖的语境也做出了具体的贡献，是语言赖以生存和理解的基础。

因此，不管是话语的产生过程和理解过程都需要依赖社会语境，并且一定都要受到社会机制的制约与影响，正如福柯所说的那样：我猜想在任何一个社会中话语的生产都会根据一定数量的程序被迅速地加以控制、选择、组织和再分配（福柯1969/1971/1976：216。转引自瑞泽尔 2003:62-63）。

拉康也认为，只有当我们进入人类社会才有的符号秩序的时候，人类才开始作为人类而存在。在符号秩序中，字词所表达的任何一种意义都不是来自主体，而是来自于社会秩序。在符号秩序中，起控制作用的是主体间性，而不是主体性（转引自瑞泽尔2003:189）。照此推理，认知必须是置于特定社会秩序下主体间产生的，那么社会性是必不可少的要素，也就是说，忽视语言社会性的语言研究理论是不健全的，具有先天的致命弱点。

另外，认知语言学坚持基于用法（Usage-based）的语言观，这样语言的使用是在现实社会的使用中发生的，如果要全面地展示语言的全貌，必须反映社会因素对语言的影响，即语言的社会变异（张辉、周红英 2010:38）。这一语言观也要求人们在进行认知社会语言学研究时更多地考虑语言的社会性。又据张辉、周红英（2010：38），认知语言学越来越关注语言的社会性（Grondelaers, Speelman and Geeraerts 2007:1006），主要表现在以下三方面：

（1）关注不同文化模式及其在同一语言社团内的竞争。

（2）关注语言变异：语言的认知-功能解释既受语言内部因素制约，也受同言语变异有关的外部因素制约。

（3）强调语言和认知的社会性。

下面我们看一则来自《重庆时报》2011年11月12日的报道：

> 昨日是2011年11月11日，单身的叫“光棍”，结婚的叫“脱光”，初婚的叫“开光”，二婚的叫“反光”，离婚的叫“抛光”，闪婚闪离叫“借光”，四处相亲叫“走光”，电视征婚叫“曝光”。光棍节，不管你“光”没“光”，让你也来沾沾“光”，相信生活总有灿烂的阳光！

我们对这则报道的理解都是基于11月11日光棍节这一社会情境而展开的。首先，汉语中的“光”有“光线”“一点儿不剩”“景物”“荣誉”等多个义项，这名记者是交替使用了“光”的不同义项。其次，这一情境与婚姻紧密相关，并且随着社会生活的变化，与婚姻相关的认知域也不断发生着变化，例如结婚成本不断增加，男女性别比例失调带来的婚姻困难等等，都是认知主体在当前社会语境下建立的主体间性所涵盖的内容，正是这些主体间性才使得与结婚相关的表达如此丰富多彩。从中我们可以看出，以上主体间性也需要一套词汇和修辞来表达人们的理念。

从以上论述来看，后现代思潮的主体间性认为交往行为是主体间性行为，提倡交往行为，以建立互相理解、沟通的交往理性是和谐社会的基础，主体间性既是人类社会性产生的理据和基础，也为认知社会语言学提供了学理基础和养分。

2.3 研究方法的多元化

从上文论述来看，人类语言具有主体间性，主体间性必然为语言打上社会性，而社会性是复杂的，这样研究语言不能再依靠单一的方法。后现代学者Feyeraband在方法论上为认知社会语言学提供了支撑，他认为多元主义方法论允许采用一切方法，容纳一切思想，反对传统方法论原则的唯一性、普遍性，反对传统方法论对其他方法的排斥和打击。社会学认知社会语言学研究方法论上汲取后现代多元方法论，提倡“既继承，又创新”的理念，既运用传统的田野调查、问卷调查等渠道收集原始资料，又提倡语料收集的多元化，比如网络媒体的信息，语料库（中国国家语委语料库、北京大学语言研究中心语料库、英国国家语料库BNC、美国国家语料库COCA），也使用各类搜索引擎提供的语料，以及社会生活中的广告乃至一些小广告所提供的语料。总之，它力主的语料收集方式是"存在的就是合理的"，践行尊重并将每个社会个体的语言都纳入研究范畴之内。

当然，对收集到的语料的具体处理方法，应该坚持两个基本理念：

（1）强调自上而下（即基于理论）和自下而上（即基于用法）相结合的研究方法。在研究中既要有演绎又要有归纳，一方面在相关理论指导下，从语言现象入手构建认知社会语言学研究视角和框架，以解释相关语言现象的认知动因和形成机制，或者解释它的理解机制。也就是说，在认知社会语言学框架下，既要为语言的生产和使用提供认知解释，也要为特定的语言表达的理解提供解释。另一方面通过分析和解释相关语料，以验证该理论的有效性和解释力。

（2）践行定性和定量相结合的研究理念。在科学研究中，定性分析是指主要凭研究者的直觉、经验，对分析对象展现的特征进行理论分析，对分析对象的性质、特点、发展变化规律作出判断的一种方法。定量分析是依据统计数据，建立数理模型，并用数学模型计算出分析对象的各项指标及其数值的一种方法。定性分析与定量分析应该是统一的，相互补充的。定性分析是定量分析的基本前提，没有定性的定量是一种盲目的、无价值的定量。定量分析使定性研究更加科学、准确，可使定性分析得出广泛而深入的结论。认知社会语言学践行定性和定量相结合的研究方法。

三、结论

哲学是语言学的摇篮（Robins 1976:103）。任何语言学理论或语言研究范式都应有其哲学基础，最近兴起的认知社会语言学当然也不例外。本文系统阐述了认知社会语言学的哲学基础是后现代思潮，从三个方面论述了认知社会语言学与后现代思潮的紧密关系：（1）研究对象的去中心化；（2）认知方式的主体间性；（3）研究方法的多元化。本文还运用语料分析了认知社会语言学的基本出发点：运用认知语言学和社会学的研究方法考察语言的社会属性。研究发现，强调认知主体间互动时形成的社会性和主体间性在语言认知中占有核心地位，并且论述了认知社会语言学的核心任务就是为包括网络语言在内的所有言语提供一种认知和社会视角的解释。当然，与后现代思潮相比，认知社会语言学才刚刚起步，为了更快、更好地从后现代思潮中汲取营养，我们还有很多工作要做，希望同行们共同努力，推动认知社会语言学健康茁壮成长，为语言研究事业尽自己的力量。

参考文献

[1] Chomsky, N. 1957. *Syntactic Structures* [M]. The Hague: Mouton.

[2] Croft, W. 2001. *Radical Construction Grammar* [M]. Oxford: Oxford University Press.

[3] Feyeraband, P. 1975. *Against Method* [M]. London: New Left Books.

[4] Fennell, A. Barbara. 2005. *A History of English: A Sociolinguistic Approach*[M]. Beijing: Peking University Press.

[5] Goldberg, A. E. 2006a . *Constructions at Work: The Nature of Generalization in Language* [M]. Oxford: Oxford University Press.

[6] Ho-Abdullah, Imran. 2010. *Variety and Variability: A Corpus-based Cognitive Lexical-semantics Analysis of Prepositional Usage in British, New Zealand and Malaysian English* [M]. Bern, Switzerland: Peter Lang.

[7] Langacker, R. 1987. *Foundations of Cognitive Grammar, vol. 1: Theoretical Prerequisites* [M]. Stanford: Standford University Press.

[8] Langacker, R. W. 2008. *Cognitive Grammar: A Basic Introduction* [M]. Oxford: Oxford University Press.

[9] Lakoff, G. & Johnson, M. 1980. *Metaphors We Live By* [M]. Chicago & London: The University of Chicago Press.

[10] Lakoff, G.& Johnson, M. 1999. *Philosophy in the Flesh: The Embodied Mind and Its Challenge to Western Thought* [M]. New York: Basic Books.

[11] Lyotard, Jean-Francios. 1984. *The Postmodern Condition: A Report on Knowledge*[M]. Trans. By Bennington etc. Minnesota: The University of Minnesota Press.

[12] Moag, Rodney F. 1982. English as a foreign, second, native, and basal language: a new taxonomy of English-using societies [J]. *New Englishes*: 11-50.

[13] Morgan. O. Kenneth. 2007. *The Oxford History of Britain* [M]. Beijing: Foreign Language Teaching and Research Press/ Oxford University Press.

[14] Taylor, J. 1989. *Linguistic Categorization: Prototypes in Linguistic Theory* [M]. Oxford: Oxford University Press.
[15] 贝宁，余纪元. 2001. 西方哲学英汉对照辞典[Z]. 北京: 人民出版社.
[16] 陈嘉明. 现代性与后现代性十五讲[M]. 北京：北京大学出版社.
[17] 亨普尔, C. G. 1998. 关于认知意义的经验主义标准：问题和变化[A]. 语言哲学[C]. A. P. 马蒂 尼奇主编，pp16-38. 北京：商务印书馆.
[18] 胡塞尔. 2002. 生活世界现象学[M]. 倪梁康等译. 上海: 上海译文出版社.
[19] 廖巧云. 2013. 后现代哲学视野中的认知神经语言学进路. 外语学刊（5）: 8-13.
[20] 刘玉梅. 2010. “吧”族词形成的认知机制研究[J]. 解放军外国语学院学报（1）: 10-15.
[21] 刘玉梅. 2013. 后现代哲学视野中的构式语法研究[J]. 外语学刊（5）：20-25.
[22] 瑞泽尔，乔治. 2003. 后现代社会理论[M]. 谢立中译. 北京: 华夏出版社.
[23] 王寅. 2009. 主客主多重互动理解[J]. 哲学动态（1）：39-50.
[24] 王寅. 2012a. 哲学的第四转向: 后现代主义[J]. 外国语文（2）：9-15.
[25] 王寅. 2012b. 后现代哲学视野下的语言学前言——体验人本观与认知语言学[J]. 外国语文（6）:17-26.
[26] 王寅. 2013. 后现代哲学视野中的认知语言学[J]. 外语学刊（5）：1-7.
[27] 王治河. 2006. 后现代哲学思潮研究[M]. 北京：北京大学出版社.
[28] 张辉，周红英. 2010. 认知语言学的新进展——认知社会语言学[J]. 外语学刊（3）: 36-42.
[29] 赵秀凤，黄洁. 2013. 后现代语境中的认知诗学学科定位和发展前景. 外语学刊（5）: 26-30.
[30] 赵永峰. 2013a. 基于RAB的现代汉语动前构式和动谓构式的认知研究[D]. 四川大学博士论文.
[31] 赵永峰. 2013b. 认知社会语言学视域下的认知参照点与概念融合理论研究[J]. 外语与外语教学（1）: 5-9.

认知诗学视野下转喻的艺术功能初探

王天翼

（原载《中国外语》2015年第6期）

摘　要：当今学界普遍认为转喻是一种重要的认知方式，且比隐喻更为基本，制约着人类的诸多言语行为及语言表达，许多学者对其进行研究，但未曾从认知诗学角度论述转喻机制的艺术功能。本文拟在认知诗学视角下，通过分析马季父子等所说的《五官争功》和《五官新说》两则相声中的转喻表达，发现它也是取得诗性效果不可或缺的一种重要的认知方式，其诗性功能在于实现艺术效果。

关键词：认知诗学；诗性转喻；相声

一、转喻的研究现状

我国古人早有"言为心声，心的征知"之说，他们深刻地揭示了语言之来源。当今认知语言学（CL）所提出的体认观不期与我国古人的思想相符，"言为心声"突显了人的认知，"心的征知"强调了人的体验。据此，我们认为语言不在于索绪尔所宣称的先验性，也不是乔姆斯基所说的天赋性，而在于人们对现实体验和认知进行加工，据此，语言中的隐喻、转喻、拟人等修辞格必定出自人们的心智运思，烙上了人本印记，受制于人们的认知方式。亚里士多德将其限定于语言层面的运用，意在肯定思维对客观的镜像反映，后现代哲学家坚决否定这种论调。认知语言学家Lakoff和Johnson（1980）将隐喻正式上升到思维层面，视这些修辞格为一种认知机制，是对流行了2000多年亚氏传统观的一种反驳，为思维的人本性提供了坚定的论证。

自此以后，诸多学界的学者发动了一场轰轰烈烈的"隐喻革命"，意在摆脱经典的隐喻修辞观，在短短的二十几年间，国外研究隐喻的书目便达近万种之多。这一观点也越来越引起国内众多学者的密切关注，如沈家煊（1999）、胡壮麟（2004）、束定芳（2000）、王寅（2001，2007）等都在其著作中论及隐喻的思维功能。特别值得一提的是，汉语界张明冈先生于1985年在《比喻常识》一书中也曾述及隐喻认知观，他指出隐喻有两大功能：一为思维功能，二为修辞功能。他与国外学者似有不谋而合之处。因此，外语界的学者也不应仅将研究的眼光局限于国外的论著。

隐喻是基于从一个概念域（喻体）向另一个概念域（本体）的映射，通过喻体来认识和理解本体，两个域之间存在相似关系。而转喻是指在同一个概念域之内表述和理解“部分与整体关系”的认知机制，即可用一个部分来认识与其比邻的另一个部分或所属整体（或反之），两者具有接触或邻近关系，并无相似性可言。国内学者也对隐喻和转喻的关系和区分做出较为深入的研究，如张建理（2005），魏在江（2007，2010），张辉、杨波（2009），刘国辉（2009）。

但大多学者常在认知语言学的理论框架下将注意力集中于转喻的认知机制及语义、语用功能之上，而忽略了从认知诗学角度解读转喻的运作机制和艺术效果。

二、认知诗学一瞥

认知诗学旨在运用认知语言学（含认知心理学）的相关成果研究文学文本，揭示语言认知机制及其规律。它是语言学与文学研究相结合的产物。1983年以色列特拉维夫大学教授ReuvenTsur（1992）首次使用“认知诗学”阐释诗歌的研究理论和方法，认为认知诗学重在探讨认知过程对文学解读和诗歌结构的构建与限制。1993年波兰扎吉罗尼亚大学教授Tabakowska运用Langacker的认知语法理论研究诗歌翻译。Lakoff与Turner在1989年出版了“More than Cool Reason：A Field Guide to Poetic Metaphor（《超越理性：诗学隐喻实践指南》）”，从一个全新的认知视角研究诗歌语篇，大大拓展了隐喻和转喻研究的视野。Stockwell（2002）指出认知诗学就是将认知语言学运用于文学文本的分析和解读。Elena Semino（转引自Margaret Freeman 2006：405）认为，认知诗学即从认知角度详析文本中语言的选择模式，也系统考虑文本解读过程中涉及的思维过程和表征。Steen & Gavins（2003:1）认为认知诗学是把文学看作人类日常经验和认知的一种具体形式，该形式以人类诠释世界的普遍认知能力为基础，人是通过自身的经验和认知来分析和理解这个世界的。文艺理论家热拉尔·热奈特（2013）在《转喻：从修辞格到虚构》中指出，从古希腊罗马文学到现当代文学，从诗歌、小说到绘画、歌曲、影视，转喻由修辞格演变成为众多艺术门类所共享的一种认知手段和思维方式。国内学者也有类似的研究成果，如刘大为（1986）指出，“在诗的领域内运用语言，主要为的却是经验呈示的需要。这是一种带有审美意味的经验：情绪、感觉、知觉、想象、感悟等，也指人在从事理智性思考时的内部体验。”这与认知语言学家所提出的“体认”所见略同。

本文尝试在认知诗学视角下，以相声《五官争功》和《五官新说》中的转喻表达为文例，沿着Lakoff与Turner（1989）所提出的“诗学隐喻之路”更进一步探讨“诗学转喻”，并以其为理论基础阐释转喻所具有的诗学功能和艺术效果。

三、转喻认知机制和体现

Lakoff & Johnson（1980：35-41）曾专门用一章篇幅论述了转喻，给人的感觉是转喻为隐喻的一个分支，但当前更多学者倾向于将其单列为一类思维方式。而且很多认知语言学家近来认为“转喻比隐喻更重要”。Taylor（1989：124, 139）指出，转喻是一种比隐喻更为基本的意义扩展方式。有些学者还发现，在有些语言表达中既有隐喻，也有转喻，有时两者难以区分，Ungerer & Schmid（1996：154）将两者合并称为metaphtonymy（隐转喻）。

我国外语类核心期刊这几年来发表了许多关于转喻的文章，一时间转喻似乎成为语言学界的一个“灰姑娘”，大受青睐。王寅（2007：236）也认为，转喻比隐喻更加重要，因为我们首先会通过接触或邻近关系来认识事体之间的联系，且尝试运用他建立的“事件域认知模型”来解释转喻的运作机制。我们也认为，转喻确实是一种比隐喻更为重要的认知机制。其理论依据是“完形心理学”，整体内的各个部分能够互相激活，且部分能与整体之间互相激活。在同一个认知域中概念上靠得近的，往往也是人们在思考时倾向于首先被联想到的，因为它们同处一个认知模型之中，此时所付出的认知加工努力比较少，人们就可用其中的组成要素互代，或在要素与整体之间互代。隐喻表达受制于概念隐喻，那么，转喻表达也有其概念转喻动因，在人类的思维中也存在一个“转喻认知机制”。我们还认为，概念转喻，如同概念隐喻一样，也具有体验性和无意识性，它是基于人们的体认机制之上自然形成的一种认知方式，难怪Panther & Thornburg（2004）要将具有相邻关系的转喻称为“自然推理图式”。例如一个事物必然会具有很多特征，它们相互为邻，凝聚在一个事物之上（相当于一个完形整体），人们在命名时常抓住它的一个特征来指称整个事物，这就是王寅（2009）所说的“命名的转喻机制”。同样，一个事物的整体也可以代替其中的部分要素，如电视连续剧《甄嬛传》中有这样的剧情：每个嫔妃被皇帝加封封号并分配寝宫后，剧中台词里寝宫的名字往往被用来指称该宫所住嫔妃的名字，如：华妃说道：“碎玉轩的怎么还没来？”就是用表示整体的寝宫名代替了宫主名，这里的“碎玉轩”就是指其宫主——“甄嬛”，这个转喻性表达既方便易懂，又能够体现说话人“华妃”对“甄嬛”心中的鄙夷和嫉妒之情，诗学转喻在这里起了非常绝妙的作用。

同样在诗学转喻中，一个事件或事体也会包含很多元素和步骤，我们也不必说全它们，只要抓住一点就可不及其余，如：“汗水”用人体皮肤分泌物的部分代替整体，代指人的努力工作；“新鲜的血液”用人体内部循环的一种液体代指人这一整体，表示新人。就连歌曲《把耳朵叫醒》也用了这种转喻的表达，即用耳朵这一部分代替整体，把“耳朵叫醒”其实是“把人叫醒”。转喻表达完全符合认知诗学的基本原则：实际表达出来的言语往往总比心中想要说的要精炼和巧妙得多，这不就是一个部分代替整体的诗学转喻吗？转喻还是人类语言交际必行之法。

诗学转喻不仅存在于我们的语言之中，遍及生活的各个领域，而且它还具有艺术功能，因此将其视为人类一种须臾不可或缺的认知机制，名副其实，当之无愧。在认知诗学研究中，很多学者都尝试将CL中研究的隐喻和转喻机制应用于分析文学艺术作品的构思与理解，例如，Stockwell（2002）分析了莎士比亚《理查二世》剧本中的概念隐喻，认为隐喻的思维性影响文学作品中采用大量隐喻表达。Gavins（2003）分析了劳伦斯诗歌中的隐喻表达，并解释了隐喻中概念域映射的运作机制是概念的整合。陈明志（2012）讨论了艾米莉·狄金森诗歌中的诗性隐喻，运用概念隐喻和意象图式理论解释狄金森诗歌中隐喻表达的运作机制。郭强（2014）从认知诗学角度讨论了李商隐诗歌语篇中的概念隐喻和概念转喻。但我们也发现，他们并没有述及诗学转喻所具有的艺术功能。

四、语料分析

祖利军（2008：106）认为，文学文本的创作是心智的产物，对文学文本的理解也是心智的产物，二者都离不开客观世界和社会文化领域。认知诗学使推理过程得以显性化，使得文学文本的内容和结构得以澄清。

相声是一门特殊的文学文本，其创作和理解过程也是相声作者和听众的心智思维加工过程，这其中需要作者和听众具有一定社会文化领域的百科知识背景，运用转喻等认知机制取得幽默效果，使其达到作品与听众的共鸣：开怀大笑，身心愉悦。

例如马季等人在1987年春节联欢晚会中表演的群口相声《五官争功》以及他的儿子马东等人在2009年春节联欢晚会中表演的群口相声《五官新说》中就运用了大量转喻表达。五个演员分别扮作人的脑袋、嘴、眼、耳、鼻，用人代替器官，并通过它们与脑袋的争论，以及它们之间的相互争辩来构成包袱产生笑料，进而表达主题。我们人的各个器官为有机整体，若将各个器官独立出来，就不能完成其各自的功能。因此，整个相声就以此诗性转喻为主题，产生了生动自然而又妙趣横生的笑话，进而让人感到耳目一新，在新颖的转喻表达中给人以新的启迪，提高了人们的思想境界。

笔者穷尽性地调查统计了这两则相声台词文本，发现《五官争功》390句台词中有207句用到了转喻机制；《五官新说》289句台词中有116句用到了转喻机制，分别占比53%和40%，这足可说明转喻机制在语言表达中的重要地位。通过对这323句转喻台词的分析，我们大致可以总结出以下几个概念转喻：

4.1 [五官是人]

1）我（眼睛）高瞻远瞩，我请求上调。

2）你这眼睛，也可以啦！那社会上的红眼病就是你传染的。

3）我是马东的眼睛，我祝大家眉开眼笑！

4）那你这鼻子麻木不仁、不闻不问怎么说呢？

5）作为一个外国鼻子，不远万里来到我们脸上，这是一种什么精神，什么精神？这就是……蹬鼻子上脸的精神。

6）云山雾罩、造谣生事，说的是谁（嘴）呀！

7）你跟你爱人花言巧语，不得用我这嘴吗？

8）这病从口入、祸从口出，是不是嘴的责任？

9）我是马东的嘴，我祝大家笑口常开！

10）口若悬河、信口雌黄，就是你这嘴。

11）耳朵！你偏听偏信，耳边风，那就是你的毛病。

12）我是马东的耳朵，我祝您耳听八方！

13）反正我（耳朵）对你是俯首帖耳啊。

“造谣生事、花言巧语、不闻不问”等原本是用来修饰人整体的成语，在上面例句中用来转喻性地叙说部分器官的功能，从而成为笑料，抖出包袱，娱乐观众。如“造谣生事”原义就是人为了达到某种目的而捏造消息，迷惑群众，现用来描述嘴，产生了整体代部分的转喻效果。

在上面诸多用法中，我们还发现与死隐喻相似的情况“死转喻”。所谓死隐喻，是指一个词语的隐喻义与其原义之间已失去联系，或在今日的表达中人们已感觉不到它是隐喻性用法，如：瓶口、杯口、河口、窗口、门口等，人们已感觉不到这些表达中的“口”与人身体部位的“口”之间有何关系，此时“口”的用法就是死隐喻。同理，死转喻是指原为转喻的说法也逐渐变为人们的日常说法，如“红眼病”，原义是指因急性出血性结膜炎而眼白发红，后来转喻性地用来指整个人羡慕别人有名或有利而心怀忌妒的毛病。在这个相声中又将这一用法返回原来的本义，指眼睛犯红眼病，使“死转喻”意义复活到原义上，其语义演变经历了“本义——转喻——本义”的循环。在两则相声中还有 “高瞻远瞩、眉开眼笑、蹬鼻子上脸、花言巧语、病从口入、祸从口出、笑口常开、口若悬河、信口雌黄、偏听偏信、耳边风、耳听八方、俯首帖耳”等。都属“死转喻” 复活用法，从而使人们顿生新奇感，倍觉趣味丛生，使得相声语言这一诗学艺术更加丰富。

4.2 [五官是姓名]

1）我姓眼（赵钱孙“眼”，周吴郑“眼”，冯陈楚“眼”）

2）我姓鼻（赵钱孙“鼻”，）我叫鼻子。

3）我姓嘴、叫嘴，全名还是嘴，我就是您这张嘴。

这里的“眼睛”“鼻子”“嘴”都是“部分代替整体——人”，转喻机制的具体运用，也可将其视为一种拟人化转喻机制。Lakoff和Johnson（1980：33-35）将拟人列为一章，并将其归为隐喻的一种。本文同样可以将拟人归为转喻的一种，将各器官转拟为有名有姓的完整个人，从而达到活灵活现、妙趣横生拟人化诗学转喻的艺术效果。

4.3 [五官是物件]

1）哪儿配这零件（眼睛）去呀？

2）打一生出来就有这玩意儿（鼻子），这玩意儿还原装的。

3）是啊，当初它就那么设计来着（嘴长在鼻子下面）。

前面将五官转喻成有名有姓、能力非凡的个人整体，在此又将“眼睛”“鼻子”“嘴”转喻为一台机器中的部分零件，而人就是这台有生命的大机器，相声演员再次运用转喻方式完成了用“眼、鼻、嘴”灵活运用部分代整体的转喻创作方法来搞笑，获得了观众的一片掌声和满堂大笑。因此，诗学转喻使相声产生了幽默。

4.4 [鼻子是工人]

1）眼睛闭上啦！嘴也合上啦！耳朵也歇着啦。噢，就让我鼻子一个人值夜班啊？

2）人家工厂都讲三班倒！你哪怕让我（鼻子）休息个十分八分的？

3）你（鼻子）休息一会儿，我就休克了。能休息吗？

鼻子主要功能之一就是呼吸，而且这一功能区别于其他五官的特征是鼻子需要24小时不停地呼吸，才能维持生命。转喻机制在此正是抓住了鼻子的这一典型特征，用鼻子这一部分代替人需呼吸这一整体概念，巧妙地运用了拟人化转喻机制，将其表达为昼夜不分24小时上班的工人，从而达到独树一帜，别人无法取代，但又无法体会其万分辛苦的写照，其艺术效果再次赢得满堂彩。

4.5 [耳朵是情侣]

我们耳朵本来是亲亲密密一对儿，你非得一边一个让我们长期分居啊！

耳朵区别于其他五官的特征是长在脑袋两边，这与情侣的两地分居有相似之处，这可视为隐喻，但把耳朵比作人或情侣又属于部分代整体的转喻用法，用“metaphtonymy”来解释这一现象也十分妥帖。在这一相声文本中运用隐转喻手法首次将“耳朵”比作“情侣”，具有新奇性，又喻为“两地长期分居”，既妥帖又好笑。

上述这些表达也与“一语双关”相通，其中的若干幽默表达既可指人，也可指器官，具有明显的双关性。由于器官属于人的一部分，它们具有部分与整体的转喻性关系，因此我们认为一语双关修辞法也与转喻机制密不可分。例如上文中提到的“笑口常开”，既可表示满心欢喜、热情洋溢的神态，也在此相声语篇中“返祖性”地表示嘴的具体形态，这两者之间具有明显的邻近关系，可见，一语双关用法的运作机制离不开转喻。

因此，我们在诗学艺术文本中所常用的诸如比喻、借喻、借代、拟人、双关等修辞手法都与转喻这一认知机制有着密切关系，也就是说，正是因为人类具有隐转喻这一认知机制，相声中才有了丰富多彩的表达手法，有效实现了其艺术功能。

五、结语

转喻认知机制就像一只无形的手指挥着艺术语言的创造，为相声艺术提供了一个很好的“笑料”生成方式。通过这两篇相声语料分析可见，其中所用到的最主要的修辞手段是转喻。我们不妨顺着Lakoff和Johnson的“隐喻认知观”将其说成“转喻认知观”，我们也可毫不夸张地说：“Metonymies arts live by.（艺术靠转喻活着。）”本文分析了中国百姓喜闻乐听的两则相声中的转喻语料，在认知诗学视野下印证了中西方认知语言学家的一个重要观点Metonymies we live by. (我们赖以生存的转喻)。

当然，“隐喻认知观”绝不是西方学者的专利。我国古代学者早就提到隐喻和转喻的思维功能。（王寅、王天翼 2008）其实，老子在《道德经》中的名言“道，可道，非常道。名，可名，非常名。”也就隐含了转喻，“道”有很多内容，内涵丰富，常人难以理解。而当我们用言语表达时只能说出其中的一部分，而不可能反映其整体，因此，被人们说出来的“一小部分道”也就不是原本“整体之道”了。孔子在《论语·雍也》中认为：“能近取譬。可谓仁之方也已。”意思是说，能够从身边拿一件事情为例作比喻，推广开去，可以说是实行仁德的方法了。孔子在《论语·阳货》中又进一步强调，“诗，可以兴，可以观，可以群，可以怨。”意思是说，学《诗》可以培养联想力，可以提高观察力，可以锻炼合群性，可以学得讽刺方法。《诗》的主要特征之一就是隐喻和转喻。

可见孔子已将隐转喻视为“兴、观、群、怨”的认知之道了。可惜，孔先哲的这一重要观点未能得到延续和发展，在漫长的2000多年文献中，大多学者几乎都将隐转喻视为一种修辞手段，而忽略了它的思维功能和诗学功能。这是我们之不足。因此汉语和外语两界仁人志士应携手并进，加强中西语言理论合璧式的语言研究，这也将为我国认知诗学研究带来一片新天地。

参考文献

［1］ Freeman, M. 2006. The Fall of the Wall between Literary Studies and Linguistics Cognitive Poetics[A]. Kristiansen. G. et al. *Cognitive Linguistics: Current Applications and Future Perspectives*[C]. Berlin & New York: Mouton de Cruyter.

［2］ Gavins, J. & G. Steen. 2003. *Cognitive Poetics in Practice*[C]. London & New York：Routledge.

［3］ Lakoff, G. & M. Johnson. 1980. *Metaphors We Live By* [M].Chicago: The University of Chicago Press.

［4］ Panther, K. & L. Thornburg. 06/2004. *The Role of Conceptual Metonymy in Meaning Construction* [A]. Metaphorik. de. http://www.metaphorik.de/Journal/.

［5］ Semino, E. & J. Culpeper. 2002. *Cognitive Stylistics: Language and Cognition in Text Analysis* [M]. Amsterdam: John Benjamins.

［6］ Stockwell, P. 2002. *Cognitive Poetics: An Introduction* [M]. London & New York: Routledge.

［7］ Tabakowska，E. 1993. *Cognitive Linguistics and Poetics of Translation*[M]. Tübingen: Gunter NarrVerlag.

［8］ Reuven, T. 1983. *What is Cognitive Poetics?* [M]. Tel Aviv: The Katz Research Institute for Hebrew Literature.

［9］ Reuven, T. 1992. Aspects of Cognitive Poetics[A]. E. Semino & J. Culpeper. *Cognitive Stylistics: Language and Cognition in Text Analysis* [C]. Amsterdam: John Benjamins Publishing Company.

［10］ Reuven, T. 2008. Cognitive Poetics and Speaking the Unspeakable [J].外国语文(4): 2-20.

［11］ Ungerer, F. & H. J. Schmid. 1996. *An Introduction to Cognitive Linguistics* [M]. London: Longman.

［12］ 陈明志. 2012. 艾米莉·狄金森诗歌中的诗性隐喻[J]. 外国语文（1）：19-

24.
[13] 郭强. 2014. 李商隐诗歌的认知诗学研究——概念隐喻、概念转喻视角[J]. 湖南工业大学学报（社会科学版）（4）：120-124.
[14] 胡壮麟. 2004. 认知隐喻学 [M]. 北京：北京大学出版社.
[15] 刘大为. 1986. 诗歌：挣脱语法的桎梏（上）[J]. 修辞学习（6）：12-14.
[16] 刘国辉. 2009. 隐喻之于转喻吗？——以映射为视点 [J]. 外国语文（3）：60-64.
[17] 热拉尔·热奈特, 吴康茹译. 2013. 转喻：从修辞格到虚构 [M]. 桂林：漓江出版社.
[18] 沈家煊. 1999. 转指与转喻 [J]. 当代语言学（1）：3-15.
[19] 束定芳. 2000. 隐喻学研究 [M]. 上海：上海外语教育出版社
[20] 王寅. 2001. 语义理论与语言教学 [M]. 上海：上海外语教育出版社.
[21] 王寅. 2007. 认知语言学 [M]. 上海：上海外语教育出版社.
[22] 王寅，王天翼. 2008. 语言学新增长点思考之五：本土化的合璧式创新：以语言体验性和隐喻认知观为例 [J]. 中国外语（6）：25-32.
[23] 王寅. 2009. 语言体验观及其对英语教学的指导意义：十八论语言的体验性 [J]. 中国外语（6）：63-68.
[24] 魏在江. 2007. 概念转喻与语篇衔接——各派分歧、理论背景及实验支持 [J]. 外国语（2）：29-36.
[25] 魏在江. 2010. 概念转喻与语篇连接——认知与语篇的界面研究 [J]. 外国语文（2）：57-61.
[26] 杨伯峻. 1992. 四书 [M]. 长沙：湖南出版社.
[27] 张辉，杨波. 2009. 隐喻和转喻的区分：研究现状和分歧 [J]. 外国语文（1）：81-88.
[28] 张建理. 2005. 汉语“心”的多义网络：转喻与隐喻 [J]. 修辞学习（1）：40-43.
[29] 张明冈. 1985. 比喻常识 [M]. 北京：北京出版社.
[30] 祖利军. 2008.《人生颂》的认知诗学解读[M]. 中国外语（4）：105-109.

事件域认知模型和时序象似性与翻译实践

——认知翻译学探索之十一

王 寅

（原载《山东外语教学》2016年第3期）

摘 要：认知语言学中的“事件域认知模型”可较好地解释认知规律和语言成因，它同样适用于研究翻译过程，因为翻译活动就是将译出语所描述的事件域映射入译入语之中的过程。人们凭借体认原则来识解源语句所述事件域中的成分要素及其关系，将其再现于译入语。但汉英两语言在组织成分要素及其关系的顺序上有同也有异：“同”，是因为两民族都有相同或相似的事件域经验；“异”，是因为汉语主要属于临摹式语言，时序象似性较为显著；而英语主要属于蒙太奇式语言，时序象似性不突出。因此在汉英互译（特别是处理英语长句）时，就当在事件域总体框架中按照时序关系适当调整成分要素及其关系的顺序。

关键词：认知语言学；认知翻译学；事件域认知模型；时序象似性

一、引言

许钧、周领顺（2015）指出，我国近年来除了大量介绍西方译论流派和方法之外，还进行了反思自我传统，尝试构建中国的译学话语，推动理论创新的努力。他们还认为中国学者需要积极与国际学术界交流对话，进入国际学术前沿，进而在某些领域引导国际学术发展走向。这一观点具有深远的战略意义和高度的前瞻性，激活了中国学者在学术上立民族之林的热情，期盼我们能进一步融入全世界后现代文化大潮之中，共同推动人类文明建设。

Martin（2010：169）近来才提出“认知翻译学”这门学科，但有关从认知角度进行译学研究早已涉及，如斯内尔-霍恩比（Snell-Horby 1988）在《翻译研究：综合法》中就述及范畴化、原型理论、视角认知方式在翻译研究中的应用，Gutt（1991）从关联理论论述翻译，也当可划归该范畴。但他们的研究（包括

Martin的论述）尚处于前范式阶段，未能建成较为系统的译学认知研究体系。Martin在文中呼吁同仁们需要继续朝此方向努力，为该学科的成功建立添砖加瓦。笔者受其启发，近年来尝试运用认知语言学的基本原理来进一步完善“认知翻译学（Cognitive Translatology）”，这一方面进一步扩大了认知语言学的解释力，完善其多学科的实用性；另一方面也算是对译学理论提点新思路。我们先后在《中国翻译》《外语教学与研究》《外语与外语教学》上就此领域发表了十篇文章，本文则尝试将认知语言学中的“事件域认知模型（Event-domain Cognitive Model，简称 ECM）”和“时序象似性”结合起来分析英汉互译，特别是英语长句汉译问题，欢迎读者批评指正。

二、事件域认知模型

申克和阿贝尔森（Schank & Abelson 1975），托尔米（Talmy 1985，1988），兰艾克（Langacker 1987，1991），雷可夫（Lakoff 1987），庞塞和桑伯克（Panther & Thornberg 1999）等建构了多个理论模型，以解释人类的认知规律，详析其内在机制，进一步充实和丰富了认知语言学的研究内容，指明了可行的研究方向，但也存在诸多不足：（1）主要关注线性序列，忽视事件内部要素的层级性；（2）主要针对动态事件，忽视静态；（3）重在解释句法成因，未能述及其他层面。我们（2005）基于这些不足提出了“事件域认知模型（Event-domain Cognitive Model，简称 ECM）”的分析方法，以作弥补。

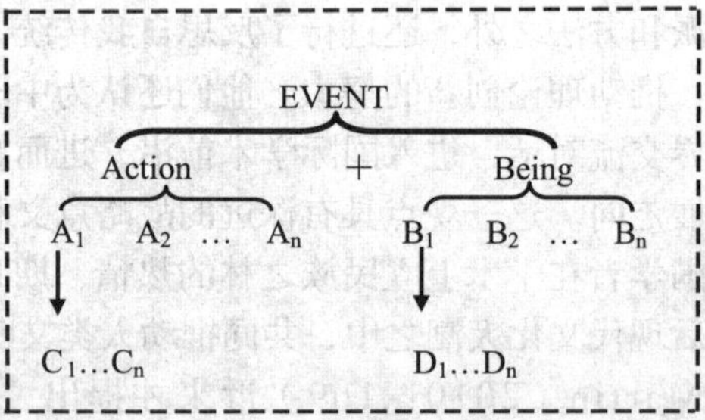

图1 事件域认知模型

言语行为论者认为，人们交际的基本单位不是词、词组或句，而是“言语行为”，我们基于ECM提出“以事件域为单位来体认世界，形成记忆模块，储存于心智中”的观点，与言语行为论者不谋而合。如当我们在谈到某人（包括某事、某概念）时，常要涉及他做过的事，讲过的话，留下的印象，这些都形成了一个一个的事件域，相互交织在一起，形成一个记忆网络储存于心智之中。更为重要的是，人类可在体认事件的基础上逐步概括出事件的抽象性概念结构，这就是我们所说的“认知模型（Cognitive Model）”。自从有了语言之后，就基于此形成了语言中的种种表达，这就是我们（2006：120）所说的最高层面的语法化，也是人所特有的本质性特征。

一个基本事件域EVENT（简称E）包括两大要素：行为（Action）和事体（Being）。前者可包括“动态性行为”和“静态性行为”，它们具有抽象性和概括性特征，是一个类概念，可由很多具体的“子行为”或“子动作”构成，即为图1中在Action下所列的“A_1，A_2 … A_n”。一个行为或支行为还包含若干分类性信息或特征C（如语法中状语等）。事体可包括“参与人、事物、场景、工具”等，即Being下方列出的“B_1，B_2 … B_n”；一个上义性事体可包含若干分类性信息或特征D（如语法中定语等）。从上图可见，事件域从上至下可分出三个层次，它们环环相扣，互相配合，构成了我们对某一事件域的认识。ECM不仅符合人们正常的认知规律，兼顾到线性和层级性分析，也适用于动态和静态场景，它还可用以解释概念结构和句法构造的成因，适用于语言多层面：词汇化、词法、句法、语义、交际，还可用以说明如下现象：缺省交际、脚本理论、时段分析、间接言语行为、事体命名、词性转换、词义变化、反义同词等。同时，ECM还可为转喻机制从理论上和应用上做出合理而又明晰的解释，为其提供一个统一的体认基础。ECM具有较强的解释力，是人类一种有效的认知方式，这又为认知语言学强调解释语言须用统一模式提供了一个有效的分析工具，它也适用于翻译的认知研究。

三、顺序象似性

认知语言学的核心原则为“现实—认知—语言”，强调了三个要素之间的辩证关系：

（1）从左向右：现实决定认知，认知决定语言；
（2）从右向左：语言影响认知，认知影响现实。

据此可知，语言必然象似于认知，且在认知作用下一定程度上象似于现实。这就是认知语言学所论述的“象似性”。试想，索绪尔和乔姆斯基坚持“关门打语言”的策略，在语言系统或句法结构内部来苦思冥想，用“任意性”来说明语言性质自有其情，尚能成立。而认知语言学背其道而行之，坚持“开门办语言”，一旦冲出语言中心论的牢笼，进入后现代和体验哲学大视野下重新审视语言，必然会有另一番语言观，从而开启了语言学理据性研究的新时代。到目前为止全世界已召开过十几次有关“象似性研究”的专题研讨会，并出版了几十本学术专著和论文集。

认知语言学对象似性的研究早已突破语音平面和词形平面，进入了句法平面，如，提出了诸如“距离象似性、顺序象似性、数量象似性、标记象似性、突显象似性、话题象似性”等。所谓“顺序象似性”，是指语言单位排列的顺序象似于时间的自然顺序，与文化定式密切相关。我国学者戴浩一（James H-Y Tai 1985）早就撰文论述了词序与时序的象似性关系，提出了“时序原则（the Principle of Temporal Sequence，简称PTS）”，且基于此较好地解释了汉语中的语序现象。杨自俭（1999）及笔者（1999）对此亦有论述。

时间顺序是人类对世界的最基本感知结果，时光荏苒，亘古不变、按照顺序不间断地日复一日，年复一年地流淌着。这也成为人类认知结构中最重要的概念之一：先来后到。由于汉语属于“临摹式（或称之为绘画式）”语言，较为倚重对时间顺序的感知，生活是怎样的情形，组织语句的顺序就该怎样。常遵循“先发生的事先说，后发生的事后说”的原则，从无到有，逐步展开，从容不迫，有条有理。“语序”与“时序”存在较高的象似性，两者往往自然合拍。

Slobin（1981, 1985）的研究表明，英民族幼儿在三岁以下，也主要按照时序来安排词句，当他逐步学会英语中几十个表示时间的连接词，以及与时间概念有关的十几种时体形式后，便逐步摆脱幼时的束缚，出现了不按时序组句的现象。因此，英语中的时序较为复杂，从而出现两种句法顺序：自然语序和特异语序，因此英语语序与时间顺序之间就不像汉语那样直接对应，即在英民族的认知结构中，虽有时间概念，但没有时序准则，可按照语言自身的表达习惯或作者的语用意图来排列句子成分，因而英语的顺序象似性程度远远低于汉语。英语的句序可描写为“蒙太奇式”，它像电影导演一样，可根据剧情发展、表现技巧、个人风格等需要，把各组镜头既可按时序，也可不按时序（如插叙、倒叙、反序等）加以剪辑和组合。因此，顺序象似性是汉英两语言的一个重要区别特征，即汉民族多用符合时序的原则组句，而英民族却视之可有可无，漠不关心，汉英互译时当谨记在心。如：

[1] 他坐高铁从重庆经武汉到上海。

先上火车，从重庆出发，经过武汉，最后到上海，汉句严格按照时间顺序组句，有条有理，一点不乱。而英语表达就未按时序组句：

[2] He arrived in Shanghai from Chongqing through Wuhan by high-speed railway.

四、ECM和PTS在翻译中的应用

4.1 汉英主谓宾构式

汉英两民族虽天各一方，各有各的社会制度和生活习惯，语言类型也迥然不同，但就“事件域（Event Domain）”的事实来说，还是有基本相同的认识，这正是两民族能形成大致共同的思维模式，并进行语言交流的认知基础。从图1可见，一个事件域中主要包含A和B两大核心要素，它们经常形成BAB式“施-动-宾”组配模式，这在英汉两语言中就语法化出了“主-谓-宾（SVO）”构式，充分反映出英汉两民族共享同一个普遍的思维顺序“从施事者开始，发出动作，再到动作所及对象”。

[3] Holmes carefully searched the room.
[4] 福尔摩斯仔细地搜查了这个房间。
[5] He drummed the fingers.
[6] 他敲了敲手指。

在实际语言交际中常会出现违反事件域中的“施-动-宾”模式，产生了不同于SVO正常顺序的表达，如汉英语中都有把重要信息置于句首的用法，即语句的“顺序象似性”就让位于“突显象似性”，将突显的信息置于突显的位置，兼顾到信息的重要性和易及性程度（参见Givón 1990; 1994：55）。使突显信息离开原来的正常位置，放在该成分不常出现的位置，出现了有标记用法，便可使其带上了某特殊意义。

[7] 这电影，我已看过两次了。

[8] This film I have already seen twice.

例[7]在突显成分后用了逗号、使其孤立出来，产生一个“鹤立鸡群”的效果，也就实现了突显的目的。

4.2 汉语连动句与英译

从图1的事件域内部结构图可见，一个动作A可含有若干个小动作A_1，A_2 ... A_n，它们可构成一个“小动作群”，隶属于一个上义行为。汉语可按照这些小动作以时间发生的先后顺序来连用它们，形成了一个“复杂谓语”（也有其他不同分析方案），如汉语“连动构式（Serial Verb Construction，Catenative Construction）”即为其中一种，如：

[9] 他举起帽子向她致礼。

句中前一部分“他举起帽子”为一主谓宾结构，但讲话人言犹未尽，进一步交代他举帽的目的是为了“向她致礼”。这两层意义按照时间顺序直接置于一起，接续排列，其间未用任何连接词语或其他语法手段来表明其间的逻辑关系，从而形成了汉语中一种特殊结构——连动构式。英语虽也用依赖“主谓宾”构式成句，但在具体用法上却存在一定的变化。先要在数个小动作中确立一个主要动作，然后以其为谓语，将其他小动作处理为其他成分。据此上例可英译为：

[10] He saluted her by raising his hat .

在此例中，英语先用主谓宾（SVO）构式将“向她致礼”这一主要信息摆出来，先撑起句子的主干结构，然后通过介词短语来表达“举起帽子”这一动作意义。

笔者自编了一个汉语中可连用10个动词的连动句，虽有点啰唆，但还算通顺：

[11] 他 宁愿 外出 打工 挣钱 养活全家，也不愿 让孩子 失学 在家 闲着。

如何英译汉句中这一连串的动词呢？按照上文所提醒的思路，首先要知晓这个句子所描写的事件域，然后确定其核心意旨。该句描写的是中国在20世纪70年代改革开放后，农村的劳动力得到了解放，很多农民为过上温饱或富足的生活，能使孩子上得起学，且能上好学校，获得一个新的出路，即到城里打工挣钱。当然了，选择主要动作概念时存在一个“仁者见仁、智者见智”的问题。读者可自己一试。

汉语的连动构式（连用几个动词或动词词组）还可扩展至小句，无形态变化，不用衔接性词语，直接连用，从而形成了汉语中简单铺排的结构，它们虽在形式上不像形合法的英语那样，但意义却是贯通的，这就是我们常讲的汉语典型特征：“形离而神聚”的“流水句”或“竹竿型”。这种句子在汉语中可谓俯拾即是，古来有之，如《三国演义》中的句子：

[12] 兵临城下，将至壕边，岂可束手待毙？

这与英语表达不同，喜好在不长的主句上挂上各类从句，从而形成了像葡萄一样的句式，因为英语有丰富的连接词语。若将上句译为英语，切不可用节节断句，也不能流散铺排。现据Brewitt-Taylor（1925）译文稍作改动，表述如下：

[13] Shall we fold our arms and wait to be slain when the enemy is already at the city gate ?

可见，汉英语言在结构上有着一个重大区别，前者可按照动作发生的时间先后顺序连用几个动词，形成了一个动词群；而后者常择其一二用作谓语动词，其他的则化解为其他成分，明确修饰关系，再按语法规则排列即可。也就是说，英语句子的主干很清楚，为一个“SVO构式”，干净利落，但其上可挂上若干不同的修饰成分。这就是我们上文所说的“葡萄型”语言的特征，一串葡萄的主干细而短，但在其上可生出若干分岔枝节，例如：

[14] I think your aunt spoke truth when she said you were a strange girl.

该复合句共有4个分句，主句为“I think”，其后都为宾语分句。在宾语分句中内嵌一个由when引导的状语分句，它又带了一个宾语分句。后面3个分句形成一个连续的主从依附关系：句末的宾语分句依附于由when引导的状语分句，when状语分句又依附于your aunt spoke truth这一宾语分句。后三者作为一个宾语分句整体依附于主句“I think”。

正因为英民族这种“以点带面”地认识事件域的思维方式，拎出主干，也就带出了分支，好似“以纲举目”一样，牵一发而动全身，从而产生了这种特殊的葡萄型组句方式，且在各个节点都用上了连接词语，因此在句序问题上也就淡漠了时间概念，因为时间概念被语法化到了“时体（Tense-Aspect）”上，或用时间连接词来表示，从而使得英语出现了复杂的时体形态变化和分句套叠现象。

而汉民族更注重数个小动作发生的时间顺序，以生活感知为依据来排列词语，从而使汉语成为明显具有时序象似性的“临摹式”语言。要临摹，就要依据现实世界提供的信息，而现实世界所提供的信息是没有复杂的逻辑关系的，它只能是人的主观认识。从这一点来说，英民族看到了事件中的复杂性逻辑关系，而汉民族主要感知到事件顺序，而不理会其间其他的逻辑关系，数个动作之间就不用连接词或其他语法形态，只是数个动词直接排列，出现了汉语类似于“竹竿”一样的表达方法，一节一节的连通下去，这就是吕叔湘（1995：500）所说的“流水句”。这一区分是汉英两语言的一个重大差异。

这不仅是我们在进行汉译英时所遵循的基本规则，而且也是阅读英语长句的一个切实可行之法：先找出长句的主干部分，然后依据连接性词语（包括连接词、代词、粘着性非谓语动词等）理清各修饰成分是如何挂到这个主干SVO构式上的。将长句的语法结构分析清楚了，其意义也就和盘托出了。例如：

[15] There are several reasons why he (Kissinger) no longer appears to be the magician the world press had made him out to be, an illusion which he failed to discourage because, as he would admit himself, he has a tendency toward megalomania.

这个长句的主干部分很短，为“There are several reasons”，在它上面叠加了6个分句和成分，其间的逻辑关系为：

① 在reasons 后面由why引出一个定语分句；
② 其中的magician 又引出另外一个定语分句；
③ 后面an illusion用以说明magician的同位语；
④ an illusion后接一定语分句which he failed...；
⑤ 里面又套了一个由because 引导的状语分句；
⑥ 其中同时还插入了一个由as 引导的状语分句。

而汉语像竹竿，一节一节向下叙述，又像流水，顺着河道流下去，英译汉的过程就是将这种葡萄型语句转换为竹竿型表述，现据此原理试译如下：

[16] 全世界报界曾把他渲染成魔术师一般的人物，但他也未能阻止人们制造这种错误的印象，因为他自己也承认有一种自大狂的倾向。现在他不再像是这样一种人物了，这里面有好几个原因。

4.3 因果与时序

“因”与“果”构成一个相互照应的事件域，且时间顺序一般为“先因后果”，按照常态，当然是“先有原因”，然后才谈得上“对应结果”。因果与时序之间具有同构性，也具有顺序象似性。透过这类话语来“阅读”现实时，就像“录像带”一样，一步一步从前向后地扫描，先发生的事先扫描，后发生的事后扫描，语句时序和现实时序对应象似。这一顺序就决定了汉语词句的一般排列顺序，如：

[17] 儿童游戏，车辆缓行。

[18] 前方施工，车辆绕行。

[19] 事故多发，小心驾驶。

[20] 雨雪天气，车辆缓行。

都采用了先因后果的认知程序和句法顺序，若将第一例译为英语则为：

[21] Drive slow for children are at play.

英语属于形合法语言，两个分句之间一般需用连接性词语，而有了连接性词语，两个分句之间的逻辑关系就很清楚了，不再依赖于句序来反映时序或因果关系了，因此英语出现了两种句序：可按照先因后果排列，也可不按照这一顺序。

“原因”对于“结果”来说，也可能是一个为先决条件，因此“条件-结果”句也可视为一种“因果事件域”，也当遵循“顺序象似性”原则，即按照“先条件，后结果”的顺序组句，例如：

[22] 明天天气好，我们就出去郊游。

[23] 如果不及时给土壤施肥，就不会有好收成。

而英语较为灵活，两种语序都有，如例［24］可英译为：

[24] If it is fine tomorrow, we will go outing.
[25] We will go outing if it is fine tomorrow.

4.4 叙事–表态与因果

与因果事件域相关的还有“叙事-表态”事件域，汉语一般也按照“先叙事、后表态”的顺序安排句序，因为必须先有一个事件，然后才可对其加以评述，如：

[26] I take heart from the fact that the enemy, which boasts that it can occupy the strategic point in a couple of hours, has not yet been able to take even the outlying regions, because of the stiff resistance that gets in the way.

句首的下画线部分为“表态”，然后讲出了“事实”，紧随其后有3个小事件，最后一个小事件是前两个事件的原因。该句的汉译可依据“先叙事，后表态”的顺序象似性原则试译为：

[27] 吹嘘在几小时内就能占领战略要地的敌人，由于一路受到顽强抵抗，甚至还没能占领外围地带。这一事实使我增强了信心。

[28] People were laughing at you as you displayed your petty skills before the professionals.（你班门弄斧，人家在笑话你呢！）

[29] He had sound feeling that idiom was the backbone of a language and he was all for the racy phrase.（他认为成语是语言的支柱，因此极力主张用生动活泼的短语。这种看法很有道理。）

4.5 目的–行动

与因果事件域相关的还有“目的-行动”事件域，心中先拟想一个目的或怀揣一个动机，然后再因其做出某种行动，汉语依据顺序象似性原则组织语句，如：

[30] 为了防止作弊，应将试题严格保密。

但英语组句方式较为灵活，“目的”可前置或后置，如：

[31] In order to prevent cheating, the test questions should strictly be kept secret

[32] The test questions should strictly be kept secret in order to prevent cheating.

有时汉语为了特殊的表达需要，为强调“目的”或“目的兼结果”的含义，可依据突显象似性原则，将目的状语后置，可用“为的是，以免，使得”等连接性词语。

五、ECM 结合 PTS 汉译长句

认知语言学中的ECM（事件域认知模型）和PTS（时间顺序原则），有助于我们深入认识汉英两民族组词成句的两种基本认知规律，可较好地解释两种语言中的很多现象，也为汉英互译提供了一种基本翻译方法。同时，这也充分说明语言不具有天赋性或自治性，而主要是在特定事件域环境和成人语言的引导下逐步掌握了词语的组配规律和表达方式（王寅 2007：242-243）。

通过对比汉英两语言可见，两民族在识解世界时既有共性（如主谓宾构式的正常顺序、句首突显重要信息等），也有差异。汉民族注重事件域中的时间顺序，常依据顺序象似性原则组句；而英民族则将时间概念语法化为时体形式或时间连接词语，常按照句法结构来安排词句顺序。本节笔者将基于ECM和PTS来探索英语长句的汉译规律。

首先，英语长句描述了一个事件域中的若干小事件，它们多以BA（BAB）的句法形式出现，从而形成了一个分句集合，其间一般都用连接词语将它们联接起来。这些连接词语以及丰富的时体形式亦已表明小事件发生的时间顺序，而不必依赖句序。而汉语由于缺乏丰富的时体形式和屈折变化，分句之间常用可省去连接词的意合法，主要靠句序来反映小事件之间的时间关系，顺序象似性很明显，因此在右图中将BA标上了序列号。现图示如下：

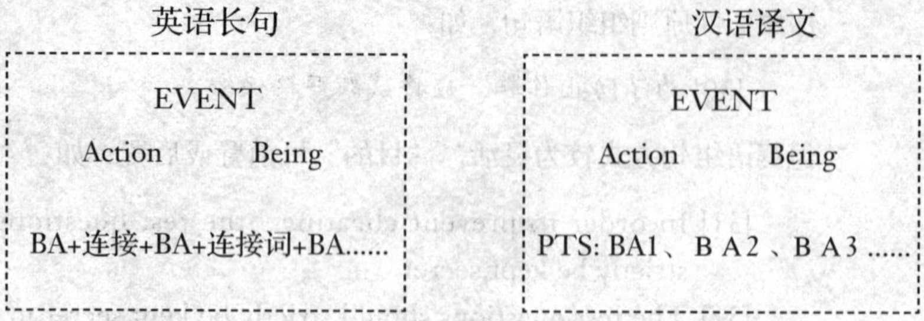

图2

例如：

[33] A great number of graduate students were driven into the intellectual slum when in the United States the intellectual poor became the classic poor, the poor under the rather romantic guise of Beat Generation, a real phenomenon in the late fifties.

这句话所表述的事件域主要包括三个小事件，用when分句连接起来，而忽视了小事件发生的时间顺序，现依据顺序象似性原则，从英语句子的尾部开始译起，可处理为：

[34] 50年代后期在美国出现了一个真实现象：穷知识分子以"垮掉的一代"这种浪漫姿态出现，成为美国典型的穷人。正是在这个时候，大批大学毕业生被赶进了知识分子贫民窟。

通过上述英汉语序对比可见，汉民族对事件域的认识着重于"时间感知"，主要依据实际时间程序来认识小事件，并据此编排句法单位，汉语的语序结构可直接反映现实生活的时序结构。而英民族则不注重语序与时序的对应性，完全可根据句法规则（屈折语、形合法等）、讲话人语气轻重、表达需要、文风特点等意图来排列语序，因而语序具有较高的灵活性，与时序的对应性也就较低。只要我们能掌握英汉两语言的这种差异，便能顺应各自的语言规律，不断提高语言修养和表达水平。

六、结语

人们主要以"事件"为单位来认识世界，它们常以事件域认知模型的方式储存于我们的心智之中，这就是认知语言学中所论述的

ECM，不仅可作为认知语言学中的一种主要的认识方式来解释语言成因（特别是句法），而且还适用于认知翻译学。

一个简单语句常叙述一个小事件（相当于逻辑学中的简单命题），其中主要包括“参与者（B）”和“动作（A）”，这就形成了诸如“BA（主谓）”、“BAB（主谓宾）”、“BABB（主谓双宾）”等不同句型；在一个长句子中可能包含若干个这样的小事件（有些小事件不一定都以上述句型的方式呈现，还可能是其他成分）。根据“体验普遍性”可知，汉英两民族面对基本相同的现实世界，且具有相同的身体构造，各器官的功能相同，这就决定了我们与英民族在认识这些事件时必有较多的共同性，这也是汉英得以互译的认知基础。因此，我们在理解一个英语句子（特别是长语句）包含了多少小事件方面，应当没有多大差异。有了事件域认知模型，就有了一个理解的大前提。

接下来就是如何安排事件域中这些“小事件”的顺序。由于英语为“蒙太奇式”语言，常凭借丰富的连接词语和各类时体，按照英语句法的规律组句，而不注重“句序与时序”之间的对应性关系；而汉语属于“临摹式”语言，且连接词语使用频率较低，也缺乏丰富的时体形式，因此主要靠词序和句序之间的对应性关系来表示小事件的顺序，这就形成了两语言表达之间的重要差异之一。掌握了这一规律，对于如何安排各自的词句顺序大有裨益。免得汉英互译时，汉语说得不像汉语，英语说得不像英语。

参考文献

[1] Brewitt-Taylor, C. H. 1925. *Tr. San Kuo, or, Romance of the Three Kingdoms* (by Guanzhong Luo). Shanghai: Kelly & Walsh.

[2] Givón, T. 1994. Isomorphism in the Grammatical Code[A]. In Raffaele Simone(ed.). *Iconicity in Language* [C]. Amsterdam: John Benjamins.

[3] Givón, T. 1990. *Syntax: A Functional-Typological Introduction (Vol.2)*[M]. Amsterdam: John Benjamins.

[4] Gutt, E. A. 1991. *Translation and Relevance: Cognition and Context*[M]. Oxford: Blackwell.

[5] Lakoff, G. 1987. *Women, Fire, and Dangerous Things: What Categories Reveal About the Mind*[M]. Chicago and London: University of Chicago Press.

[6] Langacker, R. W. 1991. *Foundations of Cognitive Grammar, Vol. 2: Descriptive Application*[M]. Stanford: Stanford University Press,.

[7] Langacker, R. W. 1987. *Foundations of Cognitive Grammar, Vol. 1: Theoretical Prerequisites*[M]. Stanford: Stanford University Press.

[8] Martin, R.M. 2010. On Paradigms and Cognitive Translatology [A]. In Shreve, G. M. & Angelone, E. *Translation and Cognition*[C]. Amsterdam: John Benjamins: 169-187.

[9] Panther Klaus-Uwe & L. Thornburg. 1999. The Potentiality for Actuality Metonymy in English and Hungarian[A]. In Panther & Radden (eds.). *Metonymy in Language and Thought*[C]. Amsterdam: John Benjamins.

[10] Schank, R. C & R. P. Abelson. 1975. Script, Plans and Knowledge. Proceeding of the Fourth International Joint Conference on Artificial Intelligence[A]. Tbilisi, USSR. P. N. Johnson-Laird, & P. C. Wason (eds.). *Thinking: Reading in Cognitive Science*[C]. Cambridge: CUP.

[11] Slobin, D. I. 1981. The Origins of Grammatical Encoding of Events[A]. W. Deutsch (ed.). *The Child's Construction of Language*[C]. London: Academic Press.

[12] Slobin, D. 1985. *The Child as Linguistic Icon-maker*[J]. In Haiman, J. (ed.). *Iconicity in Syntax* TSL6[C]. Amsterdam: John Benjamins.

[13] Snell-Hornby, M. 1988. *Translation Studies*: *Towards an Integrated Approach*[M]. Amsterdam: John Benjamins.

[14] Talmy, L. 1985. Force Dynamics in Language and Thought[A]. William H. Eilfort, P. Kroeber, and K. Peterson(eds). *Papers from the Parasession on Causatives and Agentivity*[C]. Chicago: Chicago Linguistic Society.

[15] Talmy, Leonard. 1988. Force Dynamics in Language and Cognition [J]. *Cognitive Science* (12).

[16] Tai, James, H-Y. 戴浩一. 1985. Temporal Sequence and Chinese Word Order [A]. In Haiman, J. (ed.). *Iconicity in Syntax* [C]. Amsterdam: John Benjamins.

[17] 吕叔湘. 1995. 汉语语法分析问题[A]. 吕叔湘文集[C]. 北京：商务印书馆.

[18] 王寅. 2006. 认知语法概论[M]. 上海：上海外语教育出版社

[19] 王寅. 2007. 认知语言学[M]. 上海: 上海外语教育出版社.

[20] 王寅. 2005. 事件域模型的认知分析及其解释力[J]. 现代外语（1）.

[21] 许钧，周领顺. 2015. 当前译学界应该关注的若干倾向[J]. 山东外语教学（4）：96-100.

[22] 杨自俭. 1999. 论语言符号象似性序[A]. 王寅. 论语言符号象似性——对索绪尔任意说的挑战与补充[C]. 北京：新华出版社.

郑重声明